Hans Jecht, Peter Limpke, Rainer Tegeler, Marcel Kunze

Groß im Handel

Arbeitsbuch mit Lernsituationen

1. Ausbildungsjahr im Groß- und Außenhandel

2. Auflage

Bestellnummer 5654

VORWORT

Der Unterricht in der Berufsschule soll die Schülerinnen und Schüler zur Mitgestaltung ihrer Berufs- und Arbeitswelt befähigen. Um diesem Anspruch gerecht zu werden, muss im schulischen Handeln von **beruflichen Handlungssituationen** ausgegangen werden. Dies sind relevante *berufs*typische Aufgabenstellungen und Handlungsabläufe, die die Auszubildenden in ihrem späteren Berufsleben antreffen werden.

Im Unterricht wird daher die Arbeit mit entsprechend strukturierten **Lernsituationen** erforderlich. Sie konkretisieren die Lernfelder in Form von **komplexen Lehr-/Lernarrangements.** Dies geschieht durch didaktische Reflexion von beruflichen Handlungssituationen.

Im vorliegenden Arbeitsbuch wurden Handlungssituationen für das 1. Ausbildungsjahr des Ausbildungsberufes **Kaufmann/Kauffrau im Groß- und Außenhandel** konzipiert, die auf die Durchführung eines handlungsorientierten Unterrichts ausgerichtet sind. Für den optimalen Einsatz dieses Werkes wird das Lehrbuch „Groß im Handel, 1. Ausbildungsjahr" (Winklers 5562) empfohlen.

Als Ausgangspunkt haben wir Situationen konzipiert, die für die Berufsausübung im Groß- und Außenhandel bedeutsam sind. Daraus ergeben sich Handlungen, die gedanklich nachvollzogen oder möglichst selbst ausgeführt werden müssen **(Lernen durch Handeln).** Der Unterrichtsverlauf und die Lerninhalte sind an die Struktur der jeweiligen Handlungssituation angelehnt. Die Schülerinnen und Schüler sollen zunächst ihr weiteres Vorgehen bei der Bearbeitung selbstständig planen, bevor sie die erforderlichen Handlungen aufgrund der eigenen Planung ebenfalls in eigener Verantwortung durchführen und kontrollieren – soweit dies aufgrund der jeweiligen Klassensituation möglich ist.

Bei der Konzipierung der Lernsituationen wurde Wert darauf gelegt, dass darin eine Problemstellung (**Handlungssituation**) enthalten ist, die einen klaren Bezug zu einer oder mehreren typischen beruflichen Handlungssituation(en) aufweist. Wir haben darauf geachtet, dass die **Handlungsaufgaben**, die zur Problemlösung bearbeitet werden sollen, eine ausreichend hohe, aber nicht überfordernde Komplexität aufweisen. Im Rahmen der ersten Handlungsaufgabe jeder Lernsituation erfolgt zunächst eine Reflexion und Erarbeitung der Problemstellung und die Planung des weiteren Vorgehens zum Lösen der aufgeworfenen Probleme. Diese erste Handlungsaufgabe sollte daher im Klassenverband gemeinsam bearbeitet werden.

Zur Problemlösung müssen mithilfe des Lehrbuches zunächst theoretische Lerninhalte erarbeitet werden. Die darauf aufbauende Problemlösung führt zu einem Handlungsprodukt. Dies ist das geistige oder materielle Ergebnis des Unterrichts. Daran kann der Erfolg des individuellen Lösungsweges gemessen werden. Es kann Folgendes kontrolliert werden:

– Ist die anfängliche Problemstellung erfolgreich gelöst worden?
– Welche Fehler (z. B. Informationsdefizite) waren die Ursachen für ein unzureichendes Handlungsprodukt?

Nach Durcharbeiten der Lernsituationen sollte Zeit eingeplant werden für Übungs-, Anwendungs- und Transferphasen, in denen das neu erworbene Wissen reorganisiert und gesichert werden kann. Im Rahmen der **Vertiefungs- und Anwendungsaufgaben** zu vielen Handlungssituationen haben wir derartige Übungs- und Wiederholungsaufgaben konzipiert. Darüber hinaus werden in den Vertiefungs- und Anwendungsaufgaben auch Inhalte bearbeitet, die aufgrund der Wahrung des Handlungsstrangs der Lernsituation nicht im Rahmen der Handlungsaufgaben bearbeitet werden konnten. Ferner stehen **im Lehrbuch** eine Vielzahl von Aufgaben (zum Wiederholen und Üben) und Aktionen (zur Anwendung und zum Transfer) zur Verfügung.

Wir bedanken uns bei Daniel Teyke für wertvolle Anregungen.

Für Verbesserungsvorschläge und Anregungen sind Verlag und Autoren stets dankbar.

Druck: westermann druck GmbH, Braunschweig

service@winklers.de
www.winklers.de

Bildungshaus Schulbuchverlage Westermann Schroedel Diesterweg Schöningh Winklers GmbH, Postfach 33 20, 38023 Braunschweig

ISBN 978-3-8045-**5654**-6

westermann GRUPPE

© Copyright 2017: Bildungshaus Schulbuchverlage Westermann Schroedel Diesterweg Schöningh Winklers GmbH, Braunschweig
Das Werk und seine Teile sind urheberrechtlich geschützt. Jede Nutzung in anderen als den gesetzlich zugelassenen Fällen bedarf der vorherigen schriftlichen Einwilligung des Verlages.
Hinweis zu § 52a UrhG: Weder das Werk noch seine Teile dürfen ohne eine solche Einwilligung eingescannt und in ein Netzwerk eingestellt werden. Dies gilt auch für Intranets von Schulen und sonstigen Bildungseinrichtungen.

INHALTSVERZEICHNIS

LERNFELD 1

1 Das Groß- und Außenhandelsunternehmen präsentieren 5
1. Wir erkunden einen Betrieb im Großhandel 5
2. Wir benötigen als Arbeitnehmer im Groß- und Außenhandel umfassende Handlungskompetenzen 8
3. Wir reagieren auf bestimmte berufliche Situationen mit sozialen Kompetenzen..... 16
4. Wir als Großhändler erfüllen verschiedene Funktionen in der Gesamtgesellschaft... 21
5. Wir fördern mit der richtigen Wahl des betrieblichen Standortes die Erfolgsaussichten unseres Unternehmens 28
6. Wir unterstützen unser Unternehmen bei der Erreichung der Unternehmensziele ... 36
7. Wir erkennen die Kundenorientierung als wichtigsten Erfolgsfaktor von Großhandelsunternehmen 40
8. Wir arbeiten in Großhandlungen mit unterschiedlichen Rechtsformen 45
9. Wir lernen die Organisation des Ausbildungsbetriebs nachzuvollziehen 52
10. Wir erkennen die Vorteile der Geschäftsprozessorientierung in Großhandelsunternehmen 58
11. Wir Auszubildende der Spindler KG informieren uns über unsere zu erfüllenden Aufgaben im ersten Ausbildungsjahr 65
12. Wir achten auf die Einhaltung der gesetzlichen Bestimmungen und vertraglichen Vereinbarungen bei der Arbeitszeitplanung von Auszubildenden 69

LERNFELD 2

2 Aufträge kundenorientiert bearbeiten 78
1. Wir steuern und kontrollieren den Warenfluss durch das Unternehmen........... 78
2. Wir bearbeiten Anfragen und erstellen Angebote 83
3. Wir schließen Kaufverträge ab und erfüllen sie 90
4. Wir berücksichtigen bei Vertragsabschlüssen den Erfüllungsort und den Gerichtsstand 96
5. Wir verwenden den Eigentumsvorbehalt zur Sicherung unserer Forderungen 99
6. Wir führen Verkaufsgespräche professionell durch 102
7. Wir kassieren den Verkaufspreis bar und zahlen die Bareinnahmen auf unser Geschäftskonto ein 108
8. Wir wickeln unterschiedliche Zahlungsarten ab 114
9. Wir bieten Kunden die Möglichkeit der bargeldlosen Zahlung an 123
10. Wir informieren uns über die gesetzlichen Verkäuferrechte beim Annahmeverzug .. 129
11. Wir überwachen den Zahlungseingang zur Sicherung unserer Liquidität 131
12. Wir informieren uns über das gerichtliche Mahnverfahren bei nicht rechtzeitiger Zahlung 139
13. Wir beachten bei noch ausstehenden Forderungen das Verjährungsrecht 146

LERNFELD 3

3 Beschaffungsprozesse planen, steuern und kontrollieren 156
1. Wir bereiten die Beschaffung von Waren vor 156
2. Wir vergleichen Angebote 160
3. Wir bestellen Waren 167
4. Wir nehmen Waren an und überprüfen die Waren auf Mängel 174
5. Wir prüfen unsere Rechte als Käufer bei mangelhaft gelieferter Ware (Schlechtleistung) und leiten entsprechende Maßnahmen ein 182
6. Wir informieren uns über die gesetzlichen Käuferrechte bei nicht rechtzeitiger Lieferung 185
7. Wir bahnen Einfuhrgeschäfte an und schließen sie ab 193
8. Wir nutzen Warenwirtschaftssysteme im Einkauf 201
9. Wir nutzen die kaufmännischen Rechenarten I 206
10. Wir nutzen die kaufmännischen Rechenarten II 213

LERNFELD 4

4 Geschäftsprozesse als Werteströme erfassen, dokumentieren und auswerten **220**

1. Wir lernen die Aufgaben und Vorschriften der Buchführung kennen 220
2. Wir ermitteln die Vermögenswerte und Schulden durch Bestandsaufnahme 228
3. Wir stellen auf der Grundlage des Inventars die Bilanz auf 235
4. Wir erfahren, wie sich die Bilanz verändern kann 241
5. Wir lösen die Bilanz in aktive und passive Bestandskonten auf 245
6. Wir lernen den Buchungssatz kennen 250
7. Wir lernen das Eröffnungsbilanzkonto und das Schlussbilanzkonto kennen 256
8. Wir buchen Aufwendungen und Erträge auf Erfolgskonten 261
9. Wir informieren uns über die Warengeschäfte unseres Unternehmens 268
10. Wir ermitteln die Umsatzsteuerschuld unseres Unternehmens 276
11. Wir weisen die Zahllast oder den Vorsteuerüberhang in der Bilanz aus 282
12. Wir buchen die Privateinlagen und Privatentnahmen des Unternehmers 288
13. Wir benutzen den Kontenrahmen und den Kontenplan zur einheitlichen und eindeutigen Kontenführung und verwenden verschiedene Bücher in der Buchführung .. 292
14. Wir buchen Besonderheiten beim Ein- und Verkauf von Waren 299

Die in diesem Produkt gemachten Angaben zu Unternehmen (Namen, Internet- und E-Mail-Adressen, Handelsregistereintragungen, Bankverbindungen, Steuer-, Telefon- und Faxnummern und alle weiteren Angaben) sind i. d. R. fiktiv, d. h., sie stehen in keinem Zusammenhang mit einem real existierenden Unternehmen in der dargestellten oder einer ähnlichen Form. Dies gilt auch für alle Kunden, Lieferanten und sonstigen Geschäftspartner der Unternehmen wie z. B. Kreditinstitute, Versicherungsunternehmen und andere Dienstleistungsunternehmen. Ausschließlich zum Zwecke der Authentizität werden die Namen real existierender Unternehmen und z. B. im Fall von Kreditinstituten auch deren IBANs und BICs verwendet.

Die in diesem Werk aufgeführten Internetadressen sind auf dem Stand zum Zeitpunkt der Drucklegung. Die ständige Aktualität der Adressen kann vonseiten des Verlages nicht gewährleistet werden. Darüber hinaus übernimmt der Verlag keine Verantwortung für die Inhalte dieser Seiten.

Bildquellenverzeichnis

adpic Bildagentur, Köln: 108.1 (R. Cornesse); Bildarchiv Werner Bachmeier, Ebersberg: 256.1; fotolia.com, New York: 69.1 (Robert Kneschke), 78.1 (Jeanette Dietl), 114.1 (BEAUTYofLIFE), 127.1 (Stefan Rajewski), 146.1 (Andrzej Bardyszewski), 185.1 (BEAUTYofLIFE), 213.1 (Ulf Gähme), 220.1 (contrastwerkstatt), 268.1, 282.1 (Gina Sanders); Görmann, Felix, Berlin: 8.1, 36.1, 40.1, 45.1, 52.1, 58.1, 65.1, 99.1, 102.1, 129.1, 139.1, 174.1, 201.1, 206.1, 245.1; Greiner, Alois, Braunschweig: 96.1 (Meyer); Hild, Claudia, Angelburg: 6.1, 16.1, 25.1, 60.1, 62.1, 123.1, 131.1, 140.1, 141.1, 144.1, 158.1, 181.1, 187.1, 235.1, 241.1, 241.2, 250.1, 250.2, 251.1, 251.2, 251.3, 261.1, 276.1, 276.2, 299.1, 299.2; hoffstadt, marcus/korrekt medien , Koblenz : 22.1, 41.1, 110.1, 112.1, 120.1, 120.2, 120.3, 291.1; Imago, Berlin: 21.1 (Busse); Superbild - Your Photo Today, Ottobrunn : 5.1 (Oredia).

Titelfoto: Claude Beaubien/fotolia.com (links); Dan Barnes/iStockphoto.com (rechts)

1 Wir erkunden einen Betrieb im Großhandel

HANDLUNGSSITUATION

Am ersten Tag der Ausbildung. Morgens treffen sich die neuen Auszubildenden vor dem Schulungsraum.

Martin Solms: „Morgen! Ich bin der Martin."
Nina Kröger: „Hallo! Ich bin Nina!"
Anja Kruse: „… und ich heiße Anja. Sag mal, Martin, warst du nicht auch auf der Freiherr-von-Stein-Schule vorher?"
Martin Solms: „Ja, allerdings war ich zuletzt in der 10 c. Dann kenn ich ja jetzt wenigstens schon einmal wen. Ansonsten ist hier alles ziemlich neu, groß und unübersichtlich. Ich muss mich hier überhaupt erst einmal orientieren."

Informationen zum Lösen der folgenden Handlungsaufgaben finden Sie im Lehrbuch „Groß im Handel, 1. Ausbildungsjahr" im Kapitel 1.1 (Wir erkunden einen Betrieb im Großhandel) des Lernfeldes 1.

HANDLUNGSAUFGABEN

1. Vor welcher Situation stehen die neuen Auszubildenden der Spindler KG?

2. Welches Ziel sollte die Spindler KG verfolgen, damit das Problem gelöst werden kann?

3. Wo können die neuen Auszubildenden Informationen zur schnellen Orientierung im Unternehmen gewinnen?

LERNFELD 1

DAS GROSS- UND AUSSENHANDELSUNTERNEHMEN PRÄSENTIEREN

4. Erkunden Sie das Modellunternehmen Spindler KG und ergänzen Sie die fehlenden Angaben in der Mindmap.

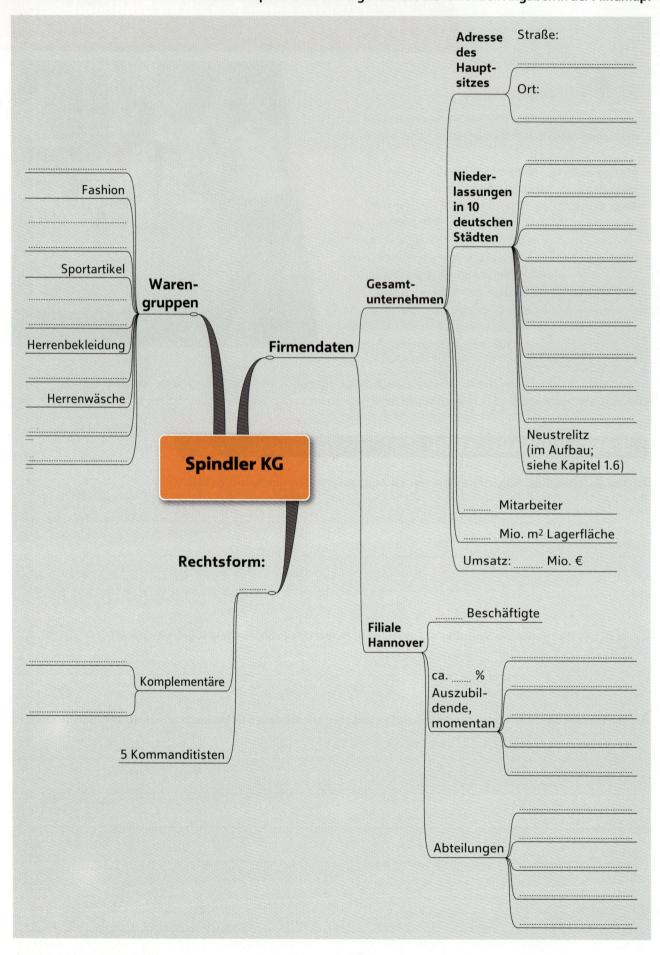

5. Um z. B. Geschäftspartnern einen Überblick über Ihr Ausbildungsunternehmen geben zu können, benötigen Sie wichtige Informationen über Ihren Betrieb, die in einem sogenannten „Unternehmensprofil" zusammengefasst werden.
Erstellen Sie ein Unternehmensprofil Ihres Ausbildungsbetriebs, indem Sie die folgende Tabelle ergänzen.

Unternehmensprofil für meinen Ausbildungsbetrieb ...	
Branche:	
Produkte und Leistungen:	
Rechtsform:	
Standort(e):	
Anzahl der Mitarbeiter:	
Anzahl der Auszubildenden:	
Anzahl der Lieferer:	
Anzahl der Kunden:	
Jahresumsatz:	
Besonderheiten:	

VERTIEFUNGS- UND ANWENDUNGSAUFGABEN

Zur weiteren Vertiefung der Lerninhalte und Sicherung der Lernergebnisse empfehlen wir das Bearbeiten der Aufgaben und Aktionen in Kapitel 1 (Wir erkunden einen Betrieb im Großhandel) des Lernfeldes 1 Ihres Lehrbuches „Groß im Handel, 1. Ausbildungsjahr".

LERNFELD 1

DAS GROSS- UND AUSSENHANDELSUNTERNEHMEN PRÄSENTIEREN

2 Wir benötigen als Arbeitnehmer im Groß- und Außenhandel umfassende Handlungskompetenzen

HANDLUNGSSITUATION

Zu Beginn des ersten Auszubildendenseminars der Spindler KG begrüßt die Ausbildungsleiterin Nadine Schrader die neuen Auszubildenden. In ihrer Rede geht sie auch auf die sich verändernde Wirtschaft und die damit verbundenen Auswirkungen ein:

Nadine Schrader: „... Die Wirtschaft unterlag in den vergangenen Jahren zahlreichen, zum Teil gewaltigen Veränderungsprozessen. Das hat unterschiedlichste Gründe zum Beispiel eine fortschreitende Globalisierung. Insgesamt nimmt der Wettbewerbsdruck auf unseren Märkten stark zu. Es kommt zu Preiskämpfen. Innovationen lösen traditionelle Produkte ab. Die Kunden werden ebenfalls immer anspruchsvoller. Sie sind zunehmend kritisch gegenüber dem Preis-Leistungs-Verhältnis von Produkten. Die Treue zu bisherigen Geschäftspartnern nimmt stetig ab. Die Märkte werden also unübersichtlicher und schwieriger. Damit ein Unternehmen wie unseres auf einem solchen Markt bestehen kann, brauchen wir Mitarbeiter, die über ein Qualifikationsprofil verfügen, das den neuen Umständen angepasst ist. Deshalb ist es für uns als Unternehmen – aber erst recht für Sie als Arbeitnehmer – wichtig, dass Sie über möglichst viele Schlüsselqualifikationen verfügen. Liebe neue Auszubildende, Schlüsselqualifikationen ermöglichen Ihnen eine umfassende Handlungsfähigkeit in Ihrem zukünftigen Beruf. Um die Arbeit in Ihrem späteren Berufsleben selbstständig planen, ausführen und kontrollieren zu können, sollten Sie also bereits in der Berufsausbildung die Möglichkeit nutzen, neben der selbstverständlichen Fachkompetenz auch Methoden- und Sozialkompetenz zu erwerben. Sie sollten sich also mit den wichtigsten Lern-, Arbeits-, Gesprächs- und Kooperationstechniken vertraut machen. Das wird Sie in die Lage versetzen, an die komplexen Arbeitsaufgaben, die in Ihrer beruflichen Zukunft auf Sie warten, routiniert und kompetent heranzugehen ..."

In der Pause stehen Nina Kröger, Martin Solms und Tamara Nestmann zusammen.

Tamara Nestmann: „Ich konnte dem eigentlich nicht so recht folgen, was die Frau Schrader da gesagt hat. Wie bisher in der Schule sind möglichst viele Fakten wichtig ... und dass man sie auswendig kann. Das wird auch so an den Arbeitsplätzen gelten.
Ich befürchte: Statt dass mir die Fakten durch Lehrer und Ausbildungsleitung vorgestellt werden, soll ich sie mir womöglich noch selbst erarbeiten. Und das sollen wir dann wahrscheinlich auch noch in Gruppen machen. Bisher konnte ich immer alleine am besten arbeiten ... Tja, und am Schluss muss man vorne auch noch rumhampeln. Präsentation wird das ja immer genannt. Warum sollen wir das denn machen? Und dann wird man darüber auch benotet. Dabei weiß ich ja am besten, wie gut ich da bin ..."

Nina Kröger: „Ich glaube, du hast die neue Situation in der Wirtschaft noch nicht erkannt. Also, dazu muss ich mal Folgendes sagen ..."

WIR BENÖTIGEN ALS ARBEITNEHMER IM GROSS- UND AUSSENHANDEL UMFASSENDE HANDLUNGSKOMPETENZEN

Vier Wochen später: Die Auszubildenden haben auf dem Auszubildendenseminar den Auftrag erhalten, zu verschiedenen Themen Referate zu erstellen. Nina Kröger, Anja Kruse, Martin Solms und Thomas Zimmermann entscheiden sich, die ihnen zugeteilten Themen jeweils zu zweit zu bearbeiten und anschließend zu präsentieren. Tamara Nestmann dagegen lehnt den Vorschlag einer Auszubildenden aus der Filiale Rostock ab, mit ihr zusammenzuarbeiten.

Heute, auf dem zweiten Auszubildendenseminar, hält sie 70 Minuten lang ihren Vortrag. Obwohl sie 26 Seiten handschriftliche Aufzeichnungen hat, liest sie den Text von ihrer 52 Folien umfassenden PowerPoint-Präsentation ab. Sie schaut dabei lieber auf den Computer als die Zuschauer an. Diese würden sie nur nervös machen.

Tamara Nestmann: *„Ich soll jetzt einen Vortrag über Kompetenzen halten. Zu den Schlüsselqualifikationen eines Unternehmers gehören ...*

...

Tamara Nestmann
(69 Minuten später): Damit habe ich alles über die Schlüsselqualifikation Konfliktfähigkeit gesagt. Das war es!"

Informationen zum Lösen der folgenden Handlungsaufgaben finden Sie im Lehrbuch „Groß im Handel, 1. Ausbildungsjahr" in den Kapiteln 2 und 3 (Wir benötigen als Arbeitnehmer im Großhandel umfassende Handlungskompetenzen; Wir planen und präsentieren mit Programmen) des Lernfeldes 1.

HANDLUNGSAUFGABEN

1. Führen Sie auf, vor welchen Herausforderungen die Spindler KG und die Auszubildenden stehen.

2. Geben Sie an, wie die Spindler KG und die Auszubildenden diese Herausforderungen angehen können.

3. Erläutern Sie die Bedeutung von Schlüsselqualifikationen.

LERNFELD 1

DAS GROSS- UND AUSSENHANDELSUNTERNEHMEN PRÄSENTIEREN

4. Nennen Sie Ursachen für die zunehmende Bedeutung von Schlüsselqualifikationen.

___

5. Unterscheiden Sie fünf Bereiche der Schlüsselqualifikationen. Bringen Sie jeweils fünf Einzelqualifikationen für jeden Bereich.

Schlüsselqualifikationen					
Dimension					
Zielbereich					
Einzelqualifikation					

6. Widerlegen Sie (in der Rolle von Nina Kröger) die Ansicht von Tamara Nestmann.

WIR BENÖTIGEN ALS ARBEITNEHMER IM GROSS- UND AUSSENHANDEL UMFASSENDE HANDLUNGSKOMPETENZEN

7. Beurteilen Sie den Vortrag von Tamara Nestmann.

VERTIEFUNGS- UND ANWENDUNGSAUFGABEN

1. Bearbeiten Sie den folgenden Text mit der Methode „Aktives Lesen". Bringen Sie dabei dort, wo Textstellen eine besondere Bedeutung haben, am Rand Zeichen oder Buchstaben an.

Bedeutung	Zeichen	Buchstabe
wichtige Aussage	!	W
Nachschlagen	+	N
Unklarheit	?	U
Definition	:	D
Beispiel	→	B
Zusammenfassung	( )	Z

Das Mindmapping ist eine Arbeitstechnik, Notizen und Gedanken, Gespräche und Ideen auf einfache Weise aufzuschreiben. Diese Arbeitstechnik hat für den Schüler einen Hauptvorteil: Für besseres Behalten von Inhalten wird von Wissenschaftlern empfohlen, Informationen nicht linear in Listen oder Fließtext (bei welchen oft bis zu 90 % der Worte für Erinnerungszwecke irrelevant sind) darzustellen, sondern in Mindmap-Form. Auf überflüssige Füllwörter wird bewusst verzichtet. Stattdessen werden gut zu wählende Schlüsselwörter benutzt, die zur späteren Erinnerung des Inhalts ausreichen. Da eine Begriffshierarchie erstellt werden muss, erfolgt eine sinnvolle Ordnung der Lerninhalte.

Eine Mindmap (wortwörtlich übersetzt: Gedankenlandkarte) lässt sich in unterschiedlichen Situationen anwenden:
- zur Zusammenfassung eines Vortrags, eines Artikels, eines Buches,
- zur Ergebnisdokumentation einer Gesprächsrunde: Arbeitsergebnisse können sichtbar gemacht werden,
- für die Planung, Durchführung und Kontrolle von Projekten,
- zur Vorbereitung auf Prüfungen und Tests,
- als Visualisierungstechnik für Besprechungen und Konferenzen,
- zur kreativen Ideenfindung: Einfälle und Ideen können festgehalten werden.

Ein weiterer Hauptvorteil des Mindmappings liegt in der einfachen Handhabung. Es sind nur die eben aufgeführten Gestaltungsregeln anzuwenden. Mit dem Mindmapping wird das herkömmliche „Alles schön geordnet und untereinander"-Aufschreiben überwunden. Dadurch wird sehr viel Zeit gespart. Deshalb geht auch kaum ein Gedanke verloren: Man hat alles auf einen Blick und das einigermaßen übersichtlich.

Das Mindmapping versucht, den Vorgängen in unserem Gehirn gerecht zu werden: Es können unterschiedliche Gedankenpfade verfolgt, verlassen und wieder erreicht werden und trotzdem bleibt der Überblick über das Ganze erhalten.

Etwa beim Mitschreiben eines Vortrags hat eine Mindmap gegenüber der üblichen linearen Vorgehensweise des Untereinanderschreibens verschiedene Vorteile:
- Mindmaps geben die Inhalte als Schlüsselwörter wieder, die erst wieder beim Ansehen und Lesen automatisch zu ganzen Sätzen ergänzt werden. Es werden keine unnötigen Füllwörter aufgeschrieben, die einzelnen Stichwörter sind durch die Vernetzung der Unterpunkte jederzeit nachvollziehbar. Überflüssige Wörter, die in Sätzen häufig vorkommen, müssen später nicht mitgelernt werden.
- Es erfolgt automatisch eine Zusammenfassung des zu Lernenden. Statt mit sturem Pauken wird der Schulstoff mit einem Bild strukturiert und in der Erinnerung verankert.
- Man benötigt oft nur noch ein einziges Blatt pro Themenbereich: Es wird Platz gespart.
- Schaut man sich später die Mindmap an, kann das Thema sofort wieder erfasst werden. Die Fakten, beschränkt auf wenige Worte, sind visualisiert und auf einen Blick zu erkennen.
- Untereinander geschriebene Mitschriften von Vorträgen sind häufig unübersichtlich.
- Mindmaps sind erheblich leichter zu ergänzen als die herkömmlichen linearen Aufzeichnungen.
- Ein weiterer Vorteil von Mindmaps im Gegensatz zur linearen Aufzeichnungsform liegt darin, dass Verknüpfungen der Begriffe untereinander aufgezeigt werden können.

2. Sie sollen ein Referat zu einem bestimmten Thema erstellen und dieses präsentieren.
Erstellen Sie eine Mindmap, die Auskunft gibt über
- **die verschiedenen Phasen der Erarbeitung eines Referats,**
- **die Schritte der Präsentation**
- **und Regeln zur Durchführung der Präsentation.**

3. Geklärt werden soll, wie man zu guten Zeugnisnoten im Ausbildungsberuf kommt. Verwenden Sie dazu die „Kopfstandmethode".

Kopfstandmethode	
Problemstellung	
1. Gegenteilige Problemstellung (auf den Kopf gestellte Frage)	**2. Lösung** (Gegenvorschlag, der sich auf die Ausgangsfragestellung bezieht)

LERNFELD 1

DAS GROSS- UND AUSSENHANDELSUNTERNEHMEN PRÄSENTIEREN

4. Fassen Sie den folgenden Text zusammen. Versuchen Sie dabei so viele Visualisierungsmittel wie möglich anzuwenden.

Lernen auf mehreren Lernwegen

Ein wichtiges Erfolgsrezept bei der Vorbereitung auf Prüfungen ist das Lernen auf möglichst vielen Lernwegen. Für die selbstständige Informationsverarbeitung nutzt der Mensch die Wahrnehmungsmöglichkeiten:
- das Lesen
- das Hören
- das Sehen
- das Fühlen

Lernstoff kann über verschiedene Sinnesorgane aufgenommen werden. Die verschiedenen Sinnesnerven (Augen, Ohren, Geruchssinn usw.) leiten die Sinnesreize zum Gehirn, wo sie ins Gedächtnis gelangen. Die Strecke vom jeweiligen Sinnesorgan zum Gedächtnis nennt man Lernweg.

Wissenschaftliche Untersuchungen haben gezeigt, dass bei den meisten Menschen alle Lernwege halbwegs gleichmäßig ausgeprägt sind. Benutzen Sie deshalb beim Lernen möglichst viele Lernwege.

Bevorzugen Sie zwar den Lernweg, der Ihnen am besten liegt, auf dem Sie am meisten verstehen, auf dem Sie am meisten behalten. Lassen Sie aber keinen der drei Hauptlernwege (Sehen, Hören, Handeln) aus. Je mehr Lernwege nämlich benutzt werden, desto mehr Wahrnehmungsfelder werden im Gehirn angesprochen und in den Gedächtnisprozess einbezogen.

Der Gebrauch mehrerer Lernwege ist umso notwendiger, als beispielsweise der Lernweg Hören im Unterricht überbetont wird. Dieser Lernweg ist einerseits sehr bequem, weil Sie ziemlich passiv bleiben können. Andererseits sind aber die Hörinformationen nicht anschaulich genug und werden sehr rasch vergessen.

Unbedingt hinzukommen muss das Mitnotieren (Notizen und Mitschriften machen). Dadurch werden sowohl optische als auch motorische Wahrnehmungsfelder am Lernprozess beteiligt. Bringen Sie sich mit Diskussionsbeiträgen und Fragen ein, erweitert sich das Netzwerk des Gelernten. Wiederholen und vertiefen Sie den Lernstoff durch Anfertigung von Textauszügen (Exzerpieren) und Textstrukturen oder durch das Lösen von Übungsaufgaben, so wird er gut verankert und vernetzt, dass die nächste Prüfung zu einem guten Teil vorbereitet ist.

5. Führen Sie sieben Regeln für eine effiziente Gruppenarbeit auf.

6. Ergänzen Sie die folgende Tabelle zur Verteilung von Rollen für eine effektive Gruppenarbeit.

Rollen für eine effektive Gruppenarbeit	
Rolle	**Aufgabe**
	– Vorsitzende(r) der Gruppe – Eröffnet das Thema – Leitet die Arbeit – Verteilt die Rollen
Zeitnehmer(in)	
Wadenbeißer(in)	
	Trägt die Ergebnisse der Gruppenarbeit vor
Protokollführer(in)	
	Sorgt für eine gute Atmosphäre
Logbuchführer(in)	

Zur weiteren Vertiefung der Lerninhalte und Sicherung der Lernergebnisse empfehlen wir das Bearbeiten der Aufgaben und Aktionen in Kapitel 2 und 3 (Wir benötigen als Arbeitnehmer im Großhandel umfassende Handlungskompetenzen; Wir planen und präsentieren mit Programmen) des Lernfeldes 1 in Ihrem Lehrbuch „Groß im Handel, 1. Ausbildungsjahr".

LERNFELD 1

DAS GROSS- UND AUSSENHANDELSUNTERNEHMEN PRÄSENTIEREN

3 Wir reagieren auf bestimmte berufliche Situationen mit sozialen Kompetenzen

HANDLUNGSSITUATION

Die Ausbildungsleiterin Nadine Schrader möchte allen neuen Auszubildenden nach den ersten 4 Wochen ihrer Ausbildung in einem persönlichen Gespräch ein erstes Feedback zu Auftreten und Leistungen aus Sicht des ausbildenden Unternehmens geben. Bis auf eine Auszubildende beurteilt sie alle bisher positiv. Bei Tamara Nestmann hat sie dagegen eklatante Mängel beobachtet:

Tamara Nestmann ist einige Male zu spät zur Arbeit gekommen. Auch die Berufsschule hat schon Fehlzeiten angemahnt.

Tamara Nestmann ist momentan im Verkauf eingesetzt und betreut dort mit einer ihr zur Seite gestellten Kollegin die Bereiche Damenoberbekleidung und Business-Mode. Seit 2 Wochen hat sie vier neue Piercings, ihre Haare sind grell orange gefärbt und sie trägt jeden Tag eine verblichene Jeans mit Löchern. In der Betriebsordnung der Spindler KG steht u. a., dass die Mitarbeiter „sich gegenüber Kunden seriös" präsentieren sollen.

Tamara Nestmann sollte seit einer Woche bis gestern einen Arbeitsauftrag für die Abteilungsleitung erledigen. Diese fragt heute höflich nach, wann denn mit der Erledigung zu rechnen sei. Tamara Nestmann reagiert unwirsch.

Seit Tagen schlägt sich Tamara Nestmann mit der Bearbeitung dieses Arbeitsauftrags herum. Sie kommt einfach nicht weiter. Ihre Kollegen möchte sie nicht um Rat fragen. Sie glaubt, dass diese dann denken würden, sie sei ihren Aufgaben nicht gewachsen.

Martin Solms möchte Tamara Nestmann um ein Gespräch unter vier Augen bitten. Auf dem Azubiseminar war er mit ihr in einer Arbeitsgruppe. Er stört sich an ihrem Verhalten, das seiner Meinung nach dazu führt, dass keine optimalen Ergebnisse abgeliefert werden. Er hat den Satz noch nicht beendet, da schreit Tamara Nestmann schon: „Deine Meinung interessiert mich überhaupt nicht!", und zieht von dannen.

Frau Schrader nimmt ein Informationsblatt zu dem Gespräch mit Tamara Nestmann mit:

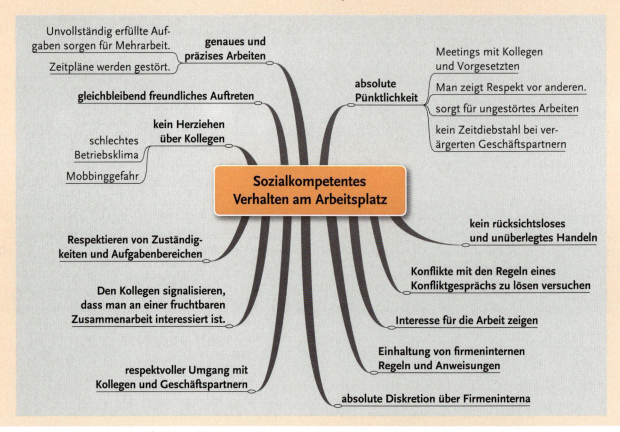

Informationen zum Lösen der folgenden Handlungsaufgaben finden Sie im Lehrbuch „Groß im Handel, 1. Ausbildungsjahr" in Kapitel 2 (Wir benötigen als Arbeitnehmer im Großhandel umfassende Handlungskompetenzen) im Lernfeld 1.

WIR REAGIEREN AUF BESTIMMTE BERUFLICHE SITUATIONEN MIT SOZIALEN KOMPETENZEN

HANDLUNGSAUFGABEN

1. Führen Sie auf, vor welchen Problemen

    a) Tamara Nestmann,

    b) die Ausbildungsleiterin Nadine Schrader stehen.

2. Machen Sie Vorschläge, wie Nadine Schrader und Tamara Nestmann bei der Problemlösung vorgehen können.

3. Erläutern Sie den Begriff Sozialkompetenz.

4. Geben Sie an, warum die Sozialkompetenz in Unternehmen als immer bedeutender eingeschätzt wird.

LERNFELD 1

DAS GROSS- UND AUSSENHANDELSUNTERNEHMEN PRÄSENTIEREN

5. Geben Sie drei Fertigkeiten an, die zur Sozialkompetenz gehören.

	Fähigkeit, sich mit anderen effektiv und konstruktiv zu verständigen
	Fähigkeit, wirkungsvoll mit Kollegen und Vorgesetzten, mit Kunden und Lieferern zusammenzuarbeiten
	Fähigkeit, sich mit anderen fair, sachlich und mit Problemlösungsstrategien auseinanderzusetzen

6. Zwischen Tamara Nestmann und vielen anderen gibt es Spannungen und Auseinandersetzungen. Da solche Konflikte negative Auswirkungen haben, überlegt sich Frau Schrader die Vorgehensweise in solchen Konfliktfällen.

a) Führen Sie negative Auswirkungen von Konflikten auf.

_____

_____

_____

_____

_____

_____

b) Geben Sie an, in welchen vier Schritten Frau Schrader in diesem Konfliktfall vorgehen kann.

	Erkennen des Konflikts Erkennen der Eskalationsstufe Erkennen der Parteien
	offenes Angehen des Konflikts geregelte Austragung
	Anstreben einer kooperativen Problemlösung
	Einhaltung der Vereinbarungen Lerneffekt

7. Frau Schrader bereitet das Konfliktgespräch vor. Sie möchte einzelne Fälle aufgreifen und diese mit Tamara Nestmann besprechen.

a) Als Erstes thematisiert Frau Schrader die Situation, dass Tamara auf die höfliche Frage der Abteilungsleitung, wann denn eine Aufgabe erledigt sei, unhöflich und unwirsch reagiert hat. Sie möchte Tamara Nestmann klarmachen, dass die Frage der Abteilungsleitung auch anders verstanden werden konnte.
Führen Sie die vier Ebenen des 4-Ohren-Modells von Schulz von Thun auf, beschreiben Sie diese kurz und erläutern Sie, wie die Anfrage der Abteilungsleitung jeweils verstanden werden könnte.

WIR REAGIEREN AUF BESTIMMTE BERUFLICHE SITUATIONEN MIT SOZIALEN KOMPETENZEN

Ebene	Erläuterung	Botschaft

b) Erläutern Sie, warum es zu dem Konflikt zwischen Tamara Nestmann und der Abteilungsleitung kommen konnte.

_____

_____

_____

c) Auch auf die anderen Fälle möchte Frau Schrader eingehen.
Beurteilen Sie die jeweilige Situation und machen Sie Vorschläge zur Konfliktlösung.

Situation	Beurteilung	Vorschlag für eine eventuelle Konfliktlösung
Tamara Nestmann ist einige Male zu spät zur Arbeit gekommen. Auch die Berufsschule hat schon Fehlzeiten angemahnt.		
Tamara Nestmann ist momentan im Verkauf eingesetzt und betreut dort mit einer ihr zur Seite gestellten Kollegin die Bereiche Damenoberbekleidung und Business-Mode. Seit 2 Wochen hat sie vier neue Piercings, ihre Haare sind grell orange gefärbt und sie trägt jeden Tag eine verblichene Jeans mit Löchern. In der Betriebsordnung der Spindler KG steht u. a., dass die Mitarbeiter „sich gegenüber Kunden seriös" präsentieren sollen.		
Tamara Nestmann sollte seit einer Woche bis gestern einen Arbeitsauftrag für die Abteilungsleitung erledigen. Diese fragt heute höflich nach, wann denn mit der Erledigung zu rechnen sei. Tamara Nestmann reagiert unwirsch.		

LERNFELD 1

DAS GROSS- UND AUSSENHANDELSUNTERNEHMEN PRÄSENTIEREN

Situation	Beurteilung	Vorschlag für eine eventuelle Konfliktlösung
Seit Tagen schlägt sich Tamara Nestmann mit der Bearbeitung dieses Arbeitsauftrags herum. Sie kommt einfach nicht weiter. Ihre Kollegen möchte sie nicht um Rat fragen. Sie glaubt, dass diese dann denken würden, sie sei ihren Aufgaben nicht gewachsen.		
Martin Solms möchte Tamara Nestmann um ein Gespräch unter vier Augen bitten. Auf dem Azubiseminar war er mit ihr in einer Arbeitsgruppe. Er stört sich an ihrem Verhalten, das seiner Meinung nach dazu führt, dass keine optimalen Ergebnisse abgeliefert werden. Er hat den Satz noch nicht beendet, da schreit Tamara Nestmann schon: „Deine Meinung interessiert mich überhaupt nicht!!", und zieht von dannen.		

VERTIEFUNGS- UND ANWENDUNGSAUFGABEN

1. Sie arbeiten mit anderen in einem Team zusammen. Dabei machen Sie einen aus Ihrer Sicht vernünftigen Vorschlag, wie bei der Arbeit weiter vorgegangen werden könnte.
Ein anderes Teammitglied sagt: „Wir haben das aber bisher immer anders gemacht."
Geben Sie an, wie diese Mitteilung auf den vier Ebenen der Kommunikation verstanden werden könnte.

Ebene	Botschaft
Sachebene	
Beziehungsebene	
Appellebene	
Selbstoffenbarungsebene	

2. Führen Sie Einflussgrößen auf, die eine positive Teamentwicklung begünstigen.

Zur weiteren Vertiefung der Lerninhalte und Sicherung der Lernergebnisse empfehlen wir die Bearbeitung der Aufgaben und Aktionen in Kapitel 2 (Wir benötigen als Arbeitnehmer im Großhandel umfassende Handlungskompetenzen) des Lernfeldes 1 in Ihrem Lehrbuch „Groß im Handel, 1. Ausbildungsjahr".

4 Wir als Großhändler erfüllen verschiedene Funktionen in der Gesamtgesellschaft

HANDLUNGSSITUATION

Die Auszubildenden der Spindler KG treffen sich am zweiten Tag ihrer Ausbildung in einem Seminar. Die Ausbildungsleiterin Frau Schrader führt sie in das Thema ein.

Frau Schrader: *"Sie haben Ihre Ausbildung in einem Unternehmen des Großhandels begonnen. Sie müssen damit rechnen, in nächster Zeit im privaten Bereich mit Fragen konfrontiert zu werden wie:*
- *Was macht so ein Großhandelsunternehmen überhaupt?*
- *Wo steht es im Rahmen der Gesamtwirtschaft?*

Ihre Mitschüler in der Berufsschule stellen vielleicht Fragen wie:
- *Wodurch unterscheidet sich die Spindler KG von anderen Großhandelsunternehmen?*

Also, Sie müssen in Zukunft Ihren Betrieb und dessen Besonderheiten präsentieren können ..."

Informationen zum Lösen der folgenden Handlungsaufgaben finden Sie im Lehrbuch „Groß im Handel, 1. Ausbildungsjahr" in den Kapiteln 5 (Wir erkennen die Beziehungen zwischen Haushalten und Unternehmen), 6 (Wir als Großhändler erfüllen verschiedene Funktionen in der Gesamtgesellschaft) und 7 (Wir können den Kunden unsere Leistungen in unterschiedlichen betrieblichen Formen anbieten).

HANDLUNGSAUFGABEN

1. Vor welchem Problem stehen die Mitarbeiter der Spindler KG?

2. Welches Ziel sollte die Spindler KG verfolgen, damit das Problem gelöst werden kann?

3. Wie kann die Spindler KG das Ziel erreichen?

4. Nadine Schrader ist Ausbildungsleiterin bei der Spindler KG. Sie kauft dort oft auch ein, da sie Personalrabatt bekommt.
Stellen Sie die Beziehung zwischen Nadine Schrader und der Spindler KG im Rahmen eines einfachen Wirtschaftskreislaufs dar. Unterscheiden Sie dabei zwischen Geld- und Güterströmen.

LERNFELD 1

DAS GROSS- UND AUSSENHANDELSUNTERNEHMEN PRÄSENTIEREN

Verwenden Sie bei der Erstellung der Zeichnung die folgenden Angaben:
1. Unternehmen, z. B. Spindler KG
2. private Haushalte, z. B. Nadine Schrader
3. Einkommen aus Lohn
4. Faktorleistung: Arbeit
5. Konsumgüter
6. Konsumausgaben

---------------- _____ **strom**
---------------- _____ **strom**

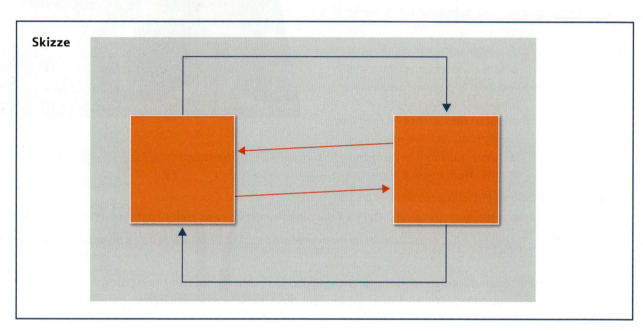

Skizze

5. Im Modell des erweiterten Wirtschaftskreislaufs kommen die Wirtschaftssektoren Banken, Staat und Ausland hinzu. **Ergänzen Sie im folgenden Modell die Beziehungen zwischen den Sektoren.**

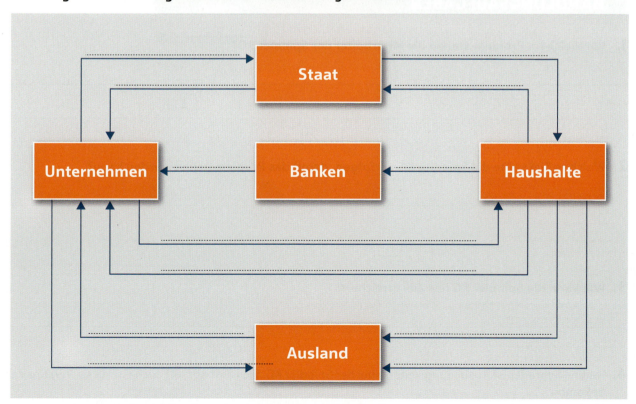

6. **Erläutern Sie die unterschiedlichen Wirtschaftsstufen. Stellen Sie beispielhaft den Weg eines Artikels Ihres Ausbildungssortiments von der Urproduktion bis zum Endverbraucher dar.**

Wirtschaftsstufe	Erläuterung	Beispiel
Urproduktion		
Weiterverarbeitung		
Großhandel		
Einzelhandel		
Endverbraucher		

7. **Führen Sie sieben Aufgaben des Großhandels auf und erläutern Sie diese kurz.**

Aufgabe	Erläuterung

LERNFELD 1

DAS GROSS- UND AUSSENHANDELSUNTERNEHMEN PRÄSENTIEREN

8. Es gibt unterschiedliche Arten des Großhandels.
Ergänzen Sie die folgende Tabelle.

Arten des Großhandels		
Bezieht Güter in größeren Mengen von Herstellern und verkauft sie in kleineren Mengen an Einzelhändler oder Handwerker	Mittler zwischen weiterverarbeitenden Betrieben	Ware wird in kleinen Mengen angekauft und in großen Mengen verkauft.
Beispiel:	Beispiel:	Beispiel:
Beispiel vor Ort:	Beispiel vor Ort:	Beispiel vor Ort:

9. Ergänzen Sie die folgende Mindmap um die Merkmale der Betriebsformen des Großhandels.

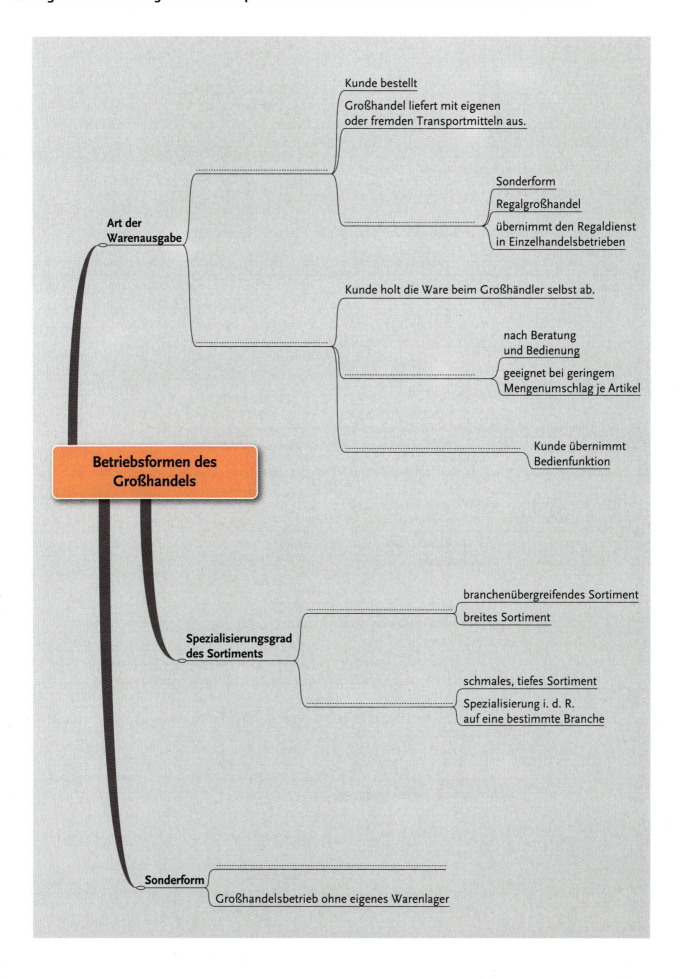

LERNFELD 1

DAS GROSS- UND AUSSENHANDELSUNTERNEHMEN PRÄSENTIEREN

10. Zeigen Sie anhand von fünf Handelsfunktionen, wie Ihr Ausbildungsunternehmen Aufgaben eines Großhandelsunternehmens erfüllt.

_____

_____

_____

11. Arbeiten Sie die Unterschiede im Hinblick auf
- die Betriebsform,
- die Art des Großhandels

zwischen der Spindler KG und Ihrem Ausbildungsbetrieb (hier jeweils Begründung) heraus.

	Betriebsform	Art des Großhandels
Spindler KG		
Mein Ausbildungsunternehmen		

VERTIEFUNGS- UND ANWENDUNGSAUFGABEN

1. Stellen Sie fest, welche Funktion des Großhandels in den Beispielen jeweils angesprochen ist.

Funktion des Großhandels	Erläuterung
	Die Spindler KG bekommt vom Hersteller schon im Dezember schicke Sommeranzüge geliefert.
	Die Spindler KG nimmt mit ihren Kunden (verschiedenen Textileinzelhändlern) dem Hersteller die Aufgabe ab, Waren an den Endverbraucher abzusetzen.
	Die Spindler KG übernimmt 20.000 Anzüge eines italienischen Herstellers und gibt im Durchschnitt jeweils ca. 100 Anzüge an Textileinzelhändler weiter.
	Die Spindler KG bietet für den Bereich der Sportartikel Warenkunde-Kurse an.
	Anja Kruse informiert eine Bontiquenbesitzerin über die neuesten Entwicklungen im Damenmodebereich.
	Verstärkten Nachfragen des Einzelhandels trägt die Spindler KG Rechnung, indem sie nun auch Sportjacken anbietet.
	Die Spindler KG informiert den Jeanshersteller Lewis, dass die Einzelhändler verstärkt nach Jeans im Stil der 70er-Jahre nachfragen.

2. Ergänzen Sie den Lückentext um die folgenden Begriffe:

Abholgroßhandel – Aufkaufgroßhandel – branchenübergreifend – breites – Cash-and-carry – Einzelhändler – Fachhändler – größeren – Handwerksbetriebe – kleineren – Mittler – schmales – Streckengroßhandel – tiefes – Transportmitteln – umsortiert – Zustellgroßhandel

Es gibt unterschiedliche Arten des Großhandels:

Der _____ kauft von verschiedenen Produzenten Wirtschaftsgüter in kleinen Mengen, die gesammelt, _____ und anschließend in größeren Mengen an Betriebe der Weiterverarbeitung abgegeben werden.

Der Produktionsverbindungsgroßhandel ist als _____ zwischen den verschiedenen aufeinander folgenden Stufen der gewerblichen Wirtschaft tätig.

Der Absatzgroßhandel bezieht Güter in _____ Mengen von den Herstellern und verkauft sie in _____ Mengen überwiegend an _____ und _____ .

Beim _____ gibt der Kunde seine Bestellung auf. Der Großhändler liefert die Ware mit eigenen oder fremden _____ .

Beim _____ besuchen die Kunden den Großhändler und nehmen dort die Ware selbst mit. Man spricht hier häufig auch von _____-Großhändlern.

Der Sortimentsgroßhandel führt ein _____ Sortiment, das häufig auch _____ ist.

Der Spezialgroßhändler hat als _____ ein _____ und _____ Sortiment.

Zum _____ zählen Großhandelsbetriebe ohne eigenes Warenlager.

Zur weiteren Vertiefung der Lerninhalte und Sicherung der Lernergebnisse empfehlen wir das Bearbeiten der Aufgaben und Aktionen in den Kapiteln 5, 6 und 7 des Lernfeldes 1 Ihres Lehrbuches „Groß im Handel, 1. Ausbildungsjahr".

LERNFELD 1

DAS GROSS- UND AUSSENHANDELSUNTERNEHMEN PRÄSENTIEREN

5 Wir fördern mit der richtigen Wahl des betrieblichen Standortes die Erfolgsaussichten unseres Unternehmens

HANDLUNGSSITUATION

Bei der Spindler KG sind die letzten Jahre positiv verlaufen. Die Umsätze sind kontinuierlich gestiegen, es wurde die Zahl der Mitarbeiter erhöht und die Lagerkapazitäten sind mittlerweile an ihrer Grenze angelangt. Das zentrale Büro- und Lagergebäude in der Goseriede in Hannover muss daher erweitert werden.

Es sind neue Märkte im Ausland erschlossen worden. Zum einen ist seit der EU-Osterweiterung der Handel intensiviert worden, aber auch in Richtung Westen wurden die Kontakte zu den Benelux-Ländern ausgebaut.

Weil eine Erweiterung im Innenstadtbereich nicht mehr möglich ist, denken die Geschäftsführer, Frau Strobel und Herr Spindler, sowie Herr Kalweit aus der Stabsstelle über einen Neubau nach.

Anja Kruse ist derzeit im Rahmen ihrer Ausbildung bei Herrn Kalweit eingesetzt. Er nimmt sie mit zu dem heutigen Treffen mit den Geschäftsführern der Spindler KG, weil sie später einige Aufgaben für ihn übernehmen soll.

Hr. Spindler: „Guten Tag, meine Herrschaften. Ich begrüße Sie herzlich zu unserem Meeting bezüglich einer möglichen Unternehmenserweiterung der Spindler KG. Da Frau Strobel und ich nur wenig Zeit haben, schlage ich vor, dass Sie, Herr Kalweit, im Nachgang zu diesem Treffen detailliertere Informationen einholen, damit wir weiter planen können."

Hr. Kalweit: „Guten Tag zusammen. Herr Spindler, es wird kein Problem sein, Ihnen bis zu unserem nächsten Treffen die Informationen aufzubereiten. Ich möchte Ihnen unsere Auszubildende, Frau Kruse, vorstellen. Sie ist derzeit bei mir eingesetzt und wird mich bei den Recherchen unterstützen."

Anja: „Guten Tag!"

Fr. Strobel: „Guten Tag, Frau Kruse! Ja, dann möchte ich auch schon zur Sache kommen. Wir alle sind uns ja einig, dass das neue Gelände eine Mindestgröße von 1 ha (10.000 m²) haben sollte, damit auch eine zukünftige Unternehmenserweiterung nicht ausgeschlossen ist. Ich bin der Ansicht, wir sollten uns näher in Richtung Ostsee, aber auch in Richtung Nordsee orientieren, da wir dann sowohl den wachsenden Markt in Osteuropa als auch unsere Kunden in Westeuropa schneller erreichen können. Meine Überlegungen haben dazu geführt, dass wir über eine Erweiterung in Schleswig-Holstein in Kaltenkirchen im Landkreis Segeberg nachdenken sollten."

Hr. Spindler: „Hannover ist ein guter Standort. Wir sollten uns in der nahen Umgebung nach einem neuen Gelände umsehen, weil wir hier die Strukturen und die Ansprechpartner kennen. Ich votiere für eine Investition zum Beispiel in Seelze, im Gewerbegebiet ‚Am Letterholz'. Das ist ganz in der Nähe von Hannover und liegt somit zentral bei vielen unserer inländischen Kunden."

Hr. Kalweit: „Es ist wichtig, die Kosten im Auge zu behalten. Daher sollten wir nach einem Standort mit einem günstigen Grundstück suchen, wobei wir zudem weniger Gewerbesteuer zahlen sollten. Meine Recherchen haben ergeben, dass beispielsweise das Gewerbegebiet ‚Scharrendorf' in Twistringen im Landkreis Diepholz in Niedersachsen diese Kriterien erfüllt."

Fr. Strobel: „Na super! Da haben wir ja viele Möglichkeiten. Ich lasse mich gerne von anderen Standorten als Seelze überzeugen. Arbeiten Sie bitte bis Ende der Woche die Vor- und Nachteile der einzelnen Standorte bezüglich der relevanten Standortfaktoren heraus und geben Sie eine Empfehlung ab, wo wir nun investieren sollen, Herr Kalweit."

Herr Kalweit übergibt eine Liste mit den Standortfaktoren, die seines Erachtens relevant sind, und bittet Anja nun, sich möglichst schnell in die Thematik einzuarbeiten und die Materialien zu erstellen, anhand derer eine Entscheidung zugunsten eines Standortes möglich ist. Die Größe und Preise der verfügbaren Gewerbeflächen hat Herr Kalweit schon ermittelt. Diese sind daher vorgegeben.

Informationen zum Lösen der folgenden Handlungsaufgaben finden Sie im Lehrbuch „Groß im Handel, 1. Ausbildungsjahr" in Kapitel 8 des Lernfeldes 1 und Informationen für die Recherche im Internet in Kapitel 4 des Lernfeldes 1.

WIR FÖRDERN MIT DER RICHTIGEN WAHL DES BETRIEBLICHEN STANDORTES DIE ERFOLGSAUSSICHTEN UNSERES UNTERNEHMENS

HANDLUNGSAUFGABEN

1. Geben Sie an, welche Aufgaben Anja bearbeiten muss und in welcher Reihenfolge sie diese erledigen sollte.

2. Informieren Sie sich mithilfe des Lehrbuches über die allgemeinen Standortfaktoren und geben Sie diese im folgenden Lösungsfeld an.

3. Informieren Sie sich mithilfe des Lehrbuches über die örtlichen Standortfaktoren und geben Sie diese im folgenden Lösungsfeld an.

LERNFELD 1 — DAS GROSS- UND AUSSENHANDELSUNTERNEHMEN PRÄSENTIEREN

4. Die Liste mit den relevanten Standortfaktoren, die Anja in ihre Überlegungen einbeziehen soll, sieht wie folgt aus:

Standortfaktor	Benötigte Informationen
Gewerbesteuer	Hebesätze
Gewerbeflächen	Preis und Größe
Bevölkerung	– Altersstruktur – Einwohnerzahl – BIP der Region – Zahl der Beschäftigten
Infrastruktur	– Autobahnanbindung – Schienenverkehr – Nähe zum Seehafen – Nähe zum Flughafen – geografische Lage
staatliche Förderung	z. B. kommunale Fördermaßnahmen

Herr Kalweit gibt Anja den Tipp, auf den Internetseiten der Gemeinden nach Informationen zu suchen.

Außerdem bekommt sie von ihm noch die folgenden Internetadressen, die eine Recherche erleichtern:

www.komsis.de

http://www.statistik-sh.de/

Recherchieren Sie für Anja die nötigen Angaben zum Standort und tragen Sie sie auf der folgenden Tabelle ein. Entfernungsangaben können Sie auch sehr gut unter www.maps.google.de in Erfahrung bringen.

Erinnern Sie sich beim Recherchieren an Ihre Kenntnisse zur effektiven Nutzung von Suchmaschinen und schauen Sie im Zweifel noch einmal in Ihrem Lehrbuch nach.

Teilen Sie sich für die Recherche am besten auf, um innerhalb kürzester Zeit einen möglichst guten Überblick über die verfügbaren Informationen zu erlangen.

WIR FÖRDERN MIT DER RICHTIGEN WAHL DES BETRIEBLICHEN STANDORTES DIE ERFOLGSAUSSICHTEN UNSERES UNTERNEHMENS

Faktoren		Werte/Prozente/Kommentare		
		Seelze	Twistringen	Kaltenkirchen
Gewerbesteuer	Hebesätze			
Gewerbeflächen	Preis und Größe			
Bevölkerung	Altersstruktur			
	Einwohnerzahl BIP in € in der Region Zahl der Beschäftigten			
Infrastruktur	Autobahnanbindung Schienenverkehr Nähe zum Seehafen Nähe zum Flughafen Geografische Lage			
Regionale Absatzmöglichkeiten	Struktur des Einzelhandels (Textilbranche)			
Staatliche Förderung	z. B. Kommunale Fördermaßnahmen			

LERNFELD 1

DAS GROSS- UND AUSSENHANDELSUNTERNEHMEN PRÄSENTIEREN

5. **Diskutieren Sie in einer Gruppe mit maximal vier Personen die Vor- und Nachteile der einzelnen Standorte. Halten Sie die Vor- und Nachteile für die einzelnen Standorte im folgenden Lösungsfeld fest.**

6. Sie haben nunmehr die Vor- und Nachteile der einzelnen Standorte identifiziert. Um eine Entscheidung für einen Standort zu treffen, müssen Sie jedoch die Vor- und Nachteile der einzelnen Standorte auch in Ihre Entscheidung einbeziehen. Sie entscheiden sich für die Durchführung einer Nutzwertanalyse, um die richtige Entscheidung zu treffen.
Lesen Sie die folgenden Informationen zur Nutzwertanalyse laut in der Gruppe vor und besprechen Sie jeden einzelnen Punkt gemeinsam, damit die Methodik allen verständlich wird.

Information Nutzwertanalyse:

Um eine Entscheidung zu treffen, welche auf komplexen Überlegungen, Abwägungen und Vor- und Nachteilen basiert, ist die Nutzwertanalyse eine gut geeignete Hilfestellung bei der Entscheidungsfindung. Bei der Nutzwertanalyse geht man nach folgendem Schema vor:

1. Zunächst leitet man aus der Problemstellung die Ziele ab, die bei der anstehenden Entscheidung erreicht werden sollen, und hierarchisiert diese.
2. Aus den geordneten Zielen leitet man Kriterien ab, die für Zielerreichung relevant sind.
3. Festlegung von eventuellen K.O.-Kriterien, welche dazu führen, dass eine Alternative nicht mehr in Betracht gezogen wird.
4. Festlegung von Soll-Kriterien, die erfüllt sein sollen.
5. Gewichtung der Soll-Kriterien. Wie wichtig ist dieses Kriterium zur Erreichung der Ziele? (Zum Beispiel bekommt ein wichtiges Kriterium die Gewichtung „5", während ein weniger wichtiges mit „3" und ein unwichtiges Kriterium mit „1" gewichtet wird.)
6. Bewertung des Grades, zu dem die einzelnen Kriterien von den Entscheidungsalternativen erfüllt werden (z. B. „1", wenn das Kriterium nur schlecht erfüllt ist, bis hin zu „10", wenn das Kriterium voll erfüllt ist).
7. Gewichtung der Kriterien mit der jeweiligen Punktebewertung aus 6., durch Multiplikation der Gewichtung aus 5. mit der Bewertung aus 6.
8. Die Summe aller gewichteten Kriterien ergibt das Endergebnis.
9. Die Alternative mit den meisten Punkten ist nach der subjektiven Bewertung der Kriterien die sinnvollste.

7. Führen Sie gemeinsam in der Gruppe eine Nutzwertanalyse für die anstehende Investitionsentscheidung bei der Spindler KG durch. Identifizieren Sie die für die Entscheidung relevanten Kriterien, gewichten Sie diese Kriterien sinnvoll und bewerten Sie die jeweilige Erfüllung der Kriterien.

Kriterium	Gewichtung	Twistringen		Seelze		Kaltenkirchen	
		Bewertung	Punkte	Bewertung	Punkte	Bewertung	Punkte
Ergebnis							

Entscheidung:

LERNFELD 1

DAS GROSS- UND AUSSENHANDELSUNTERNEHMEN PRÄSENTIEREN

VERTIEFUNGS- UND ANWENDUNGSAUFGABEN

1. In dem folgenden Suchrätsel sind 10 Wörter versteckt. Lösen Sie das Rätsel mithilfe der Kapitel 1.8 und 1.9.

X	G	U	J	H	X	Q	Q	L	C	O	S	X	V	A	O	X	L	R	N	N	M	J	K	H
B	G	Z	B	K	J	M	E	M	G	Q	O	E	Y	R	N	K	C	U	L	T	P	V	A	F
B	C	I	D	A	N	R	O	V	C	E	R	L	J	D	S	Y	N	C	A	T	K	M	M	F
I	C	P	E	Y	C	L	H	W	T	H	R	G	C	A	I	U	H	G	B	M	G	I	B	M
F	W	P	T	Y	I	O	C	Q	K	Y	C	Y	Q	J	D	M	F	Z	S	D	A	I	O	X
N	K	W	V	R	S	Z	I	M	K	S	E	K	O	V	O	L	N	F	A	Q	M	R	X	J
H	H	R	E	N	T	A	B	I	L	I	T	A	E	T	D	N	F	P	T	J	W	M	E	R
T	P	U	E	B	E	D	A	R	F	S	D	E	C	K	U	N	G	V	Z	F	Y	B	B	U
J	M	B	D	D	E	B	S	N	O	F	M	T	T	K	X	T	C	Q	M	S	A	L	K	H
Z	U	U	S	K	T	H	J	L	Y	D	Q	J	C	E	C	L	Y	O	A	M	Z	F	J	K
H	N	E	D	N	Z	O	X	R	I	S	B	T	S	M	E	F	I	U	E	B	N	T	U	I
Z	U	R	R	X	W	K	D	Y	U	S	K	A	E	E	N	K	C	H	R	Q	W	M	E	X
J	I	O	U	F	L	G	W	P	J	K	W	P	Y	N	I	W	G	G	K	E	J	A	T	V
H	S	K	K	V	T	L	C	K	I	S	I	U	D	P	Y	G	Y	C	T	Z	Q	P	X	O
W	I	R	T	S	C	H	A	F	T	L	I	C	H	K	E	I	T	G	E	W	B	L	T	G
J	K	A	N	H	P	F	C	X	C	Q	X	G	Y	W	L	M	U	V	J	F	I	K	D	Q
C	F	T	S	N	G	E	W	E	R	B	E	S	T	E	U	E	R	E	Z	M	A	L	H	T
X	V	I	E	I	N	F	R	A	S	T	R	U	K	T	U	R	C	A	D	J	E	Z	W	P
S	D	E	G	A	V	U	U	I	L	O	U	O	F	F	J	O	I	N	L	O	B	O	F	Z
Y	Z	V	F	O	E	R	D	E	R	M	A	S	S	N	A	H	M	E	K	U	Z	G	E	S
A	I	S	C	C	H	K	O	I	H	V	I	J	K	V	K	S	R	K	Y	Q	N	F	P	T
L	X	H	R	X	H	J	A	H	Z	T	P	P	G	N	U	W	C	O	K	B	L	S	M	K
Y	Z	P	N	P	C	E	H	A	D	K	O	O	U	B	K	B	I	P	N	P	I	X	U	O
L	T	E	B	G	T	Y	I	R	U	A	A	R	B	E	I	T	S	K	R	A	E	F	T	E
U	M	F	P	B	E	S	C	H	A	F	F	U	N	G	S	M	A	E	R	K	T	E	X	Y

Die Wörter bedeuten:

1. allgemeiner Standortfaktor, bei dem die Lieferer eine Rolle spielen: _____

2. gibt das Verhältnis des Nettoumsatzes zu den Kosten an: _____

3. örtlicher Standortfaktor, mit dem Kommunen die Ansiedlung von Unternehmen unterstützen wollen:

_____

4. Mit einem kundengerechten Sortiment erreicht ein Großhandelsunternehmen dieses Ziel:

_____

5. Lohnkostenvorteile machen diesen allgemeinen Standortfaktor zu einem Standortvorteil:

6. gibt die Verzinsung des in einem Unternehmen eingesetzten Kapitals an:

7. Je geringer diese angesetzt wird, desto eher siedeln sich Unternehmen in einer Gemeinde an:

8. Gesamtheit aller Einrichtungen, die der Allgemeinheit in einem Wirtschaftsgebiet zur Verfügung steht:

9. Standortfaktor, der ausschlaggebend sein kann, wenn die Nähe zum Kunden gesucht wird:

10. Wird diese vermieden, ist dies ein Standortvorteil:

Zur weiteren Vertiefung der Lerninhalte und Sicherung der Lernergebnisse empfehlen wir die Bearbeitung der Aufgaben und Aktionen in Kapitel 8 (Wir fördern mit der richtigen Wahl des betrieblichen Standortes die Erfolgsaussichten unseres Unternehmens) im Lernfeld 1 Ihres Lehrbuches „Groß im Handel, 1. Ausbildungsjahr".

LERNFELD 1

DAS GROSS- UND AUSSENHANDELSUNTERNEHMEN PRÄSENTIEREN

6 Wir unterstützen unser Unternehmen bei der Erreichung der Unternehmensziele

HANDLUNGSSITUATION

Martin Solms und Anja Kruse werden zur Ausbildungsleiterin Nadine Schrader gerufen:

Nadine Schrader: „Guten Morgen, Anja, guten Morgen, Martin."

Martin Solms und Anja Kruse: „Guten Morgen, Frau Schrader."

Nadine Schrader: „Sie sind ja nun schon ein paar Wochen in unserem Unternehmen und sollten schon einen groben Einblick bekommen haben."

Anja Kruse: „Das stimmt. Wir haben schon verschiedene Abteilungen und Arbeitsweisen kennengelernt."

Nadine Schrader: „Sehr gut. Heute habe ich einen besonderen Auftrag für Sie: Sie sollen unser Unternehmensleitbild genauer analysieren und eine Unterteilung der Ziele in verschiedene Bereiche vornehmen."

Anja Kruse: „Hat die Spindler KG denn nicht nur ein Ziel: Gewinn erzielen?"

Nadine Schrader: „Nein, so leicht ist das nicht. Sicherlich ist dies ein sehr wichtiges Ziel, aber nicht das einzige."

Martin Solms: „Aah, da fällt mir noch ‚Umsatz' ein. Das habe ich schon öfter gehört, dass viele Unternehmen einen hohen Umsatz erreichen wollen."

Nadine Schrader: „Nun raten Sie mal nicht ohne Plan drauflos, es gibt beispielsweise verschiedene Rentabilitätskennzahlen, die für ein Unternehmen sehr wichtig sind. Beschäftigen Sie sich erst einmal mit dem Leitbild, da werden Sie außerdem feststellen, dass es bei den Zielen zu Zielkonflikten kommen kann."

Informationen zum Lösen der folgenden Handlungsaufgaben finden Sie im Lehrbuch „Groß im Handel, 1. Ausbildungsjahr" in den Kapiteln 1 (Unternehmensleitbild) und 9 (Wir unterstützen unser Unternehmen bei der Erreichung der Unternehmensziele) des Lernfeldes 1.

HANDLUNGSAUFGABEN

1. Welche Probleme müssen Anja und Martin klären?

2. Lesen Sie den Auszug aus dem Leitbild der Spindler KG auf Seite 13 sowie 81 im Lehrbuch „Groß im Handel, 1. Ausbildungsjahr" und stellen Sie die Ziele der Spindler KG in einem Zielkatalog heraus.
   a) Sortieren Sie diese nach ökonomischen, ökologischen und sozialen Zielen.
   b) Ergänzen Sie ggf. weitere Ziele Ihres Ausbildungsbetriebs.

Ökonomische Ziele	Ökologische Ziele	Soziale Ziele

LERNFELD 1

DAS GROSS- UND AUSSENHANDELSUNTERNEHMEN PRÄSENTIEREN

3. Sortieren Sie Ihren Zielkatalog nach den aus Ihrer Sicht wichtigsten Zielen, indem Sie die fünf wichtigsten Ziele nachfolgend eintragen. Begründen Sie Ihre Zuordnung.

Ziel	Begründung
1.	
2.	
3.	
4.	
5.	

4. Ermitteln Sie aus dem erstellten Zielkatalog je zwei Zielkonflikte sowie Zielharmonien und erläutern Sie diese anhand eines Beispiels aus der Spindler KG.

Definition Zielkonflikt:

Ein Zielkonflikt besteht immer dann, wenn das eine Ziel nur dann erreicht wird, wenn es auf Kosten eines anderen Ziels geht.

Definition Zielharmonie:

Eine Zielharmonie besteht dann, wenn mit dem Erreichen des einen Ziels auch ein anderes Ziel gefördert wird.

Zielkonflikt	Erläuterung

Zielharmonie	Erläuterung

VERTIEFUNGS- UND ANWENDUNGSAUFGABEN

1. **Erklären Sie die Unterschiede der nachfolgenden Rentabilitätskennziffern mit eigenen Worten. Erläutern Sie auch den Sinn eines solchen Vergleichs.**

Kennziffernvergleich	Erklärungen/Erläuterungen
Eigenkapitalrentabilität und Gesamtkapitalrentabilität	
Eigenkapitalrentabilität und Umsatzrentabilität	

2. Herr Spindler von der Spindler KG bekommt die aktuelle Bilanz seines Unternehmens. Dort wurde für das abgelaufene Geschäftsjahr ein Unternehmensgewinn von 225.000,00 € festgestellt, im Vorjahr waren es nur 180.000,00 €. Auch das Eigenkapital ist von 800.000,00 € im Vorjahr auf 900.000,00 € im abgelaufenen Jahr angestiegen. Das Fremdkapital betrug sowohl im abgelaufenen Jahr als auch im Vorjahr 450.000,00 €. Der zu zahlende Zinssatz ist dabei für das Fremdkapital von 8 % (Vorjahr) auf 9 % (abgelaufenes Jahr) gestiegen.

   a) **Bestimmen Sie die Eigenkapitalrentabilität und die Gesamtkapitalrentabilität für das abgelaufene Jahr und das Vorjahr.**

	Abgelaufenes Jahr	Vorjahr
Eigenkapitalrentabilität		
Gesamtkapitalrentabilität		

   b) **Warum ist der Aussagewert der Eigenkapitalrentabilität problematisch und die Gesamtkapitalrentabilität daher die aussagekräftigere Kennzahl?**

   c) Im abgelaufenen Jahr hat die Spindler KG neben den bereits dargestellten Kennzahlen einen Nettoumsatz von 2.500.000,00 € erwirtschaftet. Die entstandenen betriebsbedingten Kosten betrugen im gleichen Zeitraum 625.000,00 €. **Bestimmen Sie die Umsatzrentabilität und die Wirtschaftlichkeit der Spindler KG.**

	Berechnung
Umsatzrentabilität	
Wirtschaftlichkeit	

Zur weiteren Vertiefung der Lerninhalte und Sicherung der Lernergebnisse empfehlen wir das Bearbeiten der Aufgaben und Aktionen in Kapitel 9 des Lernfeldes 1 Ihres Lehrbuches „Groß im Handel, 1. Ausbildungsjahr".

LERNFELD 1

DAS GROSS- UND AUSSENHANDELSUNTERNEHMEN PRÄSENTIEREN

7 Wir erkennen die Kundenorientierung als wichtigsten Erfolgsfaktor von Großhandelsunternehmen

HANDLUNGSSITUATION

Die Spindler KG verzeichnet seit wenigen Monaten einen Umsatzrückgang. Insbesondere im Bereich der Warenwelt „Herrenbekleidung" konnten viele Stammkunden nicht gehalten werden. Auch bei der Warengruppe „Haushaltswäsche" ist die Spindler KG gegenüber Mitanbietern ins Hintertreffen geraten.

Die Vorgänge sind auch bei den Beschäftigten nicht unbemerkt geblieben und sorgen für zahlreiche Gespräche. Die Geschäftsführerin der Spindler KG, Frau Strobel, spricht in einer Betriebsversammlung von „Erfolgsfaktoren, die uns jahrelang ausgezeichnet haben und auf die wir uns fokussieren sollten". Sie geht insbesondere auf den Erfolgsfaktor der Kundenorientierung ein, den sie als besonders wichtig erachtet.

Vor allem eine hohe Kundenzufriedenheit ist der Schlüssel zum Erfolg. Es stellt sich hier die Frage, wie diese Zufriedenheit bei den Kunden zu erreichen ist.

Frau Strobel hat da schon eine Idee:

„Mit guten Serviceleistungen können wir unsere Kunden zufriedenstellen. Wenn sich unsere Kunden wohlfühlen, dann werden wir auch wieder mehr verkaufen."

Frau Strobel möchte daher Vorschläge erarbeiten lassen, wie die Serviceleistungen bei der Spindler KG dauerhaft verbessert werden können.

Informationen zum Lösen der folgenden Handlungsaufgaben finden Sie im Lehrbuch „Groß im Handel, 1. Ausbildungsjahr" im Kapitel 10 (Wir erkennen die Kundenorientierung als wichtigsten Erfolgsfaktor von Großhandelsunternehmen) des Lernfeldes 1.

HANDLUNGSAUFGABEN

1. Welche Fragen müssen die Mitarbeiter der Spindler KG klären?

2. Fertigen Sie eine Mindmap an zu der Fragestellung:
- „Was muss die Spindler KG tun, um auf ihrem Markt erfolgreich zu sein?"
- „Welche Faktoren entscheiden über den Erfolg eines Unternehmens auf seinem Markt?"

Sie können ggf. weitere Zweige ergänzen.

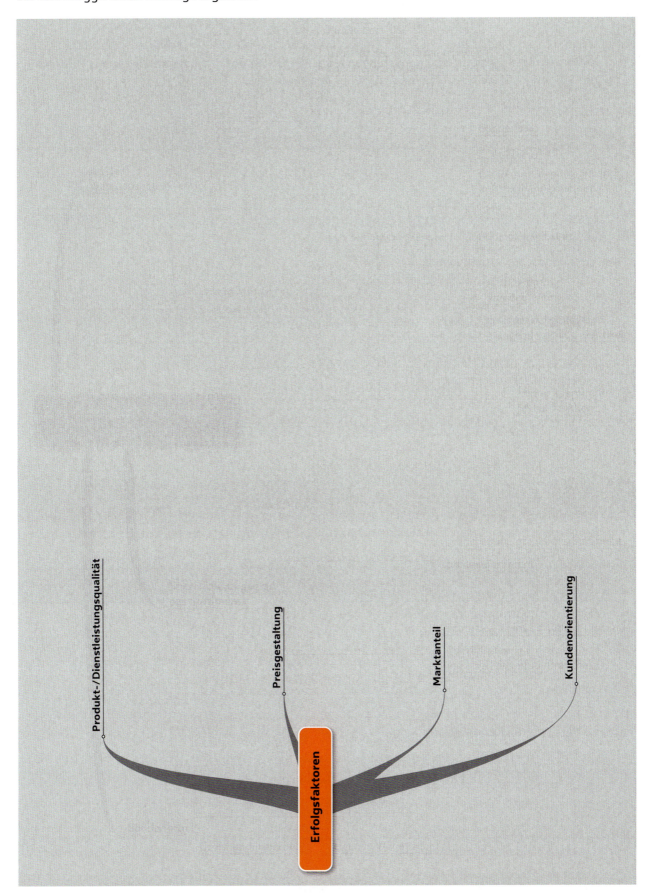

LERNFELD 1

DAS GROSS- UND AUSSENHANDELSUNTERNEHMEN PRÄSENTIEREN

3. Seit der Unternehmensgründung der Spindler KG kurz nach dem Zweiten Weltkrieg hat es Veränderungen vom Verkäufermarkt zum Käufermarkt gegeben. Dies hat zu völlig neuen Anforderungen an die Mitarbeiter im Großhandel geführt. So hat sich beispielsweise die Verkaufsphilosophie verändert. Während früher die „Hardselling-Methode" (Hardselling = „hartes Verkaufen") üblich war, ist man heute zu der „Softselling-Methode" (Softselling = „weiches Verkaufen") übergegangen.

a) Nachfolgend ist eine Tabelle mit sechs typischen Eigenschaften des Hardsellings aufgeführt. **Erläutern Sie die jeweiligen Eigenschaften kurz. Finden Sie ggf. auch Beispiele für das Hardselling bei der Spindler KG, welches allerdings nicht zu empfehlen ist.**

Hardselling	
Eigenschaft	**Erläuterung/Bedeutung für die Spindler KG**
Verkauf, egal mit welchen Mitteln	
Die Kundenbedürfnisse sind für den Verkäufer nebensächlich.	
Der Kunde ist ein Gegner, den es durch einen Verkauf zu „besiegen" gilt.	
Anwendung von Druck und Manipulation vernichtet Vertrauen der Kunden.	
kurzfristiger Verkaufserfolg	
langfristig schlechter Ruf	

b) Nachfolgend ist eine Tabelle mit fünf typischen Eigenschaften des Softsellings aufgeführt. **Erläutern Sie die jeweiligen Eigenschaften kurz. Erläutern Sie ggf. auch beispielhaft die Bedeutung für die Spindler KG.**

Softselling	
Eigenschaft	**Erläuterung/Bedeutung für die Spindler KG**
Gleichberechtigte Geschäftspartner führen ein Verkaufsgespräch.	
gemeinsame Ermittlung der Kundenbedürfnisse	
Kauf dient der Bedürfnisbefriedigung des Kunden	
Verkäufer und Kunde sollen gewinnen.	
zielt auf eine langfristige Kundenbindung	

4. Es ist deutlich geworden, dass die Spindler KG es schaffen muss, die Zufriedenheit ihrer Kunden zu steigern. Um dieses Ziel zu erreichen, sollte die Spindler KG wissen, welche Erwartungen ihre Kunden haben. Je mehr Erwartungen der Kunden erfüllt werden, desto zufriedener sind sie und desto positiver wirkt sich dies auf das Kaufverhalten aus.

Stellen Sie sich vor, Sie wollen bei der Spindler KG einkaufen. Welche Erwartungen haben Sie bzw. welche Anforderungen stellen Sie
- an den Verkäufer,
- an das Großhandelsunternehmen Spindler KG und
- an die Ware/das Produkt, das Sie kaufen wollen?

Anforderungen/Ansprüche von Kunden		
An den Verkäufer	An das Großhandelsunternehmen	An die Ware/das Produkt

5. Frau Strobel möchte nun Vorschläge zur Verbesserung der Serviceleistungen in den Warengruppen „Herrenbekleidung" sowie „Haushaltswäsche" sammeln. Die Auszubildenden Anja Kruse und Martin Solms sollen diesen Auftrag ausführen.

Anja und Martin wollen nicht nur mögliche Maßnahmen zur Verbesserung der Serviceleistungen notieren, sondern diese dann konkret in der Umsetzung beschreiben.

Nennen und begründen Sie für die Warengruppen „Herrenbekleidung" sowie „Haushaltswäsche" fünf Maßnahmen zur Verbesserung der Serviceleistungen.

Verbesserung der Serviceleistungen	
Warengruppen „Herrenbekleidung" und „Haushaltswäsche"	
Maßnahme	Begründung

LERNFELD 1

DAS GROSS- UND AUSSENHANDELSUNTERNEHMEN PRÄSENTIEREN

VERTIEFUNGS- UND ANWENDUNGSAUFGABEN

1. Man kann in der Bundesrepublik Deutschland seit Ende des Zweiten Weltkrieges zwei Marktsituationen erkennen:
   - einen Verkäufermarkt und
   - einen Käufermarkt.

   a) **Was lässt sich auf einem Verkäufermarkt bezüglich Angebot und Nachfrage sagen?**

   b) **Was lässt sich auf einem Käufermarkt bezüglich Angebot und Nachfrage sagen?**

   c) **Wann und warum kam es in Deutschland zur Veränderung vom Verkäufer- zum Käufermarkt?**

   d) **Begründen Sie, warum es auf einem Verkäufermarkt nicht notwendig ist, Absatzmarketing zu betreiben.**

   e) **Wie schätzen Sie die Position Ihres Unternehmens im Markt ein?**

   f) **Was raten Sie der Spindler KG?**

WIR ARBEITEN IN GROSSHANDLUNGEN MIT UNTERSCHIEDLICHEN RECHTSFORMEN

2. In welcher Situation ist ein Käufermarkt gut beschrieben?

	Die Nachfrage nach Smartphones kann nicht befriedigt werden.
	Die Spindler KG kann ihre Herrenhemden zu den geforderten Preisen nicht absetzen.
	Das Sonderangebot „Boxershorts" ist bei der Spindler KG in kürzester Zeit vergriffen.
	Die Flugreisen nach Ibiza sind ausgebucht.
	Die Eintrittskarten für das Benefizkonzert der Spindler KG sind bereits seit Wochen ausverkauft.

3. Wie wird ein Verkäufermarkt richtig beschrieben?

	Beim Verkäufermarkt kommt es tendenziell zu Preissteigerungen.
	Beim Verkäufermarkt kommt es tendenziell zu Preisstabilität.
	Beim Verkäufermarkt kommt es tendenziell zu Preissenkungen.
	Beim Verkäufermarkt hat der Kunde eine starke Marktmacht.
	Beim Verkäufermarkt ist das Angebot größer als die Nachfrage (Angebotsüberhang).

Zur weiteren Vertiefung der Lerninhalte und Sicherung der Lernergebnisse empfehlen wir das Bearbeiten der Aufgaben und Aktionen in Kapitel 10 (Wir erkennen die Kundenorientierung als wichtigsten Erfolgsfaktor von Großhandelsunternehmen) des Lernfeldes 1 in Ihrem Lehrbuch „Groß im Handel, 1. Ausbildungsjahr".

8 Wir arbeiten in Großhandlungen mit unterschiedlichen Rechtsformen

HANDLUNGSSITUATION

Hans Reimers ist Abteilungsleiter der Schönstädter Filiale der Hoffmann KG. Er ist 34 Jahre alt und seit 14 Jahren bei Hoffmann KG tätig. Nach seiner Ausbildung zum Kaufmann im Groß- und Außenhandel hat er sich noch weitergebildet zum Handelsfachwirt. Zudem hat er jede angebotene innerbetriebliche Weiterbildungsmaßnahme der Hoffmann KG besucht. In seiner Freizeit tummelt er sich in der Schönstädter Gothic-Szene.

Momentan ist er elektrisiert: In der Schönstädter Zeitung stand heute Morgen eine Anzeige. Eine Schönstädter Firma bietet Interessenten Lager- und Geschäftsräume unterschiedlicher Größe zu sehr günstigen Konditionen an. Da Hans Reimers sich schon lange mit dem Gedanken beschäftigt, sich selbstständig zu machen, sieht er hier die Chance, seinen Traum zu verwirklichen.

Dies möchte er zusammen mit seiner Freundin machen. Claudia Gruß ist 28 Jahre alt und arbeitete bis vor Kurzem als Schneiderin, bis ihr Arbeitgeber Insolvenz anmelden musste. Ihr Hobby ist Hiphop. Kürzlich hat sie eine Erbschaft in Höhe von 35.000,00 € gemacht. Hans Reimers hat 10.000,00 € an Ersparnissen.

Hans Reimers und Claudia Gruß haben entdeckt, dass es im Umkreis von mehr als 200 Kilometern um Schönstadt kein Großhandelsunternehmen gibt, das Bekleidung für unterschiedliche Szenen anbietet. Ihnen schwebt ein Großhandelsgeschäft vor, das u. a. Kleidung für die

– Gothic-,
– Metallic-,
– Punk-,
– Skater-,
– Hiphop-Szene usw.

anbietet. Großgeschrieben werden soll auch der Service (Änderungen und Maßanfertigungen können von Claudia Gruß übernommen werden).

Hans Reimers und Claudia Gruß haben sich schon mit mehreren potenziellen Lieferern in Verbindung gesetzt. Alle bieten Liefererkredite zu relativ günstigen Konditionen an. Einige sind auch bereit, Waren auf Kommissionsbasis zu liefern.

Informationen zum Lösen der folgenden Handlungsaufgaben finden Sie im Lehrbuch „Groß im Handel, 1. Ausbildungsjahr" in den Kapiteln 11 (Wir berücksichtigen bei der Unternehmensgründung handelsrechtliche Vorschriften) und 12 (Wir arbeiten in Großhandlungen mit unterschiedlichen Rechtsformen) des Lernfeldes 1.

LERNFELD 1

DAS GROSS- UND AUSSENHANDELSUNTERNEHMEN PRÄSENTIEREN

HANDLUNGSAUFGABEN

1. Wer ein Großhandelsunternehmen gründen will, sollte bestimmte Voraussetzungen erfüllen.

Führen Sie fünf persönliche und zwei sachliche Voraussetzungen auf, über die der Gründer eines Großhandelsunternehmens verfügen sollte.

Überprüfen Sie, ob diese bei Hans Reimers und Claudia Gruß gegeben sind.

Persönliche Voraussetzung	Gegeben bei Hans Reimers und Claudia Gruß?

Sachliche Voraussetzungen	Gegeben bei Hans Reimers und Claudia Gruß?

2. Sollten die persönlichen und sachlichen Voraussetzungen bei Hans Reimers und Claudia Gruß gegeben sein, können sie sich entscheiden, ein Unternehmen zu gründen. **Geben Sie an, wem die Gründung aus welchen Gründen gemeldet werden muss.**

Angemeldet werden muss die Gründung bei	Grund
	achtet auf die Einhaltung verschiedener arbeitsrechtlicher wie umweltschutzrechtlicher Bestimmungen sowie die Beachtung der Gewerbeordnung
	hilft u. a. bei der Verhütung von Arbeitsunfällen und Berufskrankheiten
	bietet u. a. Beratungs- und Informationsservice für Unternehmen an
	erhebt für den Staat Steuern für das Unternehmen und zieht diese ein
	informiert die Öffentlichkeit und die Geschäftspartner verlässlich über die Rechtsverhältnisse von Unternehmen

WIR ARBEITEN IN GROSSHANDLUNGEN MIT UNTERSCHIEDLICHEN RECHTSFORMEN

3. Hans Reimers und Claudia Gruß müssen nun noch die Rechtsform des neu zu gründenden Unternehmens festlegen: Abhängig von der unternehmerischen Zielsetzung kann das Unternehmen rechtlich unterschiedlich gestaltet werden. Hans Reimers und Claudia Gruß legen Wert darauf, dass sie, falls ihr Unternehmen im Falle einer Insolvenz nicht mehr zahlungsfähig ist, nicht haftbar gemacht werden können.

Hans Reimers und Claudia Gruß untersuchen sechs Rechtsformen daraufhin, ob diese jeweils für ihr neu zu gründendes Unternehmen geeignet sind.

a) **Halten Sie für jede der Rechtsformen die entscheidenden Merkmale fest.**

b) **Stellen Sie fest, wie die jeweilige Firma beispielhaft lauten könnte. Führen Sie die Regeln für die Firmierung bei der jeweiligen Rechtsform auf.**

c) **Geben Sie das Register an (bzw. die entsprechende Abteilung), in das (die) das neu zu gründende Unternehmen einzutragen ist.**

d) **Beurteilen Sie, ob die jeweilige Rechtsform für Hans Reimers und Claudia Gruß infrage kommt.**

	Einzelunternehmung	Offene Handelsgesellschaft	Kommanditgesellschaft	Gesellschaft mit beschränkter Haftung	Aktiengesellschaft
Mindestgründerzahl					
Mindestkapital					
Haftung					
Geschäftsführung und Vertretung					
Gewinnverteilung					
Firma					
Handelsregistereintrag					

LERNFELD 1

DAS GROSS- UND AUSSENHANDELSUNTERNEHMEN PRÄSENTIEREN

	Einzelunternehmung	Offene Handelsgesellschaft	Kommanditgesellschaft	Gesellschaft mit beschränkter Haftung	Aktiengesellschaft
Beurteilung					

VERTIEFUNGS- UND ANWENDUNGSAUFGABEN

1. Die beiden langjährigen Freunde Reinhold Bürger und Friedrich Kogel wollen eine Gesellschaft gründen. Zur Gründung bringt jeder von ihnen 25.000,00 € Barkapital auf. Das Unternehmen soll sich mit dem Import und Export von Textilien befassen. Reinhold Bürger macht jedoch zur Bedingung, dass er nicht persönlich haften will, und außerdem erlaubt seine Zeit keine Beteiligung an der Geschäftsführung. Friedrich Kogel, der persönlich haften will, schlägt seinem Freund eine Rechtsform vor und weist noch darauf hin, dass auch eine Teilhaberschaft an einer dann von ihm allein zu gründenden Unternehmung möglich ist.

a) **Welche beiden Unternehmensformen schlägt Friedrich Kogel seinem Freund vor?**

b) **Zu welcher Gruppe gehören diese Gesellschaften?**

c) Erläutern Sie kurz die wesentlichen Merkmale der beiden Unternehmensformen und zeigen Sie die Unterschiede auf.

d) Bei einer stillen Gesellschaft geht das Beteiligungsverhältnis nach außen nicht hervor. **Welche Rechte und eventuelle Pflichten hat Reinhold Bürger in beiden Unternehmensformen?**

2. In dem Gesellschaftsvertrag einer KG ist festgelegt, dass der Restgewinn zu 60 % an den Komplementär und zu je 10 % an die vier Kommanditisten fallen soll. Der Jahresgewinn beträgt 160.000,00 €.
Verteilen Sie den Gewinn. Nutzen Sie dazu die folgende Tabelle.

Gesellschafter	Kapitaleinlage	4 % Kapitalverzinsung	Restgewinn	Gesamtgewinn
Jones (Komplementär)	240.000,00 €	9.600,00 €	84.000,00 €	93.600,00 €
Lahm (Kommanditist)	120.000,00 €	4.800,00 €	14.000,00 €	18.800,00 €
Lehmann (Kommanditist)	40.000,00 €	1.600,00 €	14.000,00 €	15.600,00 €
Friedrich (Kommanditist)	20.000,00 €	800,00 €	14.000,00 €	14.800,00 €
Butt (Kommanditist)	80.000,00 €	3.200,00 €	14.000,00 €	17.200,00 €
		20.000,00 €	140.000,00 €	160.000,00 €

Herr Ballack tritt als neuer Komplementär in die KG ein. Herr Jones erläutert ihm: „Komplementäre haften unbeschränkt, unmittelbar und solidarisch."
Erläutern Sie diese drei Begriffe.

Begriff	Erläuterung
unbeschränkte Haftung	Der Komplementär haftet nicht nur mit seiner Kapitaleinlage, sondern auch mit seinem gesamten Privatvermögen.
unmittelbare Haftung	Gläubiger der KG können sich mit ihren Forderungen direkt an den Komplementär wenden.
solidarische Haftung	Jeder Komplementär haftet für die gesamten Verbindlichkeiten der KG. Der Gläubiger kann sich aussuchen, welchen Gesellschafter er in Anspruch nimmt.

3. Dominik Schlote erwägt, sich nach der Ausbildung selbstständig zu machen. Er überlegt die Gründung eines Fachgeschäfts für Computerspiele. Vor diesem Hintergrund liest er sehr interessiert den folgenden Artikel:

Ein Euro für eine Gesellschaft
Kristin Kruthaup

Eine gute Idee, aber wenig Geld – vor diesem Problem stehen viele Existenzgründer. Für sie gibt es bald die Mini-GmbH. Doch sie birgt Risiken.

Silvan Golega will Software verkaufen. Er ist 26, Diplom-Informatiker und Unternehmensgründer. Vor anderthalb Jahren kam ihm und zwei Freunden die Idee: Eine Software für Usability-Experten müsste her. Usability-Experten testen, an welcher Stelle auf einer Internetseite ein Link stehen muss, damit der Kunde ihn findet. Bisher haben sie dafür Testpersonen Papierblätter mit verschiedenen Link-Anordnungen vorgelegt. Die Software, die Golega und seine Kollegen entwickeln, erlaubt es, diese Testseiten im Internet zu bauen. Im Herbst soll ihr Produkt marktreif sein.

Spätestens dann brauchen die drei Tüftler eine Rechtsform. Wie viele Existenzgründer haben sie zwar eine gute Idee, aber kein Geld. Und damit haben sie kaum eine Chance, in Deutschland eine Rechtsform zu finden, die eine persönliche Haftung ausschließt. Der Schutz vor Haftung ist wünschenswert: Im Fall einer Pleite können Ansprüche nur gegen das Gesellschaftsvermögen geltend gemacht werden. Das Privatvermögen ist vor Gläubigern geschützt.

Keine persönliche Haftung

Normalerweise gründet man in ihrem Fall eine Gesellschaft mit beschränkter Haftung (GmbH). Für eine solche Gründung war bislang ein Stammkapital von 25.000,00 € erforderlich. Da Golega das Geld nicht hatte, erwog er – wie viele andere Existenzgründer –, in England eine Limited zu gründen. Limited (Ltd) steht für „private company limited by shares". Dieses Modell schließt ebenfalls eine persönliche Haftung der Gesellschafter aus. Für ihre Gründung ist aber nur ein symbolisches Stammkapital von einem Pfund erforderlich.

Der Sprung ins englische Recht ist für Gründer möglich, seit der Europäische Gerichtshof in mehreren Urteilen entschieden hat, dass Rechtsformen in einem Mitgliedsland auch in anderen Mitgliedsländern anerkannt werden müssen. „Aber wir sind von der Idee Limited wieder abgekommen", sagt Silvan Golega. „Denn plötzlich hieß es: Die GmbH-Reform kommt. Und mit ihr eine Mini-GmbH, für die man auch nur 1 € Stammkapital braucht", erinnert sich Golega. „Es hörte sich einfach perfekt an."

Das war im Juni 2006. Zwei Jahre später ist es so weit. Die Mini-GmbH kommt tatsächlich. Doch was ist das für eine neue Gesellschaftsform? Für wen lohnt sie sich, und für wen ist das britische Modell weiter interessant?

Durchgangsstation zur echten GmbH

Die Mini-GmbH bietet den gleichen Schutz wie die herkömmliche GmbH, indem sie die persönliche Haftung der Gesellschafter ausschließt. Allerdings braucht man für ihre Gründung kein Kapital. „Sie ist eine Rechtsform für kleinere Gewerbetreibende", sagt der Berliner Notar Ernesto Loh. Sie ist dabei so eine Art Durchgangsstation zur echten GmbH. Nach § 5 a des künftigen Gesetzes wird der Betreiber der Mini-GmbH dazu verpflichtet sein, ein Viertel des Jahresüberschusses zu sparen, bis er 25.000,00 € zurückgelegt hat. Ist diese Summe erreicht, kann die Mini- in eine echte GmbH umgewandelt werden und der Sparzwang entfällt. Hinzu kommt, dass der Unternehmer, wo er mit seinem Logo auftritt, die Angabe „Unternehmergesellschaft (haftungsbeschränkt)" machen muss.

Für Existenzgründer bringt die Reform damit ein paar echte Erleichterungen und auch bei der klassischen GmbH: Die Hürde von 25.000,00 € Stammkapital entfällt. Wer die Summe nicht aufbringen kann, kann auf die Mini-GmbH ausweichen. Ursprünglich hatte der Gesetzesentwurf der Bundesregierung vorgesehen, das Stammkapital der GmbH von 25.000,00 € auf 10.000,00 € abzusenken. Damit wäre die Hürde für eine Gründung noch niedriger gewesen. Dieser Vorschlag war im Bundestag aber nicht mehrheitsfähig.

Dafür schwinden bald die Bürokratiekosten: Bislang fallen allein für die Einrichtung der GmbH circa 700,00 € an. „150,00 € sind fällig für die Eintragung der Gesellschaft ins Handelsregister. Dazu kommen circa 550,00 € Notarkosten", zählt Notar Loh auf. In Zukunft wird die Gründung nur noch 220,00 € kosten, denn im Anhang des neuen Gesetzes wird aller Voraussicht nach ein Mustervertrag angehängt sein. Wer ihn nutzt, muss vom Notar nur noch die Unterschriften unter dem Mustervertrag beglaubigen lassen.

WIR ARBEITEN IN GROSSHANDLUNGEN MIT UNTERSCHIEDLICHEN RECHTSFORMEN

Schluss mit der Flucht ins englische Recht

Die Gründung geht auch schneller: Bislang dauerte sie im Schnitt mehrere Monate, weil viele Gewerbe für die Eintragung in das Handelsregister eine Ämtergenehmigung brauchten. In Zukunft wird eine vorläufige Eintragung ins Handelsregister möglich sein.

Hintergrund der Reform ist, dass immer mehr deutsche Gründer in das englische Recht flüchteten. Horst Eidenmüller, Rechtsprofessor an der Ludwig-Maximilians-Universität München, hat errechnet, dass inzwischen jede vierte von Deutschen neu gegründete Kapitalgesellschaft eine Limited ist. Die Vorteile des englischen Modells gegenüber der deutschen GmbH lagen bislang auf der Hand: kein Stammkapital und eine schnelle, günstige Gründung.

Auch Sascha Schubert, Mitbegründer von Bondea, einer Art StudiVZ nur für Frauen, hat sich für die Gründung einer Limited entschieden: „Wir hatten die 25.000,00 € für eine GmbH-Gründung nicht. Und wir wollten möglichst schnell anfangen." Wie die meisten Unternehmer gründete Schubert die Limited nicht selbst, sondern beauftragte einen Dienstleister. Marktführer ist in Deutschland die Firma Go Ahead. Der Dienstleister übernimmt für die Existenzgründer die Formalien: Er macht einen englischen Jahresabschluss und lässt seine Kunden die eigene englische Büroadresse nutzen.

Sind die Jahresabschlüsse korrekt?

Bislang ist Schubert mit seiner Limited ganz zufrieden. Aber er hat einige Nachteile ausgemacht. Die laufenden Kosten seien höher als bei der GmbH. „Jedes Jahr muss ich für die Unterhaltung der Limited 280,00 € zahlen", berichtet er. Im Fall von Streitigkeiten muss er in England vor Gericht. Schließlich könne er auch nicht kontrollieren, ob die Jahresabschlüsse, die Go Ahead für ihn einreicht, richtig sind. „Ich kenne mich im englischen Recht ja nicht aus." Im Ergebnis ist er sich sicher: „Wir hätten eine Mini-GmbH gegründet, hätte es sie damals schon gegeben."

Christian Rollmann, Vorstand der Foris AG, der Muttergesellschaft von Go Ahead, verteidigt das englische Modell. „Eine Limited gründe ich und fertig. Bei der Mini-GmbH muss ich zahlreiche Auflagen einhalten. Ich bin verpflichtet, ein Viertel des Jahresüberschusses zurückzulegen. Bis das Stammkapital von 25.000,00 € angespart ist, ist das Geld geparkt. Ich kann es als Unternehmer nicht nutzen."

Auch die Gründungskosten der Mini-GmbH seien höher als die für die Limited. „Sobald wir zu viert sind, darf ich den Mustervertrag nicht mehr benutzen und ich muss doch wieder zum Notar." Anders als bei der Limited könne bei einer Mini-GmbH auch nicht mehr als ein Geschäftsführer bestellt werden.

Golega findet diese Argumente nicht überzeugend. „Wir hätten uns für eine deutsche Gesellschaft entschieden." Letztendlich wird nun aber eine klassische GmbH gegründet. „Wir sind zu Geld gekommen. Wir haben nämlich ein Gründerstipendium der Bundesregierung gewonnen", erzählt Golega stolz. Nächste Woche geht es für ihn und die Kollegen zum Notar.

Quelle: Frankfurter Allgemeine Sonntagszeitung, 8. Juli 2008

a) **Erläutern Sie kurz die haftungsbeschränkte Unternehmergesellschaft.**

LERNFELD 1

DAS GROSS- UND AUSSENHANDELSUNTERNEHMEN PRÄSENTIEREN

b) **Vergleichen Sie die GmbH mit der haftungsbeschränkten Unternehmergesellschaft.**

Merkmal	GmbH	Unternehmergesellschaft
Rechtsformzusatz		
Stammkapital		
Gründungsaufwand		

Zur weiteren Vertiefung der Lerninhalte und Sicherung der Lernergebnisse empfehlen wir das Bearbeiten der Aufgaben und Aktionen in den Kapiteln 11 bis 12 des Lernfeldes 11 Ihres Lehrbuches „Groß im Handel, 1. Ausbildungsjahr".

9 Wir lernen die Organisation des Ausbildungsbetriebs nachzuvollziehen

HANDLUNGSSITUATION

Bei der Spindler KG ist es in den letzten Monaten häufig zu Missstimmungen zwischen den Mitarbeitern gekommen. In den Abteilungen gab es Mitarbeiter, die nicht genau wussten, was ihre Aufgabe ist und wer ihnen überhaupt vorgesetzt ist. Außerdem gab es Kompetenzschwierigkeiten zwischen den Leitern verschiedener Abteilungen.

Herr Spindler möchte dieses Problem in den Griff bekommen und hat daher zu Mitarbeitergesprächen gebeten. In diesen Gesprächen sollen sich die Mitarbeiter über ihre Stelle äußern, indem sie ihre Aufgaben und Befugnisse, ihre Vorgesetzten, Vertretungen und Kenntnisse und Fähigkeiten nennen, die zur Ausübung ihrer Tätigkeit notwendig sind.

Die Auszubildenden Nina Kröger, Anja Kruse, Martin Solms und Thomas Zimmermann bekommen darüber hinaus die Aufgabe, die Organisationsstruktur der Spindler KG zu analysieren und eine Stellenbeschreibung für ihre eigene Stelle zu erstellen.

Informationen zum Lösen der folgenden Handlungsaufgaben finden Sie im Lehrbuch „Groß im Handel, 1. Ausbildungsjahr" in Kapitel 13 (Wir lernen die Organisation des Ausbildungsbetriebs nachzuvollziehen) des Lernfeldes 1.

HANDLUNGSAUFGABEN

1. Welche Probleme müssen Nina, Anja, Martin und Thomas klären?

2. Warum ist es wichtig, dass die Spindler KG eine Organisationsstruktur hat?

3. Damit die vier Auszubildenden die Organisationsstruktur der Spindler KG analysieren können, müssen zunächst die verschiedenen Weisungssysteme klar sein. Dabei werden das Einliniensystem, das Mehrliniensystem, das Stabliniensystem, die Spartenorganisation und die Matrixorganisation als mögliche Weisungssysteme aufgeführt. **Ordnen Sie diese Begriffe den Erläuterungen von a) bis f) zu.**

a) Ein Betrieb ist nach Produktgruppen in selbstständige Teilbetriebe aufgeteilt.

b) Eine Abteilung soll beraten, aber keine Anweisungen an untergeordnete Stellen geben.

c) Eine zentrale EDV-Abteilung ist für mehrere dezentralisierte Bereiche zuständig.

d) Ein Manager koordiniert die Tätigkeit mehrerer Abteilungsleiter bezüglich einer Produktgruppe.

e) Der Mitarbeiter eines Baumarktes in der Abteilung „Farben" untersteht sowohl den Weisungen des Abteilungsleiters „Farben" als auch den Weisungen des Einkaufsleiters.

f) Die Angestellten in einer Abteilung werden nicht nur von ihrem Manager, sondern auch noch von einem weiteren Manager kontrolliert.

LERNFELD 1

DAS GROSS- UND AUSSENHANDELSUNTERNEHMEN PRÄSENTIEREN

4. Bei der Spindler KG sind verschiedene Abteilungen gebildet worden. Diese Abteilungsbildung kann nach dem Verrichtungsprinzip oder nach dem Objektprinzip aufgebaut sein.

a) Erläutern Sie diese beiden Prinzipien kurz.

_____

_____

_____

b) Wie würden Sie die Spindler KG personell organisieren? Skizzieren Sie Ihre Überlegungen in dem unten stehenden Feld grafisch.

5. Herr Spindler möchte nun von den Auszubildenden wissen, welches Weisungssystem diese der Spindler KG empfehlen.

a) Welche Vorteile haben die verschiedenen Weisungssysteme?

Einliniensystem	Mehrliniensystem	Stabliniensystem

b) **Welche Nachteile haben die verschiedenen Weisungssysteme?**

Einliniensystem	Mehrliniensystem	Stabliniensystem

c) **Begründen Sie, welches Weisungssystem Sie der Spindler KG empfehlen.**

6. Nina Kröger ist momentan im Funktionsbereich Einkauf eingesetzt, Anja Kruse im Funktionsbereich Lager, Martin Solms im Funktionsbereich Verkauf und Thomas Zimmermann im Funktionsbereich Verwaltung. **Erstellen Sie jeweils stichpunktartig eine Stellenbeschreibung für einen Mitarbeiter aus den vier oben angegebenen Abteilungen der Spindler KG.**

Inhalt	Einkauf	Lager	Verkauf	Verwaltung
Bezeichnung der Stelle	Einkaufsleiter	Mitarbeiter im Lager (Fachkraft für Lagerlogistik)	Verkäufer im Außendienst	Buchhalter
Vorgesetzte(r)				
Weisungsbefugnisse (Wem dürfen Anweisungen erteilt werden?)				
Stellenziel/ Tätigkeiten				
notwendige Kenntnisse und Fähigkeiten				

LERNFELD 1

DAS GROSS- UND AUSSENHANDELSUNTERNEHMEN PRÄSENTIEREN

VERTIEFUNGS- UND ANWENDUNGSAUFGABEN

1. Wie ist Ihr Ausbildungsbetrieb personell organisiert?

a) **Skizzieren Sie Ihre Überlegungen in dem unten stehenden Feld grafisch.**

b) **Ist Ihr Ausbildungsbetrieb nach dem Verrichtungsprinzip oder dem Objektprinzip organisiert?**

Mein Ausbildungsbetrieb ist nach dem _____ organisiert.

2. Sie sollen die Aufbauorganisation für die Großhandlung Spindler KG entwickeln. **Welches Merkmal veranlasst Sie, ein Stabliniensystem als Weisungssystem vorzuschlagen?**

	Die Geschäftsleitung der Spindler KG wird entlastet, die Einheit der Auftragserteilung bleibt erhalten.
	Die Flexibilität, da dieses System keine genaue Kompetenzabgrenzung bei der Spindler KG kennt.
	Die Anzahl der Leitungsebenen bei der Spindler KG wird erhöht, die Zuständigkeiten bleiben flexibel.
	Durch die Einrichtung von Stabsstellen wird die Spindler KG in mehrere Sparten geteilt.
	Die Mitarbeiter der Spindler KG erhalten von mehreren fachlich kompetenten Experten direkte Anweisungen.

3. Der Funktionsbereich Verwaltung der Spindler KG will für alle Mitarbeiter eine Stellenbeschreibung erstellen. **Welche Aufgabe erfüllt dabei die Stellenbeschreibung?**

	Dadurch erhält der Mitarbeiter eine Übersicht über die Abteilungsgliederung eines Betriebs.
	Als Gesamtübersicht sind alle betrieblichen Weisungsbefugnisse und Vollmachten der Spindler KG dargestellt.
	Die Aufgaben des Stelleninhabers, seine Kompetenzen und die an ihn gestellten Anforderungen werden beschrieben und festgelegt.
	Der Mitarbeiter erkennt sofort die Kostenstellen des Betriebs mit entsprechender Beschreibung.
	Die Reihenfolge der Arbeitsschritte in der Spindler KG ist hier genau definiert.

4. Lösen Sie die folgenden Aufgaben mithilfe des Kapitels 1.13.

a) Nachbar der Spindler KG ist die Asia Import GmbH. Das folgende Organigramm zeigt den Aufbau des Betriebs:

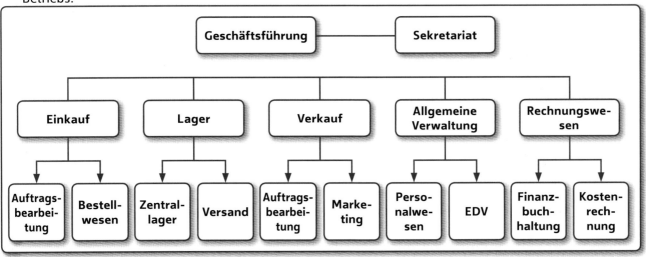

Führen Sie auf, welches Weisungssystem die Asia Import GmbH hat. Begründen Sie Ihre Entscheidung.

Stellen Sie dar, welche Rolle das Sekretariat im Unternehmen hat.

b) Innerhalb der Organisation von Unternehmen spielen Stellenbeschreibungen eine große Rolle. Für Beate Sievers soll eine solche Stellenbeschreibung erstellt werden. **Führen Sie Themenbereiche auf, die in einer Stellenbeschreibung geregelt werden können.**

LERNFELD 1

DAS GROSS- UND AUSSENHANDELSUNTERNEHMEN PRÄSENTIEREN

c) Die Textilia AG ist nach dem Matrixsystem organisiert. **Skizzieren Sie das Organigramm nach folgenden Angaben:**
   – Vorstand
   – Produktbereiche: Damenmode, Herrenmode, Kindermode
   – Abteilungen: Einkauf, Lager, Vertrieb, Verwaltung

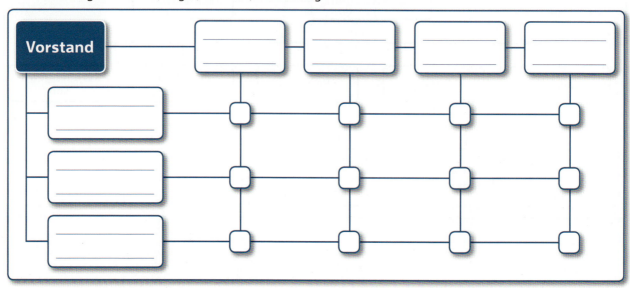

Zur weiteren Vertiefung der Lerninhalte und Sicherung der Lernergebnisse empfehlen wir das Bearbeiten der Aufgaben und Aktionen in Kapitel 13 (Wir lernen die Organisation des Ausbildungsbetriebs nachzuvollziehen) in Ihrem Lehrbuch „Groß im Handel, 1. Ausbildungsjahr".

10 Wir erkennen die Vorteile der Geschäftsprozessorientierung in Großhandelsunternehmen

HANDLUNGSSITUATION

Herr Kalweit von der Stabsstelle Organisation/EDV spricht Anja Kruse an:

„Mit Herrn Spindler ist abgesprochen, dass Sie mich in den nächsten drei Tagen unterstützen. Es geht um Folgendes:

So ganz gut lief es letztes Jahr nicht bei uns. Deshalb hatte die Geschäftsführung eine Unternehmensberatung damit beauftragt, die Lage im Unternehmen zu sondieren und Verbesserungsvorschläge zu machen. Ein ganz wichtiger Vorschlag war die Umstellung der Organisationsstruktur von der Funktionsorientierung auf die Geschäftsprozessorientierung …

Wir können die Umstellung an einem Beispiel klarmachen: Einer unserer Großkunden – sagen wir mal die Ambiente Warenhaus AG – benötigt eine große Anzahl bestimmter Artikel und fragt bei uns an. Unserer Verkaufsabteilung (A) gelingt es, einen Kaufvertrag abzuschließen. Wir haben also einen Großauftrag. Eine Nachfrage in der Lagerabteilung (B) ergibt, dass nicht genug Artikel auf Lager sind. Es wird die Einkaufsabteilung (C) kontaktiert, damit ein Beschaffungskontakt angestoßen wird. Liegt die Ware komplett vor, wird sie versandt.

58

WIER ERKENNEN DIE VORTEILE DER GESCHÄFTSPROZESSORIENTIERUNG IN GROSSHANDELSUNTERNEHMEN

Dabei wird Kontakt mit der Rechnungswesenabteilung (D) aufgenommen, die eine Rechnung erstellen muss. Wir haben Reibungsverluste jeweils zwischen den vier Abteilungen, die zwischenzeitlich irgendwann an diesem Auftrag arbeiten, und weitere Reibungsverluste, wo die jeweilige Abteilung dann noch einmal Kontakt zum Kunden hat ... In den Abteilungen arbeitet jeweils ein Sachbearbeiter an dem Fall.

Bei der geschäftsprozessorientierten Unternehmensstruktur wird projektorientiert über die herkömmlichen Abteilungen hinweg in Teams zusammengearbeitet.

Der Kundenauftrag der Ambiente Warenhaus AG löst den Geschäftsprozess aus. Die gesamte Arbeit liegt jetzt, salopp gesagt, in einer Hand. Ein Fallbearbeiter kümmert sich um alles: vom Erstkontakt mit der Ambiente Warenhaus AG bis hin zur zufriedenstellenden Warenlieferung bei der Ambiente Warenhaus AG. Er hat den genauen Überblick ...

Für unsere innerbetriebliche Schulung möchte ich eine PowerPoint-Präsentation erstellen. Sie können mir dabei helfen, zwei Folien zu erstellen ..."

Informationen zum Lösen der folgenden Handlungsaufgaben finden Sie im Lehrbuch „Groß im Handel, 1. Ausbildungsjahr" im Kapitel 14 (Wir erkennen die Vorteile der Geschäftsprozessorientierung in Großhandelsunternehmen) des Lernfeldes 1.

HANDLUNGSAUFGABEN

1. Geben Sie an, vor welchem Problem die Spindler KG momentan steht.

2. Führen Sie auf, wie die Spindler KG das Problem lösen könnte.

3. Stellen Sie die Nachteile der funktionsbezogenen Organisationsstruktur in Großhandelsunternehmen fest.

LERNFELD 1

DAS GROSS- UND AUSSENHANDELSUNTERNEHMEN PRÄSENTIEREN

4. Herr Kalweit möchte die funktionsorientierte Organisationsstruktur anhand des Eingangsbeispiels auf einer Folie darstellen.

Ergänzen Sie die Grafik um die folgenden Begriffe:
Einkauf
Kundenkontakt
Lager
Rechnungswesen
Verkauf
Schnittstellen

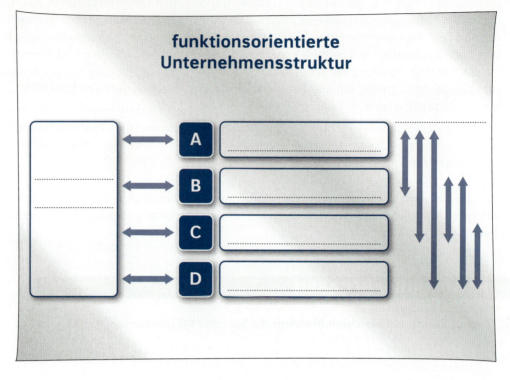

5. Geschäftsprozessorientierte Unternehmensstrukturen bringen Großhandelsunternehmen heute viele Vorteile. **Definieren Sie den Begriff „Geschäftsprozess".**

_____
_____
_____
_____
_____

6. Nennen Sie fünf Merkmale von Geschäftsprozessen.

_____
_____
_____
_____
_____
_____

WIER ERKENNEN DIE VORTEILE DER GESCHÄFTSPROZESSORIENTIERUNG IN GROSSHANDELSUNTERNEHMEN

7. Zeigen Sie auf, wozu die Darstellung der Geschäftsprozesse im Unternehmen benötigt wird.

8. Geben Sie an, welche Nachteile durch die Geschäftsprozessorientierung vermieden werden.

9. Jeder Geschäftsprozess besteht immer aus den beiden Komponenten Waren- und Informationsprozess.

Unterscheiden Sie Warenprozess und Informationsprozess.

10. Es gibt unterschiedliche Arten der Geschäftsprozesse.
   a) Erläutern Sie die Begriffe „Kernprozesse" und „Unterstützungsprozesse".
   b) Führen Sie Merkmale der jeweiligen Geschäftsprozessart auf.
   c) Bringen Sie jeweils ein Beispiel für eine Geschäftsprozessart.
   d) Führen Sie auf, wo solche Geschäftsprozesse in Ihrem Unternehmen zu beobachten sind.

Geschäftsprozessart:	Kernprozess	Unterstützungsprozess
Begriff:		
Merkmale:		
Beispiel:		
Beispiel im eigenen Unternehmen:		

11. Führen Sie fünf Strategien zur Optimierung von Geschäftsprozessen in Unternehmen auf und erläutern Sie diese kurz.

12. Herr Kalweit möchte die geschäftsprozessorientierte Organisationsstruktur anhand des Eingangsbeispiels auf einer Folie darstellen.

Ergänzen Sie die Grafik um die folgenden Begriffe:
Fallbearbeiter
Geschäftsprozess
Kundenauftrag
Kundenzufriedenheit

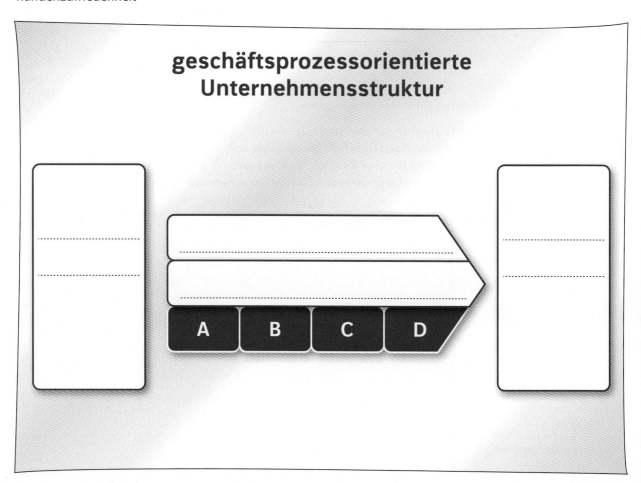

WIER ERKENNEN DIE VORTEILE DER GESCHÄFTSPROZESSORIENTIERUNG IN GROSSHANDELSUNTERNEHMEN

VERTIEFUNGS- UND ANWENDUNGSAUFGABEN

1. Entscheiden Sie, ob die folgenden Aussagen richtig oder falsch sind.

Aussage	richtig	falsch	Begründung
Durch die Visualisierung von Geschäftsprozessen können Abläufe in Unternehmen beschrieben, dokumentiert, überwacht und letztlich optimiert werden.			
Eine Betonung der Funktionsorientierung im Unternehmen soll typische Schwachstellen wie hohe Durchlaufzeiten verhindern.			
Geschäftsprozesse werden unterteilt in Unterstützungsprozesse und Supportprozesse.			
Der Teilprozess Urlaubsantragsstellung ist Teil des Geschäftsprozesses Urlaubsabwicklung.			
Die Auftragsbearbeitung ist ein Unterstützungsprozess.			
Die Personalverwaltung ist ein Unterstützungsprozess.			
Kernprozesse beginnen mit dem Kundenwunsch und enden mit der Erfüllung des Kundenwunsches.			

LERNFELD 1

DAS GROSS- UND AUSSENHANDELSUNTERNEHMEN PRÄSENTIEREN

2. Lösen Sie das folgende Kreuzworträtsel.

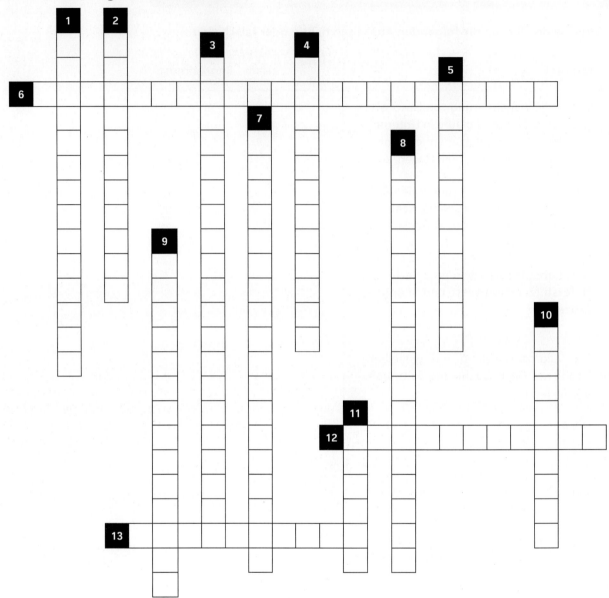

Waagerecht:
6. Hier gibt es keine direkte Schnittstelle zum Kunden.
12. Dieser erbringt eine direkte Wertschöpfung für den Kunden.
13. Strategie, bei der die Ware zum richtigen Zeitpunkt in richtiger Qualität und Menge am richtigen Ort bereitgestellt wird (ohne Bindestriche)

Senkrecht:
1. So soll der Verbesserungsprozess sein.
2. anderes Wort für Supply-Chain
3. Durch verschiedene Maßnahmen soll sichergestellt werden, dass der Geschäftsprozess oder das Produkt den Anforderungen entspricht.
4. Ausgangspunkt jedes Geschäftsprozesses
5. Übertragung von nicht wichtigen Geschäftsprozessen an Fremdunternehmen
7. Ziel der Geschäftsprozessorientierung
8. logisch zusammengehörende Folge von Aktivitäten, die dem Kunden einen Nutzen bringen und einen Beitrag zur Erreichung der Geschäftsziele darstellen
9. Schaffung von Mehrwert
10. Dies ist die Wertschöpfung bei Geschäftsprozessen.
11. japanisches Wort für KVP

Zur weiteren Vertiefung der Lerninhalte und Sicherung der Lernergebnisse empfehlen wir das Bearbeiten der Aufgaben und Aktionen im Kapitel 14 (Wir erkennen die Vorteile der Geschäftsprozessorientierung in Großhandelsunternehmen) des Lernfeldes 11 in Ihrem Lehrbuch „Groß im Handel, 1. Ausbildungsjahr".

11 Wir Auszubildende der Spindler KG informieren uns über unsere zu erfüllenden Aufgaben im ersten Ausbildungsjahr

HANDLUNGSSITUATION

Anja Kruse, Nina Kröger, Martin Solms und Thomas Zimmermann haben vor drei Monaten ihre Ausbildung zur Kauffrau bzw. zum Kaufmann im Groß- und Außenhandel bei der Spindler KG begonnen.

Anja Kruse und Nina Kröger arbeiten seit dem Beginn ihrer Ausbildung in der Verkaufsabteilung, Martin Solms in der Verwaltung und Thomas Zimmermann in der Einkaufsabteilung.

In der Mittagspause treffen sie sich immer in der Kantine. Dabei unterhalten sie sich auch über ihre tägliche Arbeit.

Heute macht Thomas Zimmermann einen sehr unzufriedenen Eindruck.

Martin: „Hallo Thomas, welche Laus ist dir denn über die Leber gelaufen?"

Thomas: „Ach, jeden Tag das Gleiche. Von morgens bis abends prüfe ich Auftragsbestätigungen und kümmere mich um die Ablage. Nur wenn Not am Mann ist, darf ich auch mal eine Bestellung schreiben. Und über unsere Waren weiß ich noch gar nichts. Ich möchte mal wissen, was das mit Ausbildung zu tun hat? Wie sieht das denn bei euch aus?"

Martin: „Bei mir ist das ähnlich. Ich kümmere mich um die Dokumentenablage und helfe in der Telefonzentrale. Und was wir in der Berufsschule machen, hat damit auch nichts zu tun."

Anja: „Da müsstet ihr mal in meiner Abteilung arbeiten. Seit zwei Wochen kontrolliere ich eingehende Aufträge auf Vollständigkeit und gebe Kundenstammdaten in das Warenwirtschaftssystem ein."

Nina: „Nun regt euch mal nicht auf. Das, was ihr zurzeit macht, gehört alles zu unseren Aufgaben als Kaufleute im Groß- und Außenhandel. Mir macht die Arbeit echt Spaß. Ich darf die Kunden im Telefonverkauf beraten. Und Ware einräumen, Kundenaufträge vervollständigen und mich um die Ablage kümmern, muss ich bestimmt auch noch."

Martin: „Das sagst du so. Ich möchte erst mal schwarz auf weiß sehen, dass meine Arbeit für die Ausbildung zum Kaufmann im Groß- und Außenhandel notwendig ist."

Thomas: „Und ich möchte wissen, was die Berufsschule mit meiner Ausbildung bei der Spindler KG zu tun hat."

Anja: „Ja, irgendwo muss das ja stehen. Da sollten wir uns mal schlaumachen."

Nina: „Gut, fragen wir doch Daniela. Die ist schon im zweiten Ausbildungsjahr und weiß sicher besser Bescheid."

HANDLUNGSAUFGABEN

Nutzen Sie zur Lösung der Handlungsaufgaben die Informationen zum Berufsausbildungsvertrag und zur dualen Berufsausbildung in Ihrem Lehrbuch „Groß im Handel, 1. Ausbildungsjahr", Lernfeld 1, Kapitel 15 und 16.

1. Welche Fragen müssen Anja, Nina, Martin und Thomas klären?

LERNFELD 1

DAS GROSS- UND AUSSENHANDELSUNTERNEHMEN PRÄSENTIEREN

_____
_____
_____
_____

2. Aus welchen Unterlagen können die Auszubildenden Informationen zu den Inhalten der betrieblichen und schulischen Berufsausbildung entnehmen?

_____
_____
_____

3. Die in der Berufsausbildung im Betrieb zu vermittelnden Kenntnisse und Fertigkeiten sind dem Ausbildungsplan zu entnehmen. Der Ausbildungsplan ist jedem Berufsausbildungsvertrag als Anlage beigefügt.

In dem folgenden Auszug eines Ausbildungsplans für den Ausbildungsberuf „Kaufmann/Kauffrau im Groß- und Außenhandel" sind die im Ausbildungsbetrieb zu vermittelnden Fertigkeiten und Kenntnisse des ersten Ausbildungsjahres aufgelistet.

Ausbildungsplan (Auszug)
⇨ Übersicht über die im Ausbildungsbetrieb zu vermittelnden Fertigkeiten und Kenntnisse
Fertigkeiten und Kenntnisse laut zeitlicher Gliederung der Berufsausbildung 1. Ausbildungsjahr
(1) In einem Zeitraum von insgesamt zwei bis drei Monaten sind schwerpunktmäßig die Fertigkeiten gemäß Anlage 1 Abschnitt I der Berufsbildpositionen 1.1 Stellung, Rechtsform und Struktur, 1.2 Organisations- und Entscheidungsstrukturen, 1.3 Berufsbildung, Personalwirtschaft, arbeits-, sozial- und tarifrechtliche Vorschriften, Lernziele a bis e, 2.4 Waren- und Datenfluss zu vermitteln.
(2) In einem Zeitraum von insgesamt vier bis fünf Monaten sind schwerpunktmäßig die Fertigkeiten, Kenntnisse und Fähigkeiten gemäß Anlage 1 Abschnitt I der Berufsbildpositionen 1.4 Sicherheit und Gesundheitsschutz bei der Arbeit, 1.5 Umweltschutz, 2.3 Wareneinkauf, Lernziele a bis c, 4.1 Informations- und Kommunikationssysteme, Lernziele a bis d, 4.2 Teamarbeit, Kommunikation und Arbeitsorganisation, 4.3 Anwenden einer Fremdsprache bei Fachaufgaben, Lernziel a zu vermitteln.
(3) In einem Zeitraum von insgesamt vier bis sechs Monaten sind schwerpunktmäßig die Fertigkeiten, Kenntnisse und Fähigkeiten gemäß Anlage 1 Abschnitt I der Berufsbildpositionen 2.5 Warensortiment, Lernziele b bis d, 3.3 Verkauf und Kundenberatung, Lernziele a und b zu vermitteln.

Stellen Sie fest, welche im Auszug des Ausbildungsplans genannten Fertigkeiten und Kenntnisse Anja, Nina, Martin und Thomas durch ihre zurzeit ausgeübten Tätigkeiten erwerben können.

Auszubildende bzw. Auszubildender	Ausgeübte Tätigkeiten	Fertigkeiten und Kenntnisse der Berufsbildpositionen des Ausbildungsplans
Anja Kruse		
Nina Kröger		
Martin Solms		
Thomas Zimmermann		

4. Die berufsbezogenen Kompetenzen, die die Auszubildenden zum Kaufmann/zur Kauffrau im Groß- und Außenhandel in der Berufsschule erwerben sollen, finden Sie im Rahmenlehrplan für den Ausbildungsberuf Kaufmann/Kauffrau im Groß- und Außenhandel.

Dieser Rahmenlehrplan beinhaltet zwölf Lernfelder. Diese Lernfelder fassen Handlungsfelder von Kaufleuten im Groß- und Außenhandel zusammen, die sich an typischen Aufgabenstellungen von Beschäftigten im Groß- und Außenhandel orientieren.

Im ersten Ausbildungsjahr sind die folgenden vier Lernfelder Gegenstand des Berufsschulunterrichts:
- Lernfeld 1 Das Groß- und Außenhandelsunternehmen präsentieren
- Lernfeld 2 Aufträge kundenorientiert bearbeiten
- Lernfeld 3 Beschaffungsprozesse planen, steuern und kontrollieren
- Lernfeld 4 Geschäftsprozesse als Werteströme erfassen, dokumentieren und auswerten

Über die Kompetenzen und Inhalte, die in diesen Lernfeldern in der Berufsschule vermittelt werden sollen, können Sie sich im Rahmenlehrplan, aber auch in Ihrem Lehrbuch „Groß im Handel, 1. Ausbildungsjahr" informieren.

a) **Ordnen Sie die Lernfelder den Berufsbildpositionen des Ausbildungsplans in der folgenden Übersicht zu.**

b) **Ordnen Sie anschließend die Kapitel Ihres Lehrbuches „Groß im Handel, 1. Ausbildungsjahr" diesen Berufsbildpositionen in dieser Übersicht zu.**

LERNFELD 1

DAS GROSS- UND AUSSENHANDELSUNTERNEHMEN PRÄSENTIEREN

Ausbildungsplan (Auszug) ⇨ Übersicht über die im Ausbildungsbetrieb zu vermittelnden Fertigkeiten und Kenntnisse	Rahmenlehrplan ⇨ Vorgabe der in der Berufsschule zu vermittelnden Kompetenzen	Lehrbuch
Fertigkeiten und Kenntnisse laut zeitlicher Gliederung der Berufsausbildung **1. Ausbildungsjahr**	**Lernfelder**	**Kapitel**
(1) In einem Zeitraum von insgesamt zwei bis drei Monaten sind schwerpunktmäßig die Fertigkeiten gemäß Anlage 1 Abschnitt I der Berufsbildpositionen 1.1 Stellung, Rechtsform und Struktur, 1.2 Organisations- und Entscheidungsstrukturen, 1.3 Berufsbildung, Personalwirtschaft, arbeits-, sozial- und tarifrechtliche Vorschriften, Lernziele a bis e, 2.4 Waren- und Datenfluss zu vermitteln.		
(2) In einem Zeitraum von insgesamt vier bis fünf Monaten sind schwerpunktmäßig die Fertigkeiten, Kenntnisse und Fähigkeiten gemäß Anlage 1 Abschnitt I der Berufsbildpositionen 1.4 Sicherheit und Gesundheitsschutz bei der Arbeit, 1.5 Umweltschutz, 2.3 Wareneinkauf, Lernziele a bis c, 4.1 Informations- und Kommunikationssysteme, Lernziele a bis d, 4.2 Teamarbeit, Kommunikation und Arbeitsorganisation, 4.3 Anwenden einer Fremdsprache bei Fachaufgaben, Lernziel a zu vermitteln		
(3) In einem Zeitraum von insgesamt vier bis sechs Monaten sind schwerpunktmäßig die Fertigkeiten, Kenntnisse und Fähigkeiten gemäß Anlage 1 Abschnitt I der Berufsbildpositionen 2.5 Warensortiment, Lernziele b bis d, 3.3 Verkauf und Kundenberatung, Lernziele a und b zu vermitteln.		

5. Thomas Zimmermann ist der Meinung, dass das, was er in der Berufsschule lernen muss, nichts mit seiner Tätigkeit im Betrieb zu tun hat.

Widerlegen Sie diese Behauptung. Nutzen Sie dabei die von Ihnen vervollständigten Übersichten in den Aufgaben 3 und 4.

VERTIEFUNGS- UND ANWENDUNGSAUFGABEN

Zur weiteren Vertiefung und Sicherung der Lernergebnisse empfehlen wir das Bearbeiten der Aufgaben und Aktionen im Kapitel 16 des Lernfeldes 1 Ihres Lehrbuches „Groß im Handel, 1. Ausbildungsjahr".

12 Wir achten auf die Einhaltung der gesetzlichen Bestimmungen und vertraglichen Vereinbarungen bei der Arbeitszeitplanung von Auszubildenden

HANDLUNGSSITUATION

Die 17-jährige Nina Kröger und der 19-jährige Thomas Zimmermann haben im August dieses Jahres ihre Ausbildung bei der Spindler KG begonnen.

Thomas Zimmermann ist zurzeit in der Einkaufsabteilung eingesetzt. Er arbeitet dort am Montag, Dienstag und Donnerstag von 7:30 Uhr bis 12:00 Uhr und von 13:00 Uhr bis 17:00 Uhr, am Mittwoch von 15:30 Uhr bis 18:00 Uhr und am Freitag von 13:30 Uhr bis 17:00 Uhr. Er besucht die Berufsschule am Mittwoch von 7:45 Uhr bis 14:30 Uhr und am Freitag von 7:45 Uhr bis 11:00 Uhr. Am Samstag hat er frei.

Nina Kröger ist zurzeit in der Verkaufsabteilung eingesetzt. Sie arbeitet dort am Montag, Dienstag und Donnerstag von 7:30 Uhr bis 12:00 Uhr und von 13:00 Uhr bis 16:30 Uhr, am Freitag von 13:30 Uhr bis 16:30 Uhr und am Samstag von 9:00 Uhr bis 13:00 Uhr. Ebenso wie Thomas Zimmermann besucht sie die Berufsschule am Mittwoch von 7:45 Uhr bis 14:30 Uhr und am Freitag von 7:45 Uhr bis 11:00 Uhr.

Sowohl Nina Kröger als auch Thomas Zimmermann sind mit ihren Arbeitszeiten sehr unzufrieden. Außerdem fühlt sich Thomas gegenüber Nina benachteiligt, weil er am Mittwoch nach der Berufsschule noch im Betrieb arbeiten muss. Nina fühlt sich benachteiligt, weil sie auch am Samstag in der Verkaufsabteilung arbeiten muss.

Nina Kröger und Thomas Zimmermann bitten deshalb die Vorsitzende der Jugend- und Auszubildendenvertretung der Spindler KG, Daniela Lange, um Hilfe.

HANDLUNGSAUFGABEN

Bei der Lösung der Handlungsaufgaben helfen Ihnen die Informationen Ihres Lehrbuches „Groß im Handel, 1. Ausbildungsjahr", Lernfeld 1, Kapitel 15, 17 und 18.

1. Welche Probleme muss Daniela Lange klären, um Nina Kröger und Thomas Zimmermann helfen zu können?

LERNFELD 1

DAS GROSS- UND AUSSENHANDELSUNTERNEHMEN PRÄSENTIEREN

2. Aus welchen Unterlagen kann Daniela Lange Informationen über die Arbeitszeit und die Anrechnung des Berufsschulbesuchs auf die wöchentliche Arbeitszeit entnehmen?

3. Welche gesetzlichen und vertraglichen Regelungen müssen bei der Festsetzung der Arbeitszeiten von Nina Kröger beachtet werden?

4. Welche Gesetze und vertraglichen Regelungen müssen bei der Festsetzung der Arbeitszeiten von Thomas Zimmermann berücksichtigt werden?

5. Erstellen Sie eine Übersicht der Regelungen des Jugendarbeitsschutzgesetzes, die bei der Gestaltung der Arbeitszeit von Nina Kröger berücksichtigt werden müssen.

Nutzen Sie dazu die Informationen zum Jugendarbeitsschutzgesetz in Ihrem Lehrbuch „Groß im Handel, 1. Ausbildungsjahr", Lernfeld 1, Kapitel 18.

6. Vergleichen Sie die Vereinbarungen im Ausbildungsvertrag von Nina Kröger mit den Regelungen des Jugendarbeitsschutzgesetzes.

	Ausbildungsvertrag	Jugendarbeitsschutzgesetz
Arbeitszeit – täglich – wöchentlich		
Urlaub		

7. Erstellen Sie eine Übersicht der Bestimmungen des Arbeitszeitgesetzes, die bei der Gestaltung der Arbeitszeit von Thomas Zimmermann berücksichtigt werden müssen.

Nutzen Sie dazu die folgenden Informationen zum Arbeitszeitgesetz.

Gültigkeitsbereich des Arbeitszeitgesetzes

Die Bestimmungen des Arbeitszeitgesetzes gelten in der Industrie, im Handwerk (außer in Bäckereien und Konditoreien), im Handel und in sonstigen Dienstleistungsbetrieben für alle Arbeiter, Angestellten und Auszubildenden über 18 Jahre. Sie gelten nicht für:
– leitende Angestellte,
– Chefärzte,
– Leiter öffentlicher Dienststellen und deren Vertreter,
– Arbeitnehmer im öffentlichen Dienst, die selbstständig in Personalangelegenheiten entscheiden dürfen.

Für Beschäftigte unter 18 Jahren gelten die Bestimmungen des Jugendarbeitsschutzgesetzes.

Höchstarbeitszeit

Das Arbeitszeitgesetz bestimmt, dass die regelmäßige Arbeitszeit an Werktagen die Dauer von acht Stunden nicht überschreiten darf. Dabei sind die Ruhepausen nicht Bestandteil der täglichen Arbeitszeit. Das Arbeitszeitgesetz erlaubt eine Verlängerung der täglichen Höchstarbeitszeit auf bis zu zehn Stunden nur, wenn dadurch die durchschnittliche werktägliche Arbeitszeit innerhalb von sechs Monaten oder vierundzwanzig Wochen nicht überschritten wird. Ohne Ausgleich kann der 8-Stunden-Tag durch Tarifvertrag an höchstens 60 Werktagen auf bis zu zehn Stunden verlängert werden.

Ruhezeiten und Ruhepausen

Die Beschäftigten haben bei einer täglichen Arbeitszeit von mehr als sechs Stunden Anspruch auf mindestens eine halbstündige oder zwei viertelstündige Ruhepausen. Bei einer täglichen Arbeitszeit von mehr als neun Stunden müssen die Ruhepausen mindestens 45 Minuten betragen.

Die einzelnen Ruhepausen müssen mindestens fünfzehn Minuten lang sein.

Zwischen zwei Arbeitstagen muss die ununterbrochene Ruhezeit für die Beschäftigten mindestens elf Stunden betragen.

Im Hotel- und Gaststättengewerbe, im Verkehrsgewerbe, in Krankenhäusern und anderen Behandlungs-, Pflege- und Betreuungseinrichtungen, beim Rundfunk, in der Landwirtschaft und in der Tierhaltung darf die ununterbrochene Ruhezeit auf zehn Stunden verkürzt werden. Diese Ruhezeitverkürzung muss allerdings innerhalb eines Monats oder innerhalb von vier Wochen durch eine Verlängerung einer anderen Ruhezeit auf mindestens zwölf Stunden ausgeglichen werden.

Sonn- und Feiertagsruhe

An Sonn- und Feiertagen dürfen Arbeiter, Angestellte und Auszubildende grundsätzlich nicht beschäftigt werden.

Ausnahmen lässt das Arbeitszeitgesetz jedoch u. a. für das Verkehrsgewerbe, das Gast- und Schankgewerbe, Krankenhäuser und die Landwirtschaft zu.

Gewerbeaufsicht

Die Einhaltung der Arbeitsschutzbestimmungen wird durch die regionalen Gewerbeaufsichtsämter überwacht.

Die Beamten des Gewerbeaufsichtsamtes dürfen alle Betriebe in ihrer Region zu den Betriebs- und Arbeitszeiten unangemeldet betreten, besichtigen und prüfen. Das zuständige Gewerbeaufsichtsamt kann erforderliche Arbeitsschutzmaßnahmen anordnen oder notfalls zwangsweise durchsetzen.

WIR ERKENNEN DIE BEDEUTUNG VON TARIFVERTRÄGEN UND INFORMIEREN UNS ÜBER DIE BESTIMMUNGEN

8. Vergleichen Sie die Vereinbarungen im Ausbildungsvertrag von Thomas Zimmermann mit den Regelungen des Arbeitszeitgesetzes.

Ausbildungsvertrag (Auszug)

A Die Ausbildungszeit beträgt nach der Ausbildungsordnung **36** Monate.
Die vorausgegangene
- schulische Vorbildung
- abgeschlossene betriebliche Berufsausbildung als
- abgebrochene betriebliche Berufsausbildung als
- abgeschlossene Berufsausbildung in schulischer Form mit Abschluss als

wird mit [ ] Monaten angerechnet, bzw. es wird eine entsprechende Verkürzung beantragt.
Das Berufsausbildungsverhältnis beginnt am **01.08.2017** endet am **31.07.2020**

B Die Probezeit (§ 1 Nr. 2) beträgt **4** Monate.³⁾

C Die Ausbildung findet vorbehaltlich der Regelungen nach D in
Spindler KG, Hannover
und den mit dem Betriebssitz für die Ausbildung üblicherweise zusammenhängenden Bau-, Montage- und sonstigen Arbeitsstellen statt (§ 3 Nr. 12).

D Ausbildungsmaßnahmen außerhalb der Ausbildungsstätte (§ 3 Nr. 12) (mit Zeitraumangabe):

E Der Ausbildende zahlt dem/der Auszubildenden eine angemessene Vergütung (§ 5); diese beträgt zur Zeit monatlich brutto

€	824,00	900,00	970,00	
im	ersten	zweiten	dritten	vierten
Ausbildungsjahr.				

F Die regelmäßige Ausbildungszeit in Stunden beträgt täglich⁴⁾ **8,0** und/oder wöchentlich⁴⁾ **38,5**
Teilzeitberufsausbildung wird beantragt (§ 6 Nr. 2) ja [ ] nein [x]

G Der Ausbildende gewährt dem/der Auszubildenden Urlaub nach den geltenden Bestimmungen. Es besteht ein Urlaubsanspruch

im Jahr	2017	2018	2019	2020
Werktage	15,00	36,00	36,00	21,00
Arbeitstage				

H Hinweis auf anzuwendende Tarifverträge und Betriebsvereinbarungen; sonstige Vereinbarungen:
- Gehaltstarifvertrag für den Groß- und Außenhandel für Niedersachsen
- Manteltarifvertrag für den Groß- und Außenhandel für Niedersachsen

1) Vertretungsberechtigt sind beide Eltern gemeinsam, soweit nicht die Vertretungsberechtigung nur einem Elternteil zusteht. Ist ein Vormund bestellt, so bedarf dieser zum Abschluss des Ausbildungsvertrages der Genehmigung des Vormundschaftsgerichtes.
2) Solange die Ausbildungsordnung nicht erlassen ist, sind gem. § 104 Abs. 1 BBiG die bisherigen Ordnungsmittel anzuwenden.
3) Die Probezeit muss mindestens einen Monat und darf höchstens vier Monate betragen.
4) Das Jugendarbeitsschutzgesetz sowie für das Ausbildungsverhältnis geltende tarifvertragliche Regelungen und Betriebsvereinbarungen sind zu beachten.

J Die beigefügten Vereinbarungen sind Gegenstand dieses Vertrages und werden anerkannt
Ort, Datum: **Hannover, 26.06.2017**
Der/Die Ausbildende: *Schrader*
Stempel und Unterschrift
Der/Die Auszubildende: *Thomas Zimmermann*
Vor- und Familienname
Der/Die gesetzlichen Vertreter/in des/der Auszubildenden:

Vater und Mutter/Vormund

	Ausbildungsvertrag	Arbeitszeitgesetz
Arbeitszeit – täglich – wöchentlich		

9. Stellen Sie fest, welche Regelungen des Berufsbildungsgesetzes bei der Festlegung der täglichen und wöchentlichen Arbeitszeit beachtet werden müssen.

LERNFELD 1

DAS GROSS- UND AUSSENHANDELSUNTERNEHMEN PRÄSENTIEREN

10. Überprüfen Sie, ob die Bestimmungen des für die Spindler KG maßgeblichen Tarifvertrags bei der Festlegung der täglichen und wöchentlichen Arbeitszeit von Nina Kröger und Thomas Zimmermann beachtet wurden.

Nutzen Sie dazu die folgenden Informationen zum Manteltarifvertrag und zum Lohn- und Gehaltstarifvertrag für Unternehmen des Groß- und Außenhandels.

Tarifbereich/Branche **Groß- und Außenhandel**

Fachlicher Geltungsbereich

Die Tarifverträge gelten für Groß- und Außenhandelsunternehmen einschließlich der Hilfs- und Nebenbetriebe. Sie gelten auch für die Groß- und Außenhandelsunternehmen, die im Rahmen ihres Handelsgeschäftes Nebenleistungen erbringen, wie z. B.: Brenn-, Säg-, Bohr-, Schneid-, Fräs-, Spalt-, Stahlbiege- und Flechtarbeiten, Montage, Instandhaltung und Instandsetzung, Holz- und Holzschutzarbeiten, Vermietung von Maschinen, auch Baumaschinen mit Bedienungspersonal.

Laufzeit des Manteltarifvertrags: gültig ab 01.10.2007 – in der Fassung ab 01.01.2012

Laufzeit des Lohn- und Gehaltstarifvertrags: gültig ab 01.05.2015 – kündbar zum 30.04.2017 (einschl. Ausbildungsvergütungen)

…

Höhe der Monatsgehälter für Angestellte

ab 01.05.2015	ab 01.07.2015	ab 01.05.2016

Unterste Gehaltsgruppe

ohne Berufsausbildung, überwiegend schematische oder mechanische Tätigkeiten

1.762,00 € bis 2.153,00 €	1.810,00 € bis 2.211,00 €	1.846,00 € bis 2.255,00 €

…

Höchste Gehaltsgruppe

selbstständiges und verantwortliches Bearbeiten eines Aufgabenbereiches und vielseitige Fachkenntnisse auch in angrenzenden Bereichen und Berufserfahrung; entsprechende verantwortliche Spezialistentätigkeit

3.873,00 € bis 4.451,00 €	3.978,00 € bis 4.571,00 €	4.057,00 € bis 4.663,00 €

Höhe der monatlichen Ausbildungsvergütung

	ab 01.05.2015	ab 01.09.2015	ab 01.09.2016
1. Ausbildungsjahr	774,00 €	804,00 €	824,00 €
2. Ausbildungsjahr	850,00 €	880,00 €	900,00 €
3. Ausbildungsjahr	920,00 €	950,00 €	970,00 €

…

Wöchentliche Regelarbeitszeit

38,5 Stunden

Urlaubsdauer

36 Werktage

Quelle: tarifregister.nrw.de

WIR ERKENNEN DIE BEDEUTUNG VON TARIFVERTRÄGEN UND INFORMIEREN UNS ÜBER DIE BESTIMMUNGEN

11. Überprüfen Sie, ob die in der Augangssituation beschriebenen Arbeits- und Pausenzeiten von Thomas Zimmermann mit den gesetzlichen Regelungen vereinbar sind.

	Gesetzliche Regelungen	**Arbeits- und Pausenzeiten von Thomas**
– tägliche Arbeitszeit:		
– wöchentliche Arbeitszeit:		
– Berufsschule:		
– Ruhepausen:		
– Samstagsarbeit:		

12. Überprüfen Sie, ob die in der Handlungssituation beschriebenen Arbeits- und Pausenzeiten von Nina Kröger mit den gesetzlichen Regelungen vereinbar sind.

	Gesetzliche Regelungen	**Arbeits- und Pausenzeiten von Nina**
– tägliche Arbeitszeit:		
– wöchentliche Arbeitszeit:		
– Berufsschule:		
– Ruhepausen:		
– Samstagsarbeit:		

LERNFELD 1

DAS GROSS- UND AUSSENHANDELSUNTERNEHMEN PRÄSENTIEREN

13. Daniela Lange wird von Nina Kröger und Thomas Zimmermann in ihrer Funktion als Vorsitzende der Jugend- und Auszubildendenvertretung angesprochen.

Beschreiben Sie die Aufgaben der Jugend- und Auszubildendenvertretung.

14. Stellen Sie fest, welche Möglichkeiten die Jugend- und Auszubildendenvertretung der Spindler KG hat, Nina Kröger und Thomas Zimmermann zu helfen.

Nutzen Sie dazu die folgende Informationen zur Jugend- und Auszubildendenvertretung.

> **Jugend- und Auszubildendenvertretung**
>
> Die besonderen Belange der jugendlichen Arbeitnehmer unter 18 Jahren und Auszubildenden unter 25 Jahren werden durch die Jugend- und Auszubildendenvertretung wahrgenommen.
> Eine Jugend- und Auszubildendenvertretung kann in Betrieben gewählt werden, in denen mindestens fünf Arbeitnehmer bis 18 Jahre oder Auszubildende bis 25 Jahre beschäftigt sind. Sie wird von allen Arbeitnehmern unter 18 Jahren und allen Auszubildenden unter 25 Jahren gewählt.
> In die Jugend- und Auszubildendenvertretung können alle Arbeitnehmer des Betriebs gewählt werden, die noch nicht 25 Jahre alt sind. Die Amtsdauer der Jugend- und Auszubildendenvertretung beträgt 2 Jahre. Ansprechpartner für die Jugend- und Auszubildendenvertretung ist der Betriebsrat. An allen Sitzungen des Betriebsrats kann ein Vertreter der Jugend- und Auszubildendenvertretung teilnehmen. Stehen besondere Probleme der Jugendlichen und Auszubildenden im Betrieb zur Debatte, kann die gesamte Jugend- und Auszubildendenvertretung an der Betriebsratssitzung teilnehmen.
> Die Jugend- und Auszubildendenvertreter haben im Betriebsrat dann Stimmrecht, wenn die Beschlüsse des Betriebsrats überwiegend jugendliche Arbeitnehmer oder Auszubildende betreffen.
>
> *Heinemeier, Hermsen, Limpke, Jecht; Groß im Handel, 2. Ausbildungsjahr, Lernfeld 5, Kapitel 5*

VERTIEFUNGS- UND ANWENDUNGSAUFGABEN

1. Überprüfen Sie, ob die Inhalte des Berufsausbildungsvertrags von Nina Kröger den für sie maßgeblichen gesetzlichen und tarifvertraglichen Bestimmungen entsprechen.

2. Überprüfen Sie, ob die Inhalte des Berufsausbildungsvertrags von Thomas Zimmermann den für ihn maßgeblichen gesetzlichen und tarifvertraglichen Bestimmungen entsprechen.

Zur weiteren Vertiefung und Sicherung der Lernergebnisse empfehlen wir das Bearbeiten der Aufgaben und Aktionen in den Kapiteln 15, 17 und 18 des Lernfeldes 1 in Ihrem Lehrbuch „Groß im Handel, 1. Ausbildungsjahr".

LERNFELD 2

AUFTRÄGE KUNDENORIENTIERT BEARBEITEN

1 Wir steuern und kontrollieren den Warenfluss durch das Unternehmen

HANDLUNGSSITUATION

Martin Solms wird zu Beginn seiner Ausbildung zum Groß- und Außenhandelskaufmann bei der Spindler KG in der Abteilung Verkauf eingesetzt.
Am ersten Tag bittet ihn der Abteilungsleiter Herr Bernd Trumpf in sein Büro:

Bernd Trumpf: „Guten Morgen, Herr Solms. Herzlich willkommen in unserer Abteilung Verkauf."

Martin Solms: „Guten Morgen, Herr Trumpf, vielen Dank."

Bernd Trumpf: „Sie sollen in den nächsten Monaten Aufträge kundenorientiert bearbeiten. Um diese Kundenorientierung auch zu gewährleisten, müssen wir den Warenfluss durch unser Unternehmen jederzeit unter Kontrolle haben."

Martin Solms: „Warenfluss? Was bedeutet das?"

Bernd Trumpf: „Das beinhaltet die physische Bewegung aller Waren durch das Unternehmen. Daneben gibt es noch den Informationsfluss. Um den komplexen Anforderungen gerecht werden zu können, haben wir seit einigen Jahren ein EDV-gestütztes Warenwirtschaftssystem."

Martin Solms: „Und bringt das Vorteile?"

Bernd Trumpf: „Wenn Sie wüssten. Früher mit dem herkömmlichen Warenwirtschaftssystem mussten wir noch alle Belege ‚per Hand' ausfüllen. Sie sollten sich zunächst mit den verschiedenen Warenwirtschaftssystemen auseinandersetzen und überlegen, welchen Weg unsere Waren vom Einkauf bis zum Verkauf überhaupt gehen. Natürlich sind hier auch die verschiedenen Belege zu berücksichtigen."

Martin Solms: „Okay. Ich werde mich umgehend informieren ..."

Informationen zum Lösen der folgenden Handlungsaufgaben finden Sie im Lehrbuch „Groß im Handel, 1. Ausbildungsjahr" in Kapitel 1 (Wir steuern und kontrollieren den Warenfluss durch das Unternehmen) des Lernfeldes 2.

HANDLUNGSAUFGABEN

1. Welche Probleme muss Martin klären?

_____

_____

_____

_____

_____

_____

WIR STEUERN UND KONTROLLIEREN DEN WARENFLUSS DURCH DAS UNTERNEHMEN

2. Nennen Sie Arten von Belegen, die bei (herkömmlichen) Warenwirtschaftssystemen früher von der Spindler KG verwendet worden sein könnten.

3. Es wird bei Warenwirtschaftssystemen zwischen einem Warenfluss und einem Informationsfluss unterschieden. **Finden Sie jeweils fünf Beispiele bei der Spindler KG oder aus Ihrem Unternehmen, die dem Warenfluss und dem Informationsfluss zugeordnet werden können.**

Warenfluss	Informationsfluss

LERNFELD 2

AUFTRÄGE KUNDENORIENTIERT BEARBEITEN

4. Ein Warenwirtschaftssystem erfasst unter anderem den gesamten Vorgang von der Bestellung bis zum Verkauf. Diese Auftragsbearbeitung besteht idealtypisch aus acht Schritten.

Ordnen Sie die folgenden Vorgänge/Begriffe den acht Schritten einer Auftragsbearbeitung zu.

> *Vorgang*
>
> Lieferer schreibt Rechnung an den Kunden. – Lieferer liefert an den Kunden aus. – Kunde fordert Angebot vom Lieferer an. – Kunde bestellt aufgrund des Angebots. – Kunde erhält die Rechnung vom Lieferer. – Lieferer nimmt Bestellung des Kunden bzw. Auftrag an. – Lieferer gibt Angebot an den Kunden ab. – Kunde erhält die Ware vom Lieferer.

> *Belegart/Vorgang*
>
> Angebot – Wareneingang – Rechnungskontrolle – Anfrage/Bestellung – Rechnung – Auftragsbestätigung – Lieferschein

Schritt	Vorgang	Belegart/Vorgang
1		
2		
3		
4		
5		
6		
7		
8		

5. Welche Art des Warenwirtschaftssystems würden Sie der Spindler KG empfehlen? Begründen Sie Ihre Entscheidung kurz.

VERTIEFUNGS- UND ANWENDUNGSAUFGABEN

1. Die Spindler KG arbeitet mit einem EDV-gestützten Warenwirtschaftssystem (WWS). **Welche Vorteile bietet ein solches System?**

	Das WWS bietet artikelspezifische und aktuelle Informationen, einen schnelleren Zugriff auf wichtige Daten, eine Vereinfachung der Arbeitsprozesse und den Wegfall von Artikelnummern.
	Das WWS bietet artikelspezifische und aktuelle Informationen, einen schnelleren Zugriff auf wichtige Daten und eine hohe Kapitalbindung.
	Das WWS bietet artikelspezifische und aktuelle Informationen, einen schnelleren Zugriff auf wichtige Daten, eine Vereinfachung der Arbeitsprozesse und eine hohe Kapitalbindung.
	Das WWS bietet artikelspezifische und aktuelle Informationen, einen schnelleren Zugriff auf wichtige Daten, eine Vereinfachung der Arbeitsprozesse, den Wegfall von Artikelnummern und eine hohe Kapitalbindung.
	Das WWS bietet artikelspezifische und aktuelle Informationen, einen schnelleren Zugriff auf wichtige Daten und eine Vereinfachung der Arbeitsprozesse.

2. **Ergänzen Sie den Lückentext um die folgenden Begriffe.**

> aktuelle – alle – Bestellvorgang – detaillierte – Einsatz – geschlossenes – Informationsstands – kleinere – Kostenverfall – Lagerhaltung – Liquiditätsbedarf – manuell („von Hand" = ohne EDV-Einsatz) – Mitarbeiter – Steuerung – Verbesserung – Verkaufswirksamkeit – vollständige – Warenausgang – Wareneingang – Warenwirtschaftssystems – wert- und mengenmäßig

Ein _____ Warenwirtschaftssystem liegt vor, wenn _____ Warenbewegungen im Großhandelsbetrieb vom _____ über den _____ und die _____ bis hin zum _____ lückenlos zumindest _____ erfasst werden. Ziel eines geschlossenen _____ ist eine _____ von Entscheidungen im Großhandel durch Erhöhung des _____ der Mitarbeiter. Das Warenwirtschaftssystem liefert nämlich _____, _____ und _____ Informationen über den _____ der Ware im Großhandelsbetrieb.

Mit Warenwirtschaftssystemen lassen sich Entscheidungen begründen, die weit über die bloße _____ der Artikel hinausgehen. So lassen sich beispielsweise Informationen über die _____ bestimmter Präsentationsstandorte im Showroom, über die Verkaufsleistung einzelner _____ oder über den zu einem bestimmten Zeitpunkt bestehenden _____ gewinnen, die dann Grundlage für durchdachte marketingpolitische Entscheidungen sind.

Die Erfüllung der Aufgaben eines Warenwirtschaftssystems, das theoretisch auch _____ betrieben werden könnte, hängt in der Praxis von einer angemessenen EDV-Ausstattung ab. Da im Computerbereich ein enormer _____ stattgefunden hat, brauchen auch _____ Betriebe des Großhandels nicht mehr auf ein EDV-gestütztes Warenwirtschaftssystem zu verzichten.

LERNFELD 2

AUFTRÄGE KUNDENORIENTIERT BEARBEITEN

3. Herr Meier, Geschäftsführer der Lebensmittelgroßhandlung Legro, berichtet einem Freund: „Im Großhandel sind Informationen der wichtigste ‚Gewinnbringer' – und die fehlten uns ohne Warenwirtschaftssystem.

Hatten wir z. B. Gummibärchen im Sonderangebot, wusste keiner genau, ob denn die Nachfrage entsprechend gestiegen war. Wir konnten ja schließlich nicht jeden Abend nachzählen, wie viel Tüten noch in den Regalen lagen: Unsere Beschäftigten und Auszubildenden hatten Wichtigeres zu tun.

Was für Sonderangebote galt, traf erst recht für alle anderen Waren zu. So kam es vor, dass so mancher Artikel ungestört im Regal das Rentenalter erreichte, ohne dass ein Kunde danach verlangt hatte.

Natürlich hatten früher auch unsere Einkäufer ihre Probleme. Da sie über keine exakten Informationen über die Zahl der verkauften Artikel verfügten, bestellten sie mal lieber zu viel als zu wenig, damit die Kunden nicht vor leeren Regalen stehen müssen ..."

a) Welche Nachteile entstehen dem Betrieb, wenn die Kunden vor leeren Regalen stehen?

b) Welche Nachteile haben zu hohe Bestände an Waren?

c) In jedem Großhandelsunternehmen stellt sich ständig die Frage, ob Waren in ausreichendem Maße vorhanden sind, ohne zu große Lagerbestände einerseits oder Sortimentslücken andererseits in Kauf nehmen zu müssen.

Wie hilft ein EDV-gestütztes Warenwirtschaftssystem bei der Lösung dieses Problems?

Zur weiteren Vertiefung der Lerninhalte und Sicherung der Lernergebnisse empfehlen wir das Bearbeiten der Aufgaben und Aktionen in Kapitel 1 (Wir steuern und kontrollieren den Warenfluss durch das Unternehmen) des Lernfeldes 2 in Ihrem Lehrbuch „Groß im Handel, 1. Ausbildungsjahr".

WIR BEARBEITEN ANFRAGEN UND ERSTELLEN ANGEBOTE

2 Wir bearbeiten Anfragen und erstellen Angebote

HANDLUNGSSITUATION

Die Großhandlung Spindler KG erhält am 2. April folgende Anfrage des Bekleidungsgeschäfts Gertrud Schön e. Kffr., Sundernstraße 34, 22159 Hamburg.

Gertrud Schön e. Kffr.
Sundernstraße 34 • 22159 Hamburg

Gertrud Schön e. Kffr. • Sundernstraße 34 • 22159 Hamburg

Textilgroßhandlung
Spindler KG
Goseriede 41
30159 Hannover

Ihr Zeichen, Ihre Nachricht vom	Unser Zeichen, unsere Nachricht vom Telefon,	Name	Datum
	O/S-55,	Frau Kunz	02.04.20..

Anfrage

Sehr geehrte Damen und Herren,

wir benötigen dringend Holzfällerhemden in den Größen M, L und XL.

Bitte senden Sie uns ein ausführliches Angebot bis zum 15.04.20..

Mit freundlichen Grüßen
Gertrud Schön e. Kffr.

i. V.

Kunz

Der Abteilungsleiter Verkauf der Spindler KG, Herr Trumpf, beauftragt daraufhin Anja Kruse, die Anfrage des Bekleidungsgeschäfts Gertrud Schön zu bearbeiten und einen Angebotsentwurf zu erstellen.

Herr Trumpf: „Hallo, Frau Kruse, ich habe hier eine Anfrage unserer langjährigen Kundin Gertrud Schön. Bitte prüfen Sie, ob wir Frau Schön ein Angebot machen können, und erstellen Sie nach einer positiven Prüfung unverzüglich ein ausführliches Angebot."

Anja Kruse: „Guten Tag, Herr Trumpf. Ich kümmere mich sofort darum. Muss ich irgendwelche Vorgaben bei der Auswahl der Angebotsinhalte berücksichtigen?"

Herr Trumpf: „Ja, beachten Sie bei der Festlegung der Angebotsinhalte die in unserem Warenwirtschaftssystem gespeicherten Kunden- und Artikeldaten."

Anja Kruse: „In Ordnung. Ich mache mich sofort an die Arbeit."

Nutzen Sie zur Lösung der Handlungsaufgaben die Informationen zur Bedeutung von Anfragen und Erstellung von Angeboten in Ihrem Lehrbuch „Groß im Handel, 1. Ausbildungsjahr", Lernfeld 2, Kapitel 2 (Wir wickeln Aufträge ab), 3 (Wir lernen die Bedeutung von Anfragen kennen) und 4 (Wir erstellen Angebote).

LERNFELD 2

AUFTRÄGE KUNDENORIENTIERT BEARBEITEN

Berücksichtigen Sie dabei außerdem die im Warenwirtschaftssystem der Spindler KG gespeicherten Kundendaten von Gertrud Schön und Artikeldaten des Artikels Holzfällerhemden.

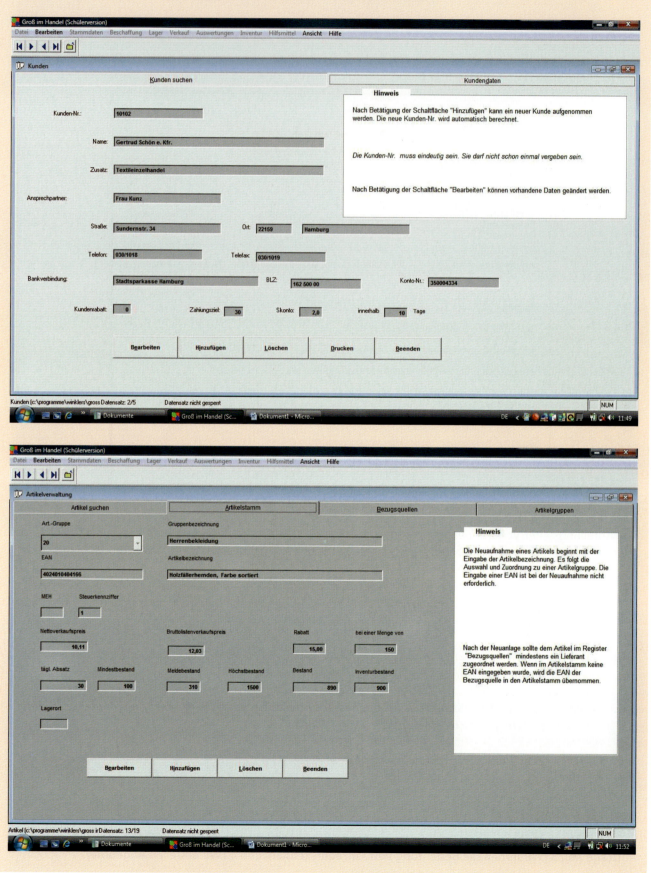

HANDLUNGSAUFGABEN

1. Welche Fragen muss Anja Kruse klären, um den Auftrag von Herrn Trumpf zu erfüllen?

2. Stellen Sie fest, welche Bedeutung die Anfrage von Gertrud Schön für die Spindler KG hat.

3. Beschreiben Sie die Arbeitsschritte, die Anja Kruse bei der Bearbeitung der Anfrage durchführen muss. Beachten Sie dabei, dass Gertrud Schön Stammkundin ist.

LERNFELD 2

AUFTRÄGE KUNDENORIENTIERT BEARBEITEN

4. Welche Inhalte sollte ein ausführliches Angebot enthalten?

5. Bestimmen Sie den Preis, zu dem die Spindler KG Gertrud Schön die Holzfällerhemden anbieten sollte.

6. Entscheiden Sie, welche Preisnachlässe die Spindler KG Gertrud Schön anbieten sollte. Begründen Sie Ihre Entscheidung.

7. Wählen Sie die Lieferbedingungen (Regelungen zu Versandkosten, Versandverpackungskosten und zur Lieferzeit) aus, die die Spindler KG in das Angebot an Gertrud Schön aufnehmen sollte. Begründen Sie Ihre Entscheidungen.

8. Wählen Sie eine Zahlungsbedingung für das Angebot an Gertrud Schön aus. Begründen Sie Ihre Entscheidung.

LERNFELD 2

AUFTRÄGE KUNDENORIENTIERT BEARBEITEN

9. Erstellen Sie einen schriftlichen Angebotsentwurf.

Spindler KG

Goseriede 41 • 30159 Hannover

Spindler KG • Goseriede 41 • 30159 Hannover

Ihr Zeichen, Ihre Nachricht vom	Unser Zeichen, unsere Nachricht vom	Telefon,	Name	Datum

WIR BEARBEITEN ANFRAGEN UND ERSTELLEN ANGEBOTE

10. Wozu verpflichtet sich die Spindler KG mit der Abgabe des Angebots gegenüber Gertrud Schön?

11. Wie lange ist die Spindler KG an das Angebot an Gertrud Schön gebunden?

12. Bis wann kann die Spindler KG dieses Angebot widerrufen?

VERTIEFUNGS- UND ANWENDUNGSAUFGABEN

1. Vervollständigen Sie die folgende Tabelle.

Angebotsinhalte	Gesetzliche Regelungen
Art, Beschaffenheit und Güte der Ware	
Kosten der Versandverpackung	
Versandkosten	
Lieferzeit	
Zahlungsbedingungen	

Zur weiteren Vertiefung und Sicherung der Lernergebnisse empfehlen wir das Bearbeiten der Aufgaben und Aktionen in Kapitel 3 (Wir lernen die Bedeutung von Anfragen kennen) und 4 (Wir erstellen Angebote) des Lernfeldes 2 Ihres Lehrbuches „Groß im Handel, 1. Ausbildungsjahr".

LERNFELD 2

AUFTRÄGE KUNDENORIENTIERT BEARBEITEN

3 Wir schließen Kaufverträge ab und erfüllen sie

HANDLUNGSSITUATION

Aufgrund ihres Angebots über Holzfällerhemden vom 15. April 20.. erhält die Großhandlung Spindler KG am 19. April die folgende Bestellung des Bekleidungsgeschäfts Gertrud Schön e. Kffr., Sundernstraße 34, 22159 Hamburg.

Gertrud Schön e. Kffr.
Sundernstraße 34 • 22159 Hamburg

Gertrud Schön e. Kffr. • Sundernstraße 34 • 22159 Hamburg

Textilgroßhandlung
Spindler KG
Goseriede 41
30159 Hannover

Ihr Zeichen, Ihre Nachricht vom	Unser Zeichen, unsere Nachricht vom Telefon,	Name	Datum
K/S 15.04.20..	S-55,	Frau Kunz	19.04.20..

Bestellung

Sehr geehrte Damen und Herren,

wir danken Ihnen für Ihr Angebot. Wir bestellen Holzfällerhemden Bestell-Nr. 40416:

50 Stück Größe M
50 Stück Größe L
50 Stück Größe XL

zum Stückpreis von 10,11 € netto abzüglich 15 % Rabatt.

Die Lieferung soll innerhalb von 2 Wochen frachtfrei erfolgen. Die Zahlung erfolgt innerhalb von 10 Tagen abzüglich 2 % Skonto oder innerhalb von 30 Tagen ohne Abzug.

Mit freundlichen Grüßen

Gertrud Schön e. Kffr.

i. V.

Kunz

Herr Trumpf bittet Anja Kruse, die Bestellung zu bearbeiten.

Nutzen Sie zur Lösung der Handlungsaufgaben die Informationen zur Auftragsabwicklung und zum Kaufvertrag in Ihrem Lehrbuch „Groß im Handel, 1. Ausbildungsjahr", Lernfeld 2, Kapitel 2 (Wir wickeln Aufträge ab), 5 (Wir schließen Kaufverträge ab) und 7 (Wir erfüllen Kaufverträge).

HANDLUNGSAUFGABEN

1. Welche Fragen muss Anja Kruse klären, um den Auftrag von Herrn Trumpf zu erfüllen?

2. Wodurch kommen Verträge grundsätzlich zustande?

3. Durch welche Handlungen kann der Antrag auf Abschluss eines Kaufvertrags erfolgen?

   1. Möglichkeit:

   2. Möglichkeit:

4. Durch welche Handlungen kann ein Antrag auf Abschluss eines Kaufvertrags angenommen werden?

   1. Möglichkeit:

LERNFELD 2

AUFTRÄGE KUNDENORIENTIERT BEARBEITEN

2. Möglichkeit:

5. Beurteilen Sie, ob durch die Bestellung von Gertrud Schön bei der Spindler KG ein Kaufvertrag zustande gekommen ist. Begründen Sie Ihre Meinung.

6. Beurteilen Sie, ob für das Zustandekommen eines Kaufvertrags zwischen der Spindler KG und Gertrud Schön eine Auftragsbestätigung (Bestellungsannahme) erforderlich ist. Begründen Sie Ihre Meinung.

7. Schreiben Sie eine Auftragsbestätigung an Gertrud Schön.

Spindler KG
Goseriede 41 • 30159 Hannover

Spindler KG • Goseriede 41 • 30159 Hannover

| Ihr Zeichen, Ihre Nachricht vom | Unser Zeichen, unsere Nachricht vom | Telefon, | Name | Datum |

LERNFELD 2

AUFTRÄGE KUNDENORIENTIERT BEARBEITEN

8. Welche Pflichten müssen Verkäufer und Käufer nach Abschluss eines Kaufvertrags erfüllen?

Pflichten des Verkäufers	Pflichten des Käufers

9. Welche Arbeitsschritte müssen von der Textilgroßhandlung Spindler KG durchgeführt oder veranlasst werden, um die Bestellung über Holzfällerhemden auszuführen?

10. Durch welche Handlungen kann Gertrud Schön ihre Pflichten nach Abschluss des Kaufvertrags über den Kauf der Holzfällerhemden erfüllen?

11. Warum ist es für Gertrud Schön wichtig, dass ihr die Spindler KG das Eigentum an den bestellten 150 Holzfällerhemden überträgt?

WIR SCHLIESSEN KAUFVERTRÄGE AB UND ERFÜLLEN SIE

VERTIEFUNGS- UND ANWENDUNGSAUFGABEN

1. Entscheiden Sie, ob die folgenden Rechtsgeschäfte nichtig oder anfechtbar sind. Begründen Sie Ihre Entscheidung.

Beispiel	Nichtig	Anfechtbar	Grund
Der Kioskinhaber Jürgen Probst verkauft der zwölfjährigen Martina Kunst eine Flasche Sekt.			
Anja Kruse bestellt bei der Bernhard Müller OHG 210 statt 120 Jeanshosen.			
Martin Solms kauft ein gebrauchtes Auto, das nach Angaben des Verkäufers unfallfrei ist. Bei der Inspektion in der Werkstatt wird festgestellt, dass das Auto mindestens einen Unfall gehabt haben muss.			
Herr Spindler kauft eine Eigentumswohnung als Kapitalanlage. Den Kaufvertrag schließt er mit dem Verkäufer unter Zeugen mündlich ab.			
Zur Finanzierung ihrer neuen Wohnungseinrichtung nimmt Anja Kruse über einen Kreditvermittler zu einem Zinssatz von 15 % im Monat Geld auf.			

Zur weiteren Vertiefung und Sicherung der Lernergebnisse empfehlen wir das Bearbeiten der Aufgaben und Aktionen in den Kapiteln 2 (Wir wickeln Aufträge ab), 5 (Wir schließen Kaufverträge ab) und 7 (Wir erfüllen Kaufverträge) des Lernfeldes 2 in Ihrem Lehrbuch „Groß im Handel, 1. Ausbildungsjahr".

LERNFELD 2

AUFTRÄGE KUNDENORIENTIERT BEARBEITEN

4 Wir berücksichtigen bei Vertragsabschlüssen den Erfüllungsort und den Gerichtsstand

HANDLUNGSSITUATION

Anja Kruse wird von ihrem Ausbilder mit drei kniffligen Fällen konfrontiert.

Fall 1:

Die Spindler KG Hannover bestellte Waren im Wert von 12.675,89 € von einem Hersteller in Hildesheim. Im Kaufvertrag gab es keine Vereinbarung über den Erfüllungsort und den Gerichtsstand. Die Ware wurde bisher nicht geliefert, gleichzeitig schickt der Hersteller wiederholt Mahnungen. Die Spindler KG bezahlt natürlich nicht. Der Hersteller kündigt an, die Spindler KG vor Gericht zu verklagen.

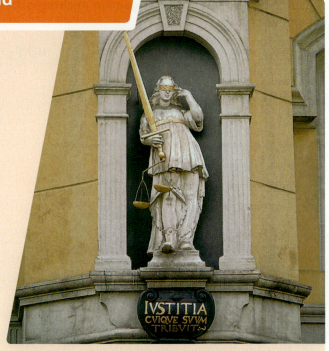

Fall 2:

Die Spindler KG hat eine Lieferung der Uhlendorf Büro GmbH in Hannover bisher nicht erhalten. Diese hat die Ware aber ordnungsgemäß abgeschickt.

Fall 3:

Die Spindler KG hat mit einer Bochumer Großhandlung einen Kaufvertrag abgeschlossen. Vereinbart wurde die Lieferung „frei Haus". Der Kaufvertrag enthält aber keine Aussage über den Erfüllungsort.

Nach 3 Wochen bekommt die Spindler KG eine Rechnung über den Kaufpreis. Die Ware ist jedoch nie bei der Spindler KG angekommen. Die Bochumer Großhandlung kann beweisen, dass sie die Ware ordnungsgemäß einer Dortmunder Spedition übergeben hat.

Informationen zum Lösen der folgenden Handlungsaufgaben finden Sie im Lehrbuch „Groß im Handel, 1. Ausbildungsjahr" im Kapitel 10 (Wir berücksichtigen bei Vertragsabschlüssen den Erfüllungsort, den Gefahrenübergang und den Gerichtsstand) des Lernfeldes 2.

HANDLUNGSAUFGABEN

1. Vor welchem Problem steht die Spindler KG in den drei Fällen?

2. Führen Sie mindestens drei Gründe für die große Bedeutung des Erfüllungsortes beim Abschluss von Kaufverträgen an.

WIR BERÜCKSICHTIGEN BEI VERTRAGSABSCHLÜSSEN DEN ERFÜLLUNGSORT UND DEN GERICHTSSTAND

3. Geben Sie an, wo sich bei der gesetzlichen Regelung der Erfüllungsort befindet.

4. Führen Sie das zuständige Gericht an, das bei Streitigkeiten zwischen Käufer und Verkäufer zuständig ist, wenn im Kaufvertrag nichts anderes geregelt wurde.

5. Entscheiden Sie, bei welchem Gericht der Hersteller im Fall 1 die Klage wegen Nichtzahlung einreichen muss.

6. Nachdem die Ware aus Fall 1 nun endlich ordnungsgemäß bei der Spindler KG eingegangen ist, bezahlt sie den Betrag bar per Boten. Dieser entschließt sich aber, das nächste Flugzeug zu den Bahamas zu nehmen.
Stellen Sie fest, ob die Spindler KG ein zweites Mal zahlen muss.

7. Erläutern Sie, wer im Fall 3 das Verlustrisiko, bei einem eventuellen Verlust trägt.

8. Entscheiden Sie, wo die Spindler KG im Fall 2 Klage einreichen müsste, falls sie anzweifelt, dass die Ware ordnungsgemäß abgeschickt wurde.

9. Entscheiden Sie, ob die Spindler KG im Fall 3 den Rechnungsbetrag bezahlen muss.

LERNFELD 2

AUFTRÄGE KUNDENORIENTIERT BEARBEITEN

VERTIEFUNGS- UND ANWENDUNGSAUFGABEN

Die Frugo KG in Schönstadt bestellt am 28. Februar bei der Südfrüchte GmbH in Hamburg folgende Waren:
- 15 Kisten Kiwis,
- 200 kg Äpfel Braeburn, Handelsstufe I.

Die Lieferbedingungen lauten: „Lieferung bis zum 8. März frei Haus. Die Lieferung erfolgt durch die Spedition Bäte."

Die Zahlungsbedingungen lauten: „30 Tage nach vereinbartem Liefertermin, ohne Abzüge."

1. Klären Sie, ob ein Vertrag zustande gekommen ist,

    a) wenn bei der Südfrüchte GmbH telefonisch beim Sachbearbeiter Thiede bestellt wurde,

    b) wenn nach Geschäftsschluss dem „automatischen Anrufbeantworter" der Südfrüchte GmbH die Bestellung mitgeteilt wurde.

2. Geben Sie an, wer die Beförderungskosten trägt.

3. Führen Sie den Erfüllungsort hinsichtlich der Waren auf.

4. Klären Sie, welchen Termin die Frugo KG als Schuldner bei der Zahlung einhalten muss.

5. Geben Sie den Gerichtsstand bei Streitigkeiten über die Zahlung an.

6. Es gibt Streit um die Qualitätsstufe der gelieferten Kiwis, die ansonsten mängelfrei sind.

Zur weiteren Vertiefung der Lerninhalte und Sicherung der Lernergebnisse empfehlen wir das Bearbeiten der Aufgaben und Aktionen im Kapitel 10 des Lernfeldes 2 Ihres Lehrbuches „Groß im Handel, 1. Ausbildungsjahr".

5 Wir verwenden den Eigentumsvorbehalt zur Sicherung unserer Forderungen

HANDLUNGSSITUATION

Derzeit ist Thomas Zimmermann im Vertrieb der Spindler KG eingesetzt. Ein neuer Kunde ruft bei Thomas an. Er eröffnet sein Geschäft und möchte bei der ersten Ausstattung mit Herrenbekleidung möglichst eine günstige Ratenzahlung in Anspruch nehmen, da er die Zahlung dann von den ersten Einnahmen bezahlen kann. Der Kunde fragt Thomas, ob er dabei etwas zu beachten habe. Daraufhin verweist Thomas den Kunden auf die Allgemeinen Geschäftsbedingungen der Spindler KG. Der Kunde fragt, was die AGB eigentlich bedeuten, und bittet ihn, ihm die Regelungen für seinen Kauf genauer zu erläutern, da er sein Geschäft gerade erst eröffnet.

Allgemeine Geschäftsbedingungen (Auszug)

1. Allgemeines

Unsere Lieferungen, Leistungen und Angebote erfolgen ausschließlich aufgrund dieser Allgemeinen Geschäftsbedingungen (AGB). Alle weiteren Vereinbarungen sowie Abänderungen sind nur gültig, wenn sie von uns schriftlich bestätigt werden.
...

10. Zahlungsbedingungen

Alle Zahlungen müssen so rechtzeitig bei uns eingegangen sein, dass uns die Beträge beim Fälligkeitstag gutgeschrieben worden sind.
Bei Überschreitung der Zahlungsfrist sind wir zur Geltendmachung eines Verzugsschadens berechtigt. Dabei können wir, vorbehaltlich eines höheren Schadens, einen Zinssatz von 5 % über dem Basiszinssatz berechnen.

11. Eigentumsvorbehalt

Alle Waren bleiben bis zur vollständigen Bezahlung unser Eigentum.

Informationen zum Lösen der folgenden Handlungsaufgaben finden Sie im Lehrbuch „Groß im Handel, 1. Ausbildungsjahr" in Kapitel 11 des Lernfeldes 2.

HANDLUNGSAUFGABEN

1. Geben Sie an, was Thomas dem Kunden erläutern muss.

2. Welche Bedeutung haben die Allgemeinen Geschäftsbedingungen für den Abschluss von Kaufverträgen?

LERNFELD 2

AUFTRÄGE KUNDENORIENTIERT BEARBEITEN

3. Finden Sie mithilfe des Lehrbuches heraus, was ein Eigentumsvorbehalt ist.

4. Welche Konsequenzen ergeben sich durch den Eigentumsvorbehalt für die Beteiligten?

	Käufer	Verkäufer
Konsequenzen		

5. Erarbeiten Sie sich die Gründe für einen Verkauf unter Eigentumsvorbehalt.

6. Nennen Sie die Probleme, die auch bei einem Verkauf unter Eigentumsvorbehalt auftreten können.

7. Erläutern Sie die zwei Möglichkeiten, wie die in Aufgabe 6 erarbeiteten Schwachstellen beim Verkauf unter Eigentumsvorbehalt zumindest teilweise behoben werden können.

8. Bereiten Sie das Kundengespräch von Thomas Zimmermann vor. Überlegen Sie sich Fragen, die er dem Kunden stellen sollte, um für die Spindler KG die bestmögliche Sicherheit bei gleichzeitig möglichst hoher Kundenzufriedenheit zu gewährleisten.

WIR VERWENDEN DEN EIGENTUMSVORBEHALT ZUR SICHERUNG UNSERER FORDERUNGEN

VERTIEFUNGS- UND ANWENDUNGSAUFGABEN

Zur weiteren Vertiefung und Sicherung der Lernergebnisse empfehlen wir das Bearbeiten der Aufgaben und Aktionen in Kapitel 11 des Lernfeldes 2 in Ihrem Lehrbuch „Groß im Handel, 1. Ausbildungsjahr".

LERNFELD 2

AUFTRÄGE KUNDENORIENTIERT BEARBEITEN

6 Wir führen Verkaufsgespräche professionell durch

HANDLUNGSSITUATION

Anja Kruse ist nervös. Heute wird sie das erste Mal auf Kunden treffen. Im Showroom der Spindler KG kommt sie an mehreren Kollegen und Kolleginnen vorbei, die gerade Verkaufsgespräche führen.

Beispiel	Aussage
A	„Ein Anzug dieses französischen Herstellers ist von sehr guter Qualität. Deshalb bekommen Sie auch 10 Jahre Garantie darauf. Sein Preis beträgt 829,00 €. Er verfügt auch über eine umfangreiche Zubehörkollektion."
B	„Möchten Sie die 10 Jeans gleich mitnehmen oder soll ich sie Ihnen liefern lassen?"
C	„Wofür benötigen Ihre Kunden diese Schutzkleidung?"
D	„Mit dem Kauf dieser Anzüge haben Sie die richtige Entscheidung getroffen: Sie werden noch viel Freude damit haben. Auf Wiedersehen."
E	„Guten Tag! Ich sehe, Sie interessieren sich für Pullover. Wir haben da gerade ein sehr günstiges Angebot."
F	„Schauen Sie sich diese Jeansmodelle an, die ich Ihnen empfehlen kann. Dieses Modell von Luigi Bendetta besteht aus 100 % ..."
G	„Diese Schuhe haben eine griffige Sohle. Damit können Sie sogar joggen und haben auch im Wald oder im freien Gelände immer einen sicheren Stand."
H	„Ja, Sie haben recht, wenn Sie den Preis ansprechen, aber bei dieser Textilie liegt angesichts der Leistungsmerkmale ein ausgesprochen gutes Preis-Leistungs-Verhältnis vor."

Anja erinnert sich an eine Aussage von Frau Schrader, ihrer Ausbildungsleiterin:

„Schlechte Verkäuferinnen und Verkäufer, die nicht die Regeln der Verkaufslehre beherrschen, kosten den deutschen Großhandel jährlich Milliarden Euro. Daher muss jeder Verkäufer jedes Verkaufsgespräch systematisch durchführen und dabei alle grundlegenden Verkaufstechniken beherrschen.
Wir in der Spindler KG haben im letzten Jahr Millionen Euro Verlust gemacht. Deshalb hat unsere Unternehmensleitung eine Unternehmensberatung gebeten, die Ursachen dafür zu erforschen. Diese hat Beobachtungen und Kundenbefragungen im Unternehmen durchgeführt. Dabei wurde festgestellt, dass 45 % der Verluste auf erhebliche Mängel in Verkaufsgesprächen zurückzuführen sind: Viele Verkaufsmitarbeiter haben lediglich geringe Verkaufskenntnisse und gehen sehr unprofessionell vor, merken dies häufig aber gar nicht. Auch die Warenkenntnisse lassen oft zu wünschen übrig ..."

Anja Kruse beschließt, so weit wie möglich als Verkaufsprofi aufzutreten.

Informationen zum Lösen der folgenden Handlungsaufgaben finden Sie im Lehrbuch „Groß im Handel, 1. Ausbildungsjahr" im Kapitel 13 (Wir führen Verkaufsgespräche direkt oder per Telefon) des Lernfeldes 2.

WIR FÜHREN VERKAUFSGESPRÄCHE PROFESSIONELL DURCH

HANDLUNGSAUFGABEN

1. Vor welchem Problem steht die Spindler KG?

2. Welches Ziel sollte die Spindler KG verfolgen, damit das Problem gelöst werden kann?

3. Wie kann die Spindler KG das Ziel erreichen?

4. Stellen Sie fest, welche Phasen ein typisches Verkaufsgespräch umfasst.

5. Ordnen Sie jeder Phase des Verkaufsgesprächs eine der oben angeführten Äußerungen zu.

6. Geben Sie in einem Satz das Ziel der jeweiligen Verkaufsphase an.

7. Führen Sie für jede der Phasen eines Verkaufsgesprächs mindestens zwei Verkaufsregeln an.

Nr.	Verkaufsphase	Aussage	Ziel der Phase	Regeln
1		E		
2		C		
3		F		
4		G		

LERNFELD 2

AUFTRÄGE KUNDENORIENTIERT BEARBEITEN

Nr.	Verkaufsphase	Aussage	Ziel der Phase	Regeln
5		A		
6		H		
7		B		
8		D		

8. Schreiben Sie mit einem Partner zusammen den Dialog eines Verkaufsgesprächs. Dabei soll der Verkäufer mindestens eine Regel pro Phase des Verkaufsgesprächs verwenden.

Führen Sie den Dialog möglichst frei vor.

Bereiten Sie sich darauf vor, Ihren Mitschülern in der Nachbesprechung die verwendeten Regeln zu erläutern.

9. Beobachten Sie einen anderen aufgeführten Dialog.

Geben Sie in der Nachbesprechung die erkannten Regeln pro Phase an.

WIR FÜHREN VERKAUFSGESPRÄCHE PROFESSIONELL DURCH

VERTIEFUNGS- UND ANWENDUNGSAUFGABEN

1. Anja Kruse ist erstaunt. Sie hat gerade ein Verkaufsgespräch einer Kollegin beobachtet. Da ist allerhand schiefgelaufen. Das wäre ihr nicht passiert:

Im Showroom der Spindler KG steht ein Stammkunde vor einem Regal und sieht sich verschiedene T-Shirts unterschiedlicher Hersteller an. Er nimmt mehrere in die Hand, schaut sie kurz an und legt sie anschließend wieder zurück. Mehrfach blickt er unsicher zur Verkäuferin, die in unmittelbarer Nähe Ware in ein Regal einräumt. Die Verkäuferin beachtet den Kunden nicht.

Sie registriert ihn zwar, räumt jedoch mit unfreundlichem Gesicht weiter vom Kunden abgewandt Ware ein. Der Kunde geht schließlich gezielt auf die Verkäuferin zu. Diese erhebt sich nun und fragt gelangweilt:

Verkäuferin: „Kann ich Ihnen helfen?"
Kunde: „Ja!"
In der Zwischenzeit hat die Verkäuferin die Waren eingeräumt und greift nebenbei zu einem MDE-Gerät, mit dem sie über einige Etiketten geht.
Verkäuferin: „Suchen Sie denn etwas Bestimmtes?"
Kunde: „Ja!"
Etwas genervt sieht die Verkäuferin den Kunden einmal kurz an. Sie ist weiterhin mit dem MDE-Gerät beschäftigt.
Verkäuferin (lauter): „Ja, was suchen Sie denn nun?"
Kunde: „Ja also für unsere Boutique suchen wir T-Shirts, die ..."
Die Verkäuferin zeigt auf einen Artikel, der sich direkt vor ihr im Regal befindet, den der Kunde aber kaum sehen kann.
Verkäuferin: „Nehmen Sie diesen, der geht momentan gut."
Kunde: „Es gibt doch da eine T-Shirt-Marke, die sehr angesagt ist. Die hat doch sogar die Zeitschrift Ökotest empfohlen."
Verkäuferin: „Habe ich nicht gelesen ..."
Kunde: „Eigentlich bin ich sehr an nachhaltig produzierten Textilien interessiert."
Verkäuferin „Schauen Sie sich doch einfach mal um!"
Der Kunde guckt sich unsicher um.
Kunde: „Gibt es denn nachhaltig produzierte T-Shirts auch mit V-Ausschnitt?"
Verkäuferin: „Da müssen Sie mal dort rechts im Regal gucken und die Verpackungsaufschriften lesen."
Kunde: „Haben die T-Shirts dieses Herstellers denn besondere Vorteile im Vergleich zu normalen T-Shirts?"
Verkäuferin: „Ja, ich denke schon ... ich meine ... Auf jeden Fall gehen sie sehr gut ... Ich würde sie auch nehmen ..."
Kunde: „Ach, ich nehme doch normale T-Shirts."
Verkäuferin zeigt wieder auf ein T-Shirt.
Verkäuferin: „Dann dieses!"
Kunde: „Wie viel kostet es?"
Verkäuferin: „9 € das Stück."
Kunde: „Boah, das ist aber teuer!!!"
Verkäuferin: „Die meisten anderen Markenprodukte sind noch teurer. Die billigen No-Names sind links daneben. Die sind doch aber nichts für Sie."
Kunde: „Eigentlich hätte ich gerne einen etwas günstigeren Artikel gehabt."
Verkäuferin „Welche weniger teuer sind, müssen Sie mal selber schauen."
Kunde: „Hmh?"
Verkäuferin zeigt wieder auf das T-Shirt.
Verkäuferin: „Na, wollen Sie nun das T-Shirt oder nicht? Ansonsten kann ich Ihnen Unterhemden empfehlen: Die sind gerade im Angebot und sehr billig."
Kunde: „Da frage ich erst einmal meinen Chef ..."
Die Verkäuferin dreht sich beleidigt vom Kunden weg und widmet sich wieder einzuräumender Ware. Der Kunde verlässt kopfschüttelnd den Showroom.

a) Zeigen Sie die gemachten Fehler in den einzelnen Phasen des Verkaufsgesprächs auf.
b) Machen Sie jeweils Verbesserungsvorschläge.

LERNFELD 2

AUFTRÄGE KUNDENORIENTIERT BEARBEITEN

Phase	Fehler im Verkaufsgespräch	Verbesserungsvorschläge
Kontaktphase		
Bedarfsermittlung		
Warenvorlage		
Verkaufsargumentation		
Preisnennung		
Einwandbehandlung		
Herbeiführen des Kaufentschlusses		
Beendigung des Verkaufsgesprächs		

2. Ergänzen Sie im folgenden Lückentext die fehlenden Begriffe:

> aktive – ausgehende – Bestandskunden – eingehende – Gesprächsleitfäden – Inbound – Interesse – Kundenansprache – Kundenbeziehung – Lautstärke – Nachteile – Outbound – Phasen – Rückmeldungen – Sprechgeschwindigkeit – Stimme – Telefon – Visitenkarte

Insbesondere beim Führen von Verkaufsgesprächen am _____ kommt es darauf an, die kommunikativen _____, die das Medium Telefon mit sich bringt, weitgehend zu beseitigen. Gelingt die fernmündliche _____, kann man sich sehr deutlich von seinen Mitbewerbern abheben. Gerade bei häufig vorkommenden Telefonaten im Umfeld von Großhandelsunternehmen, bei denen täglich über das Telefon große Warenmengen gelenkt werden, kommt es auf eine gut funktionierende _____ und auf eine schnelle und fehlerfreie Umsetzung der möglichen Bestellung an.

Ein Großhändler muss immer daran denken, dass er am Telefon _____ und _____ seines Unternehmens ist. Er sollte daher mit einer angemessenen _____ und _____ sprechen. Ganz wichtig ist während des Verkaufsgesprächs das _____ Zuhören. Darunter versteht man die Grundeinstellung, dass dem Sprechenden _____ gezeigt wird. Dies kann z. B. über kurze _____ geschehen.

Bei telefonischen Verkaufsgesprächen unterscheidet man _____ und _____ Gespräche:

Bei _____ Verkaufsgesprächen wird der Anruf des Kunden entgegengenommen. Dieser möchte beraten werden und fordert Informationen oder gibt gleich Bestellungen auf.

Die Großhandlung ruft bei _____ Verkaufsgesprächen _____ oder mögliche Kunden selbst gezielt an.

Bei beiden Arten der telefonischen Verkaufsgespräche werden oft _____ verwendet. Diese dienen der Unterstützung bei der Führung professioneller Verkaufsgespräche. Sie orientieren sich an den _____ eines normalen Verkaufsgesprächs und geben Gesprächsabläufe und Formulierungen vor.

Zur weiteren Vertiefung der Lerninhalte und Sicherung der Lernergebnisse empfehlen wir das Bearbeiten der Aufgaben und Aktionen in Kapitel 13 (Wir führen Verkaufsgespräche professionell durch) des Lernfeldes 2 in Ihrem Lehrbuch „Groß im Handel, 1. Ausbildungsjahr".

LERNFELD 2

AUFTRÄGE KUNDENORIENTIERT BEARBEITEN

7 Wir kassieren den Verkaufspreis bar und zahlen die Bareinnahmen auf unser Geschäftskonto ein

HANDLUNGSSITUATION

Anja Kruse hat ihren ersten Tag an der Kasse, an dem sie in eigener Verantwortung die Kassenführung im Thekengeschäft der Spindler KG übernimmt. In einer kurzen Pause trifft sie Martin Solms und berichtet ihm von ihren Erfahrungen:

Anja Kruse: „Hallo Martin, ich habe heute meinen ersten Kassentag und weiß nicht, wo mir der Kopf steht."

Martin Solms: „Hallo, was hast du denn für Probleme?"

Anja Kruse: „Der erste Kunde heute war Peter Krause. Er betreibt eine Indoor-Fußballhalle mit Sportkneipe und einem Ausrüstungsladen. Für den Laden hat er Restposten von uns aufgekauft und mit Kleingeld aus seiner Kasse bezahlt. Ich war bestimmt 5 Minuten damit beschäftigt, das Kleingeld aus seiner Plastiktüte zu sortieren. Am Ende hatte er 14 2-Euro-Münzen, 27 1-Euro-Münzen, 17 50-Cent-Münzen und diverse 10- und 20-Cent-Münzen."

Martin Solms: „Dann hat der Tag ja stressig begonnen. Ich bin mir gar nicht sicher, ob wir dazu verpflichtet sind, so viele Münzen bei einer Zahlung anzunehmen."

Anja Kruse: „Ja, das wäre mal interessant zu wissen. Denn die Zählerei hätte ich mir gerne gespart. Aber damit nicht genug. Ich war gerade damit fertig, die ganzen Münzen in die Kasse zu sortieren, da kam Einzelhändler Wisolek aus Schönstadt, der einen Brillantring für 379,00 € brutto gekauft hat."

Martin Solms: „Das ist doch aber gut."

Anja Kruse: „Ja, aber Herr Wisolek wollte von mir unbedingt eine Quittung. Ich habe ihm gesagt, dass ich ihm nur den Kassenbon geben kann und er sich an unserem Informationsschalter helfen lassen soll. Beim nächsten Mal wüsste ich gerne, wie ich in einem solchen Fall richtig reagiere und was der Unterschied zwischen einer Quittung und einem Kassenbon ist."

Martin Solms: „Heute habe ich nicht so viel zu tun. Wenn du möchtest, schaue ich wegen deinem Fall mit der Quittung für dich nach. Und wie ist es sonst heute an der Kasse? Ist viel los?"

Anja Kruse: „Oh ja, es ist unglaublich viel los. Ich habe schon über 2.000,00 € in der Kasse."

Martin Solms: „Was, so viel? Ich glaube, dass wir ab einem Kassenbestand von 1.000,00 € nach Möglichkeit den übersteigenden Betrag bereits in einer Pause auf der Bank einzahlen sollen."

Anja Kruse: „Stimmt, ich erinnere mich. Aber wie soll ich das denn schaffen? Das habe ich noch nie gemacht. Und außerdem verstehe ich auch nicht, warum wir einerseits ‚wenn möglich' immer Barzahlungen veranlassen sollen, wenn wir andererseits dann so oft zur Bank laufen müssen, um es wieder loszuwerden."

Martin Solms: „Kein Problem. Wie gesagt, ich habe heute nicht so viel zu tun und habe das auch schon einmal gemacht. Ich frage bei der Abteilungsleiterin nach, ob wir das nachher gemeinsam machen können, dann bereite ich die Einzahlung schon vor und erkläre dir das Vorgehen nachher."

Anja Kruse: „Danke, Martin, das ist sehr nett."

Martin Solms: „Kein Problem, ich melde mich bei dir, wenn ich die offenen Fragen geklärt habe und weiß, ob ich das Geld zur Postbank bringen darf. Es ist aber eine gute Frage, warum wir immer die Barzahlungen veranlassen sollen."

Informationen zum Lösen der folgenden Handlungsaufgaben finden Sie im Lehrbuch „Groß im Handel, 1. Ausbildungsjahr" in Kapitel 14 (Wir kassieren den Verkaufspreis bar und zahlen die Bareinnahmen auf unser Geschäftskonto ein) des Lernfeldes 2.

WIR KASSIEREN DEN VERKAUFSPREIS BAR

HANDLUNGSAUFGABEN

1. Geben Sie an, welche Probleme Martin klären muss.

Teilproblem 1:

1. Informieren Sie sich mithilfe des Lehrbuches über die Annahmepflicht bei Bargeldmünzen. Schreiben Sie die Regelung in dem folgenden Lösungsfeld auf.

2. Musste Anja den Kaufpreis für die Restposten annehmen?

4. Was würden Sie Anja raten, wenn sie das nächste Mal in eine solche Situation gerät?

Teilproblem 2 und 3:

1. Beschreiben Sie,

a) was eine Quittung ist,

b) wer einen Anspruch auf die Ausstellung einer Quittung hat,

c) welche Belege als Quittungen gelten,

LERNFELD 2

AUFTRÄGE KUNDENORIENTIERT BEARBEITEN

    d) welche Angaben in einer Quittung enthalten sein sollten.
       Eine Quittung sollte die folgenden Angaben enthalten:

2. Hat der Kunde die Quittung zu Recht verlangt?

3. Geben Sie kurz an, was der Unterschied zwischen einer Quittung und einem Kassenbon ist.

4. Da der Käufer des Brillantrings zu Recht die Ausstellung einer Quittung verlangte, erstellen Sie nun bitte die Quittung für Herrn Piotr Wisolek, Schubertstr. 4 in 34567 Schönstadt.
Tragen Sie auch die Ziffern für die Bestandteile einer Quittung (siehe Aufgabe 1 d) in den Vordruck ein.

Teilproblem 4:

1. Erstellen Sie eine Übersicht über die Vor- und Nachteile von Barzahlungen. Nutzen Sie dazu das Lehrbuch und ergänzen Sie die dort genannten Punkte durch eigene Argumente.

	Empfänger	Zahlender
Vorteile		
Nachteile		
Fazit		

2. Erläutern Sie auf der Grundlage der Ausarbeitungen aus Aufgabe 1, warum die Auszubildenden der Spindler KG dazu angehalten sind, die Kunden nach Möglichkeit zur Barzahlung anzuregen.

Teilproblem 5:

1. Erläutern Sie, was man unter halbbaren Zahlungen versteht.

2. Fassen Sie die Vorteile der halbbaren Zahlung gegenüber der Barzahlung zusammen.

LERNFELD 2

AUFTRÄGE KUNDENORIENTIERT BEARBEITEN

3. Füllen Sie den beigefügten Zahlschein aus, mit welchem Anja und Martin 1.000,00 € aus der Kasse bei der Postbank einzahlen sollen.

4. Sie und Ihr Tischnachbar sind Martin und Anja. **Erklären Sie sich gegenseitig noch einmal den Ablauf und das Vorgehen bei halbbaren Zahlungen.**

VERTIEFUNGS- UND ANWENDUNGSAUFGABEN

1. **Besteht in den folgenden Fällen eine Annahmepflicht für die Bargeldmünzen?**

   a) Eine Kundin möchte bei Anja den Kaufpreis einer Sporthose mit 13 2-€-Münzen, 3 1-€-Münzen, 8 10-Cent-Münzen, 3 5-Cent-Münzen und 4 1-Cent-Münzen bezahlen.

   b) Ein kleiner Einzelhändler kauft zur Probe ein paar Fußballschuhe. Der Kaufpreis beträgt insgesamt 107,85 €. Er möchte mit einem 50-€-Schein bezahlen. Den restlichen Kaufpreis zahlt er aus seiner Trinkgeldkasse. Es handelt sich um 9 2-€-Münzen, 29 1-€-Münzen, 21 50-Cent-Münzen, 3 10-Cent-Münzen und eine 5-Cent-Münze.

Zur weiteren Vertiefung der Lerninhalte und Sicherung der Lernergebnisse empfehlen wir die Aufgaben und Aktionen in Kapitel 14 (Wir kassieren den Verkaufspreis bar und zahlen die Bareinnahmen auf unser Geschäftskonto ein) des Lernfeldes 2 Ihres Lehrbuches „Groß im Handel, 1. Ausbildungsjahr".

LERNFELD 2

AUFTRÄGE KUNDENORIENTIERT BEARBEITEN

8 Wir wickeln unterschiedliche Zahlungsarten ab

HANDLUNGSSITUATION

Thomas Zimmermann ist im Verkauf der Spindler KG eingesetzt. Nachdem er einen älteren Herrn, der Inhaber eines traditionsreichen Einzelhandelsgeschäfts in Peine ist, ausführlich über modische Winterjacken informiert hat, fällt der Kunde seine Kaufentscheidung. Er möchte 100 Exemplare veschiedener Größen der Winterjacke „White Storm" für jeweils 119,00 € sofort kaufen. Das ist für Thomas der bisher größte Verkauf, den er selbst in die Wege geleitet hat. Da die Kaufabwicklung im Showroom immer direkt vom Verkäufer übernommen wird, geht Thomas mit dem Kunden zur Kasse, bietet ihm ein Glas Wasser an und will die Rechnung erstellen.

Thomas: „Sehr schön, es freut mich, dass Sie sich für diese Winterjacke entschieden haben. Die wird diesen Winter absolut im Trend liegen. Um die Rechnung zu erstellen, muss ich wissen, welche Zahlungsweise Sie bevorzugen."

Kunde: „Ach wissen Sie, dass ist mir eigentlich völlig egal. Ich habe hier auch Ihre Kundenkarte dabei. Aber erklären Sie mir doch einfach mal, welche Zahlungsmöglichkeiten Sie mir anbieten können und wo die Vor- und Nachteile der einzelnen Zahlungsmöglichkeiten für mich liegen. Dann werde ich mich für die für mich günstigste Variante entscheiden. Ach ja, ich möchte nicht per Überweisung zahlen, da ich das immer vergesse."

Thomas: ...

Informationen zum Lösen der folgenden Handlungsaufgaben finden Sie im Lehrbuch „Groß im Handel, 1. Ausbildungsjahr" in den Kapiteln 14 (Wir kassieren den Verkaufspreis bar), 15 (Wir wickeln Kundenzahlungen mit Scheck und Girocard ab) und 16 (Wir wickeln Zahlungen mit Kunden- und Kreditkarten ab) des Lernfeldes 2.

HANDLUNGSAUFGABEN

1. Geben Sie an, was Thomas in dem Gespräch mit dem Kunden alles bedenken muss.

WIR WICKELN UNTERSCHIEDLICHE ZAHLUNGSARTEN AB

2. Welche Zahlungsarten bietet die Spindler KG ihren Kunden grundsätzlich an und welche davon kommen für den Kunden von Thomas nicht infrage?

3. Einen Überblick über die Vor- und Nachteile der Barzahlung haben Sie bereits oben im Rahmen der Bearbeitung der Handlungssituation 7 erstellt.
Überlegen Sie sich nun mithilfe der Informationen aus dem Lehrbuch (Lernfeld 2, Kapitel 15) sowie Ihrem vorhandenen Praxiswissen, welche Vor- und Nachteile sich bei der Scheckzahlung für den Empfänger und den Zahlenden ergeben können.

Scheck	Empfänger	Zahlender
Vorteile		
Nachteile		
Fazit		

LERNFELD 2

AUFTRÄGE KUNDENORIENTIERT BEARBEITEN

4. Überlegen Sie sich mithilfe der Informationen aus dem Lehrbuch (Lernfeld 2, Kapitel 15) sowie Ihrem vorhandenen Praxiswissen, welche Vor- und Nachteile sich bei der Zahlung mit Girocard (EC-Karte) für den Empfänger und den Zahlenden ergeben können.

Girocard	Empfänger	Zahlender
Vorteile		
Nachteile		
Fazit		

5. Überlegen Sie sich mithilfe der Informationen aus dem Lehrbuch (Lernfeld 2, Kapitel 15 und 16) sowie Ihrem vorhandenen Praxiswissen, welche Vor- und Nachteile sich bei der Zahlung im Rahmen des SEPA-Lastschriftverfahrens für den Empfänger und den Zahlenden ergeben können.

Lastschrift	Empfänger	Zahlender
Vorteile		
Nachteile		
Fazit		

WIR WICKELN UNTERSCHIEDLICHE ZAHLUNGSARTEN AB

6. Entscheiden Sie nun begründet, welche Zahlungsarten Thomas dem Kunden empfehlen sollte
  a) **unter Beachtung der Interessen der Spindler KG und**
  b) **unter Beachtung der Interessen des Kunden.**

a)

b)

7. Bereiten Sie sich darauf vor, dass Sie das Gespräch mit Ihrem Nachbarn in verteilten Rollen als Thomas Zimmermann und der Kunde weiterführen. Kommen Sie zu einer Einigung?

Gesprächsanleitung Thomas Zimmermann: Klären Sie den Kunden über die wesentlichen Vor- und Nachteile der einzelnen Zahlungsarten für ihn auf. Sprechen Sie eine Empfehlung für ihn aus, die auch aus Sicht der Spindler KG vorteilhaft ist.

Gesprächsanleitung Kunde: Versuchen Sie, Ihre Interessen aufgrund der Informationen von Thomas Zimmermann im Gespräch durchzusetzen. Fragen Sie nach, falls Sie sich nicht gut informiert fühlen, und verwenden Sie Ihr „Alltagswissen", falls Thomas Zimmermann Sie nicht hinreichend aufklärt.

LERNFELD 2

AUFTRÄGE KUNDENORIENTIERT BEARBEITEN

VERTIEFUNGS- UND ANWENDUNGSAUFGABEN

1. Geben Sie die Voraussetzungen für die Ausstellung eines Schecks an und leiten Sie daraus mögliche Risiken für den Empfänger einer Scheckzahlung her (Hilfsmittel: Lehrbuch, Lernfeld 2, Kapitel 15).

2. Geben Sie die Pflichtbestandteile eines Schecks gemäß dem Scheckgesetz an:

3. Geben Sie die kaufmännischen Bestandteile eines Schecks an:

4. Was ist der Unterschied zwischen den Scheckbestandteilen aufgrund des Scheckgesetzes und den kaufmännischen Bestandteilen von Schecks?

WIR WICKELN UNTERSCHIEDLICHE ZAHLUNGSARTEN AB

5. Informieren Sie sich in Ihrem Lehrbuch über Inhaber- und Namensschecks. Arbeiten Sie den wesentlichen Unterschied zwischen diesen Scheckarten heraus und geben Sie ihn mit eigenen Worten wieder.

6. Nehmen Sie zu der folgenden Aussage Stellung:
„Namensschecks sind vollkommen überflüssig. Schließlich gibt es Inhaberschecks, die denselben Zweck erfüllen und dazu auch noch problemlos weitergegeben werden können. Sie können damit auch ganz einfach als Zahlungsmittel weitergegeben werden."

7. Arbeiten Sie mithilfe des Lehrbuches heraus, wie die folgenden Scheckarten verwendet werden können:
Barscheck:
Der Barscheck kann verwendet werden ...

Verrechnungsscheck:

8. Beschreiben Sie, wie man aus einem Barscheck einen Verrechnungsscheck machen kann und was der Vorteil daran ist.

LERNFELD 2

AUFTRÄGE KUNDENORIENTIERT BEARBEITEN

9. **Prüfen Sie die folgenden Schecks. Geben Sie an, um was für Schecks es sich handelt, prüfen Sie das Fehlen von Scheckbestandteilen und beurteilen Sie, ob der Scheck gültig ist:**

Scheck 1:

Art des Schecks:

Prüfung der Gültigkeit:

Scheck 2:

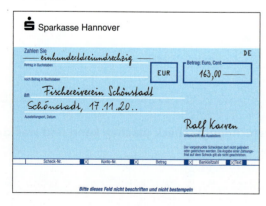

Art des Schecks:

Prüfung der Gültigkeit:

Scheck 3:

Art des Schecks:

Prüfung der Gültigkeit:

WIR WICKELN UNTERSCHIEDLICHE ZAHLUNGSARTEN AB

10. Überlegen Sie sich mithilfe des Internets sowie Ihres vorhanden Praxiswissens, welche Vor- und Nachteile sich bei der Zahlung mit Kreditkarten für den Empfänger und den Zahlenden ergeben können.

Kreditkarte	Empfänger	Zahlender
Vorteile		
Nachteile		
Fazit		

Zur weiteren Vertiefung der Lerninhalte und Sicherung der Lernergebnisse empfehlen wir die Aufgaben in den Kapiteln 14 bis 16 (Wir kassieren den Verkaufspreis bar und zahlen die Bareinnahmen auf unser Geschäftskonto ein; Wir wickeln Kundenzahlungen mit Scheck und Girocard ab; Wir bieten Kunden Möglichkeiten der bargeldlosen Zahlung an) des Lernfeldes 2 in Ihrem Lehrbuch „Groß im Handel, 1. Ausbildungsjahr".

Handlungssituation zum Üben

Martin hat sich gut in die Thematik der Scheckzahlungen eingearbeitet und die Abteilungsleiterin hat ihn zum stellvertretenden Ansprechpartner für die Scheckzahlungen gemacht. Heute ist der Hauptansprechpartner für die Scheckzahlungen im Urlaub und Martin ist gespannt. Am Ende des 20. Juli 20.. kommt Anja Kruse von der Kasse und hat einige Fragen, da ein Kunde mit einem merkwürdigen Scheck gezahlt hat.

Anja: „Hallo Martin, du bist ja heute der Ansprechpartner für Scheckzahlungen, oder?"
Martin: „Ja, genau. Wo kann ich dir helfen?"
Anja: „Heute hat ein Stammkunde mit einem Scheck gezahlt, der den 27. Juli 20.. als Ausstellungsdatum ausweist. Ist das in Ordnung? Ich habe Frau Kranich an der Nachbarkasse gefragt und die meint nur, dass das kein Problem sei. Und dann kam noch ein weiterer Kunde mit einem Scheck von der Deutschen Bank in Hamburg. Den Kunden habe ich noch nie gesehen. Sein Scheck war aber bereits am 7. Juni 20.. ausgestellt. Das kam mir komisch vor und ich habe den Kunden gebeten, in anderer Form zu zahlen. Kannst du mir bei diesen Sachverhalten vielleicht einen Tipp für die Zukunft geben?"

LERNFELD 2

AUFTRÄGE KUNDENORIENTIERT BEARBEITEN

1. Der erste Scheck enthält ein Ausstellungsdatum, welches in der Zukunft liegt. Das kommt Britta komisch vor. **Ist der Scheck gültig und wann darf dieser frühestens vorgelegt werden?**

2. Sind in Ihrem Ausbildungsbetrieb Scheckzahlungen möglich und an welche Voraussetzungen sind sie gegebenenfalls geknüpft?

3. Beurteilen Sie die Situation bei dem zweiten Scheck und geben Sie Anja einen Rat.

4. Könnte die Spindler KG den Scheck noch einlösen, wenn Anja den Scheck von der Deutschen Bank angenommen hätte?

5. Falls die Spindler KG den Scheck der Deutschen Bank nicht mehr einlösen kann, kommt sie dann anders an ihr Geld von dem Kunden?

WIR BIETEN KUNDEN DIE MÖGLICHKEIT DER BARGELDLOSEN ZAHLUNG AN

9 Wir bieten Kunden die Möglichkeit der bargeldlosen Zahlung an

HANDLUNGSSITUATION

Frau Petra Ensinger möchte ein Fachgeschäft für Damenmode eröffnen und hat bei der Spindler KG vor einer Woche 25 Exemplare der Damenbluse „Cassandra" bestellt. Die Blusen mit der Artikelnummer 402100235164 sollen an Frau Ensingers Geschäftsadresse in der Limmerstraße 12, 30451 Hannover geliefert werden und haben einen Nettoeinzelpreis von 20,00 €. Die Spindler KG hat die Blusen direkt beim Hersteller, der Wollfein GmbH, für 12,00 € pro Stück gekauft.

Der Kundendienst der Spindler KG hat die Blusen auftragsgemäß an Frau Petra Ensinger ausgeliefert. Als Nina Kröger aus der Mittagspause zurückkommt, hat Frau Ensinger ihr auf den Anrufbeantworter gesprochen. Sie möchte wissen, wie sie die Rechnung bezahlen kann, und bittet diesbezüglich um Rückruf. Nina Kröger überlegt, welche Zahlungsarten sie Frau Ensinger anbieten kann, und bereitet sich auf das Telefonat vor.

Außerdem hat Nina den Auftrag bekommen, für die folgenden zwei Rechnungen die Zahlung vorzubereiten. Ihr Vorgesetzter, Herr Vergin, erwartet begründete Lösungsvorschläge und vorbereitete Zahlungsdokumente.

Beleg 1:

S-Power AG, Opernplatz 8, 30159 Hannover

Gläubiger-Identifikations-Nr. DE99ZZZ05678901234
Mandatsreferenz 987 543 CB2

SEPA-Lastschriftmandat

Ich ermächtige die S-Power AG, Zahlungen von meinem Konto mittels Lastschrift einzuziehen. Zugleich weise ich mein Kreditinstitut an, die von der S-Power AG auf mein Konto gezogenen Lastschriften einzulösen.

Hinweis: Ich kann innerhalb von acht Wochen, beginnend mit dem Belastungsdatum, die Erstattung des belasteten Betrages verlangen. Es gelten dabei die mit meinem Kreditinstitut vereinbarten Bedingungen.

_____
Vorname und Name (Kontoinhaber)
_____
Straße und Hausnummer
_____
Postleitzahl und Ort
_____
Kreditinstitut (Name und BIC)

DE _ _ | _ _ _ _ | _ _ _ _ | _ _ _ _ | _ _ _ _ | _ _
     IBAN

_____
Datum, Ort und Unterschrift

LERNFELD 2

AUFTRÄGE KUNDENORIENTIERT BEARBEITEN

Beleg 2:

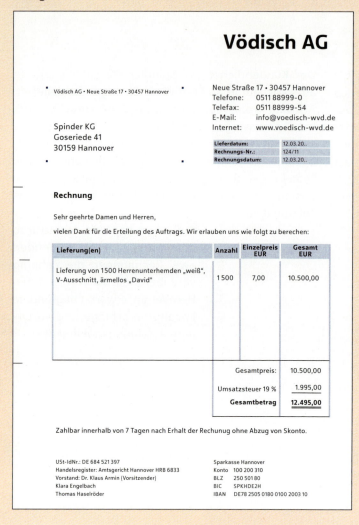

Informationen zum Lösen der folgenden Handlungsaufgaben finden Sie im Lehrbuch „Groß im Handel, 1. Ausbildungsjahr" in Kapitel 16 (Wir bieten Kunden Möglichkeiten der bargeldlosen Zahlung an) des Lernfeldes 2.

HANDLUNGSAUFGABEN

1. Sammeln Sie die Zahlungsmöglichkeiten, die Nina Frau Ensinger zur Bezahlung der Blusen anbieten kann.

2. Überlegen Sie, welche der Ihnen bereits bekannten und in Aufgabe 1 genannten Zahlungsarten im vorliegenden Fall als unpraktikabel erscheinen.

3. Erarbeiten Sie sich mithilfe des Lehrbuches die Vorgehensweise bei einer SEPA-Überweisung und vervollständigen Sie das folgende Schaubild.

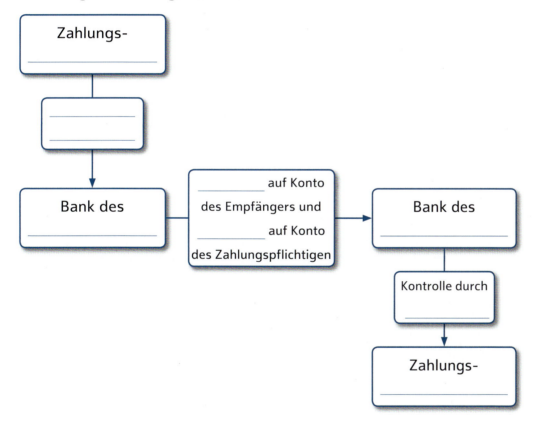

4. Überlegen Sie sich die Vor- und Nachteile der Überweisung gegenüber der Barzahlung und der Zahlung per Zahlschein und entscheiden Sie sich begründet für eine dieser drei Zahlungsarten.

LERNFELD 2

AUFTRÄGE KUNDENORIENTIERT BEARBEITEN

5. Erarbeiten Sie sich mithilfe des Lehrbuches die Vorgehensweise bei einer SEPA-Lastschrift und vervollständigen Sie das folgende Schaubild.

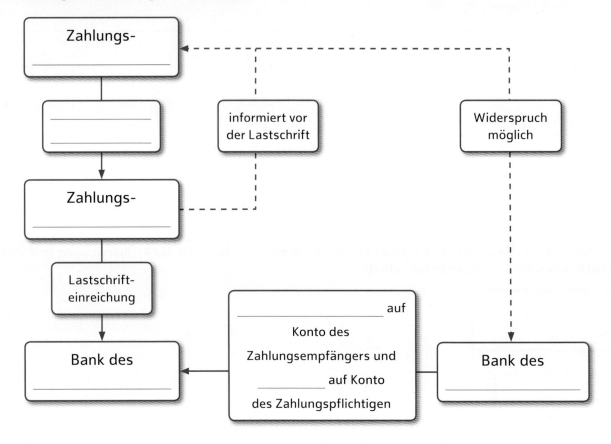

6. Überlegen Sie sich die Vor- und Nachteile der SEPA-Lastschrift gegenüber der SEPA-Überweisung.

7. Machen Sie sich Notizen für das Telefonat mit Frau Ensinger und bereiten Sie sich darauf vor, den Anruf durchzuführen.

WIR BIETEN KUNDEN DIE MÖGLICHKEIT DER BARGELDLOSEN ZAHLUNG AN

8. Entscheiden Sie begründet, welche Zahlungsarten die Spindler KG für die oben angeführten Rechnungen wählen sollte, und bereiten Sie die Zahlungen mithilfe der folgenden Belege vor.

€uro-Überweisung (SEPA)

Für Überweisungen in Deutschland, in andere EU-/EWR-Staaten und in die Schweiz in Euro.
Kontoinhaber trägt Entgelte bei seinem Kreditinstitut; Zahlungsempfänger trägt die übrigen Entgelte.

Angaben zum Zahlungsempfänger: Name, Vorname/Firma (max. 27 Stellen, bei maschineller Beschriftung max. 35 Stellen)

IBAN

BIC des Kreditinstituts/Zahlungsdienstleisters (8 oder 11 Stellen)

SEPA-Überweisung €   Betrag: Euro, Cent

Kunden-Referenznummer - Verwendungszweck, ggf. Name und Anschrift des Zahlers - (nur für Zahlungsempfänger)

noch Verwendungszweck (insgesamt max. 2 Zeilen á 27 Stellen, bei maschineller Beschriftung max. 2 Zeilen á 35 Stellen)

Angaben zum Kontoinhaber: Name, Vorname/Firma, Ort (max. 27 Stellen, keine Straßen- oder Postfachangaben)

IBAN
D E   16

Datum   Unterschrift(en)

S-Power AG, Opernplatz 8, 30159 Hannover

Gläubiger-Identifikations-Nr. DE99ZZZ05678901234
Mandatsreferenz 987 543 CB2

SEPA-Lastschriftmandat

Ich ermächtige die S-Power AG, Zahlungen von meinem Konto mittels Lastschrift einzuziehen. Zugleich weise ich mein Kreditinstitut an, die von der S-Power AG auf mein Konto gezogenen Lastschriften einzulösen.

Hinweis: Ich kann innerhalb von acht Wochen, beginnend mit dem Belastungsdatum, die Erstattung des belasteten Betrages verlangen. Es gelten dabei die mit meinem Kreditinstitut vereinbarten Bedingungen.

_____
Vorname und Name (Kontoinhaber)

_____
Straße und Hausnummer

_____
Postleitzahl und Ort

_____|_____|____
Kreditinstitut (Name und BIC)

__|____|____|____|____|__
IBAN

_____
Datum, Ort und Unterschrift

LERNFELD 2

AUFTRÄGE KUNDENORIENTIERT BEARBEITEN

VERTIEFUNGS- UND ANWENDUNGSAUFGABEN

1. Erarbeiten Sie sich mithilfe des Lehrbuches die Vorgehensweise bei einem Dauerauftrag und vervollständigen Sie das folgende Schaubild.

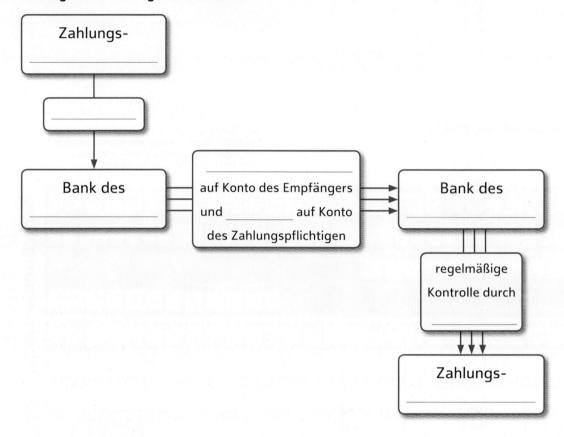

2. Geben Sie beispielhaft Zahlungen an, für die sich die Einrichtung eines Dauerauftrags anbietet.

_____

_____

_____

_____

_____

Zur weiteren Vertiefung der Lerninhalte und Sicherung der Lernergebnisse empfehlen wir die Aufgaben und Aktionen in Kapitel 16 des Lernfeldes 2 Ihres Lehrbuches „Groß im Handel, 1. Ausbildungsjahr".

10 Wir informieren uns über die gesetzlichen Verkäuferrechte beim Annahmeverzug

HANDLUNGSSITUATION

An einem Montagmorgen trifft Nina Kröger Martin Solms im Bus auf der Fahrt zur Spindler KG.

Nina Kröger: „Hi Martin, ist bei dir in der Abteilung alles okay?"

Martin Solms: „Eigentlich ja, heute muss ich allerdings einen Fall bearbeiten, über den ich mich doch stark wundere. Wir hatten Freitag einen seltsamen Fall: Kurz vor Feierabend taucht der Lkw-Fahrer unseres Frachtführers wieder bei uns im Lager auf. Er wollte eine Sendung mit 400 Anzügen zurückbringen, die er vereinbarungsgemäß am Morgen bei der Lüneburger Filiale der Grotex GmbH in Lüneburg vorbeibringen sollte. Dort verhinderte man jedoch die Abladung der Sendung mit der Begründung, man habe die Ware mittlerweile in Bangladesch günstiger besorgen können. Jetzt steht die Ware im Eingangsbereich, weil unser Lager momentan wegen der bevorstehenden Frühjahrssaison absolut voll ist. Dort behindert sie die Abläufe …"

Nina Kröger: „So, und was machst du jetzt?"

Martin Solms: „Ich muss mich jetzt erst mal schlau machen. Ich glaube, einen solchen Fall nennt man Annahmeverzug."

Informationen zum Lösen der folgenden Handlungsaufgaben finden Sie im Lehrbuch „Groß im Handel, 1. Ausbildungsjahr" im Kapitel 17 (Wir informieren uns über die gesetzlichen Verkäuferrechte beim Annahmeverzug) des Lernfeldes 2.

HANDLUNGSAUFGABEN

1. Erläutern Sie den Begriff „Annahmeverzug".

2. Stellen Sie fest, ob die Voraussetzungen für einen Annahmeverzug vorliegen.

LERNFELD 2

AUFTRÄGE KUNDENORIENTIERT BEARBEITEN

3. Erläutern Sie die Folgen eines Annahmeverzugs.

4. Geben Sie die möglichen Rechte an, die die Spindler KG wählen könnte.

5. Machen Sie einen Vorschlag, welches Recht die Spindler KG tatsächlich in Anspruch nehmen sollte.

VERTIEFUNGS- UND ANWENDUNGSAUFGABEN

1. Führen Sie Voraussetzungen für die Durchführung des Selbsthilfeverkaufs auf.

2. Führen Sie Fälle auf, bei denen der Verkäufer von seinem Rücktrittsrecht Gebrauch machen könnte.

Zur weiteren Vertiefung der Lerninhalte und Sicherung der Lernergebnisse empfehlen wir die Bearbeitung der Aufgaben und Aktionen im Kapitel 17 (Wir informieren uns über die gesetzlichen Verkäuferrechte beim Annahmeverzug) des Lernfeldes 2 in Ihrem Lehrbuch „Groß im Handel, 1. Ausbildungsjahr".

11 Wir überwachen den Zahlungseingang zur Sicherung unserer Liquidität

HANDLUNGSSITUATION

Nina Kröger ist bei Frau Jonas im Rechnungswesen der Spindler KG eingesetzt. Frau Jonas ist dafür bekannt, dass sie von ihren Mitarbeitern viel fordert. Am ersten Tag wird Nina zu einem Gespräch gebeten.

Frau Jonas: „Ah, Frau Kröger, guten Tag, schön, dass Sie da sind."

Nina: „Guten Tag, Frau Jonas."

Frau Jonas: „Frau Kröger, herzlich willkommen im Rechnungswesen der Spindler KG. Sie arbeiten nun in einem wichtigen Teil dieses Unternehmens, denn hier wird der Erfolg gesichert."

Nina: „Oh, da bin ich sehr gespannt. Ich kann mir leider noch nicht so viel unter der alltäglichen Arbeit im Rechnungswesen vorstellen."

Frau Jonas: „Ach, kein Problem, das geht sehr schnell. Daher komme ich auch gleich zur Sache. Die Auszubildenden bekommen bei mir immer einen besonderen Bereich zugewiesen, in dem sie mir direkt zuarbeiten. Sie werden in der nächsten Zeit also unsere O-Pos-Liste verwalten, prüfen, ob unsere Kunden in Verzug geraten sind, und Maßnahmen vorbereiten, damit wir an unser Geld kommen."

Nina: „Was ist denn die O-Pos-Liste?"

Frau Jonas: „Kurz gesagt: Die O-Pos-Liste ist unsere Liste mit den offenen Positionen, also den Forderungen, die wir noch gegenüber unseren Kunden haben, aber das kennen Sie ja aus dem Schulunterricht … ."

Nina: „Ja, Forderungen kenne ich aus dem Rechnungswesenunterricht. Was soll ich denn mit den offenen Forderungen tun?"

Frau Jonas: „Sie werden sich innerhalb kürzester Zeit in unser Forderungsmanagement einarbeiten und dafür sorgen, dass die Kunden ihre ausstehenden Beträge bei uns begleichen. Dazu habe ich Ihnen einen dringenden Fall mitgebracht. Die Zahlung von Herrn Peter Mickelsen, einem Sportartikeleinzelhändler in Peine, für die bei uns gekauften Fußballschuhe des Models ‚König' der Marke SportStar in Höhe von brutto 1.428,00 € war am 16. Februar fällig. Das war bereits vor 7 Tagen. Da müssen wir etwas machen."

Nina: „Sollten wir da nicht eine Mahnung schreiben?"

Frau Jonas: „Ich sehe, Sie begreifen schnell. Informieren Sie sich bitte zunächst über das Forderungsmanagement und die Möglichkeiten unseres Mahnverfahrens. Schauen Sie, ob Peter Mickelsen in Verzug ist und ob wir ihn mahnen können. Veranlassen Sie alles, um dies zu tun."

Nina: „Ich werde sehen, was sich machen lässt, Frau Jonas."

Frau Jonas: „Frau Kröger, ich kenne diesen Peter Mickelsen. Es kommt häufiger vor, dass er verspätet zahlt. Bitte prüfen Sie daher sämtliche Rechte, die uns in diesem Fall zustehen. Verfassen Sie die Zahlungserinnerung an Peter Mickelsen. Da er in der Vergangenheit die Verzugszinsen nicht gezahlt hat, möchte ich, dass zukünftig eine genaue Aufstellung der Verzugszinsen in allen Zahlungserinnerungen und Mahnschreiben von uns enthalten ist."

Nina: „Das werde ich tun."

LERNFELD 2

AUFTRÄGE KUNDENORIENTIERT BEARBEITEN

Informationen zum Lösen der folgenden Handlungsaufgaben finden Sie im Lehrbuch „Groß im Handel, 1. Ausbildungsjahr" in Kapitel 18 (Wir überwachen den Zahlungseingang zur Sicherung unserer Liquidität) und 19 (Wir verwenden das außergerichtliche Mahnverfahren bei Zahlungsverzug) des Lernfeldes 2 (Aufträge kundenorientiert bearbeiten).

HANDLUNGSAUFGABEN

1. Geben Sie an, welche Aufgaben Nina Kröger zu erledigen hat.

2. Nina beschließt, dass sie zunächst einmal verstehen möchte, was dieses Forderungsmanagement überhaupt ist.
Arbeiten Sie mithilfe Ihres Lehrbuches heraus,

a) **welche Folgen verspätete Zahlungseingänge aufgrund eines mangelhaften oder fehlenden Forderungsmanagements für den Großhändler haben können.**

b) **welche Gründe die Kunden für einen Schuldnerverzug haben können.**

c) **an welchen Grundsätzen sich ein erfolgreiches Forderungsmanagement orientieren könnte.**

WIR ÜBERWACHEN DEN ZAHLUNGSEINGANG ZUR SICHERUNG UNSERER LIQUIDITÄT

---

3. Der § 286 BGB bestimmt, wann ein Schuldner in Zahlungsverzug gerät. **Arbeiten Sie aus dem Gesetzesauszug die drei grundlegenden Voraussetzungen für den Schuldnerverzug heraus.**

> **§ 286 BGB Verzug des Schuldners**
>
> (1) Leistet der Schuldner auf eine Mahnung des Gläubigers nicht, die nach dem Eintritt der Fälligkeit erfolgt, so kommt er durch die Mahnung in Verzug. Der Mahnung stehen die Erhebung der Klage auf die Leistung sowie die Zustellung eines Mahnbescheids im Mahnverfahren gleich.

	Voraussetzung lt. Gesetzestext	Erläuterung der Voraussetzung
1		
2		
3		
4	Verschulden	Der Schuldner muss den Umstand der versäumten Zahlung selbst verschulden. Dies wird bei Geldschulden stets angenommen.

4. In bestimmten Fällen kann eine Mahnung des Schuldners unterbleiben und der Verzug tritt trotzdem ein. Diese Ausnahmefälle sind in § 286 (2) und (3) BGB geregelt. **Arbeiten Sie diese Ausnahmetatbestände aus dem Gesetz heraus und vervollständigen Sie den folgenden tabellarischen Überblick unter Nennung eines Beispiels.**

> (2) Der Mahnung bedarf es nicht, wenn
> 1. für die Leistung eine Zeit nach dem Kalender bestimmt ist,
> 2. der Leistung ein Ereignis vorauszugehen hat und eine angemessene Zeit für die Leistung in der Weise bestimmt ist, dass sie sich von dem Ereignis an nach dem Kalender berechnen lässt,
> 3. der Schuldner die Leistung ernsthaft und endgültig verweigert,
> 4. aus besonderen Gründen unter Abwägung der beiderseitigen Interessen der sofortige Eintritt des Verzugs gerechtfertigt ist.
>
> (3) Der Schuldner einer Entgeltforderung kommt spätestens in Verzug, wenn er nicht innerhalb von 30 Tagen nach Fälligkeit und Zugang einer Rechnung oder gleichwertigen Zahlungsaufstellung leistet; dies gilt gegenüber einem Schuldner, der Verbraucher ist, nur, wenn auf diese Folgen in der Rechnung oder Zahlungsaufstellung besonders hingewiesen worden ist. Wenn der Zeitpunkt des Zugangs der Rechnung oder Zahlungsaufstellung unsicher ist, kommt der Schuldner, der nicht Verbraucher ist, spätestens 30 Tage nach Fälligkeit und Empfang der Gegenleistung in Verzug.

LERNFELD 2

AUFTRÄGE KUNDENORIENTIERT BEARBEITEN

	Ausnahmetatbestand	Gesetzesstelle
1	Beispiel:	§ 286 (2) Nr. 1 BGB
2	Beispiel:	§ 286 (2) Nr. 2 BGB
3	Beispiel:	§ 286 (2) Nr. 3 BGB
4	Beispiel:	§ 286 (2) Nr. 4 BGB
5	Beispiel:	§ 286 (3) BGB

5. Überprüfen Sie, ob der Einzelhändler Peter Mickelsen aufgrund seiner offenen Rechnung über die 20 Paar Fußballschuhe von SportStar in Verzug geraten ist und somit gemahnt werden kann. Prüfen Sie alle Voraussetzungen, die im Sachverhalt infrage kommen.

Zu prüfende Voraussetzung	Wie ist die Situation im Sachverhalt?	Voraussetzung erfüllt?

Ergebnis:

6. Finden Sie mithilfe Ihres Lehrbuches heraus, welche vorrangigen Rechte die Spindler KG gegenüber Peter Mickelsen im vorliegenden Sachverhalt geltend machen kann.

Vorrangige Rechte bei Zahlungsverzug
1
2

7. Die Spindler KG kann von Peter Mickelsen unter anderem Schadensersatz neben der Leistung verlangen. Geben Sie genau an, welche Bestandteile diese Schadensersatzzahlung im vorliegenden Fall hätte.

8. Vervollständigen Sie den Überblick über die Bestandteile des Schadensersatzes neben der Leistung.

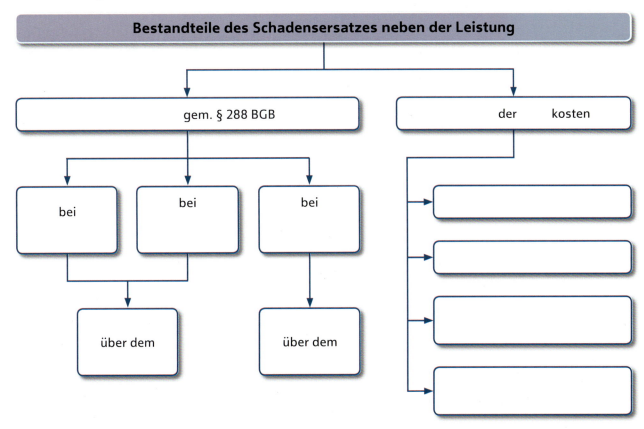

LERNFELD 2

AUFTRÄGE KUNDENORIENTIERT BEARBEITEN

9. Wenn sich abzeichnet, dass die Spindler KG den Kaufpreis für die Fußballschuhe nicht von Peter Mickelsen erhalten wird, ergeben sich für sie weitere, nachrangige Rechte aus einem Schuldnerverzug von Peter Mickelsen. **Vervollständigen Sie mithilfe Ihres Lehrbuches den folgenden Überblick über die nachrangigen Rechte, die sich ergeben würden.**

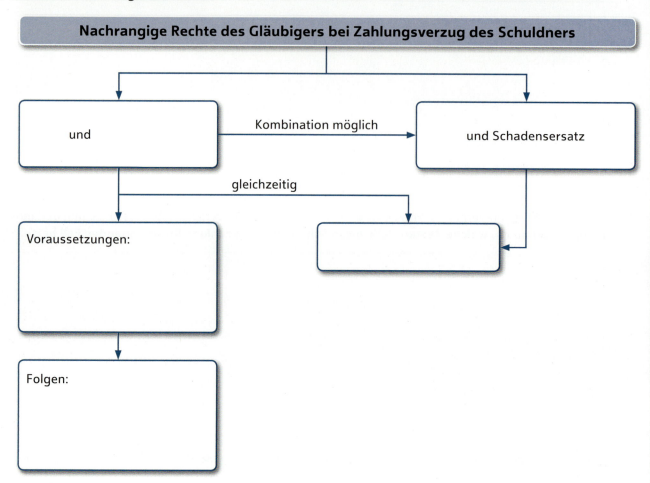

10. Die Zahlungserinnerung an Herrn Mickelsen soll verfasst werden. **Da ab jetzt eine genaue Berechnung der Verzugszinsen in den Zahlungserinnerungen und Mahnungen der Spindler KG aufgeführt werden soll, müssen Sie die Verzugszinsen bis zum heutigen Tag errechnen.**

WIR ÜBERWACHEN DEN ZAHLUNGSEINGANG ZUR SICHERUNG UNSERER LIQUIDITÄT

11. Verfassen Sie die Zahlungserinnerung an Peter Mickelsen auf einem gesonderten Blatt Papier. Achten Sie auf die Formulierungen und auch auf die Formvorschriften. Es handelt sich um ein offizielles Schreiben der Spindler KG.

12. Informieren Sie sich mithilfe Ihres Lehrbuches über das kaufmännische Mahnverfahren. Geben Sie an, warum es für die Spindler KG sinnvoll ist, das außergerichtliche (kaufmännische) Mahnverfahren durchzuführen.

13. Betrachten Sie das Beispiel für den Ablauf des außergerichtlichen Mahnverfahrens in Ihrem Lehrbuch. So läuft das Mahnverfahren also bei der Spindler KG ab. Beschreiben Sie in dem folgenden Lösungsfeld das Mahnverfahren in Ihrem Ausbildungsbetrieb in ähnlich dargestellter Form und bereiten Sie sich darauf vor, es Ihren Klassenkameraden vorzustellen.

LERNFELD 2

AUFTRÄGE KUNDENORIENTIERT BEARBEITEN

VERTIEFUNGS- UND ANWENDUNGSAUFGABEN

1. **Berechnen Sie die Anzahl der Tage, die bei den folgenden Versäumnissen maßgeblich sind:**

   a) 13.01. bis 02.03. _____

   b) 22.04. bis 25.11. _____

   c) 13.06. bis 31.10. _____

   d) 27.02. bis 26.05. _____

   e) 06.03. bis 01.10. _____

   f) 09.01. bis 07.07. _____

   g) 19.11. bis 28.02. _____

2. **Geben Sie an, warum eine Mahnung in dem Fall, dass die ursprüngliche Rechnung an Peter Mickelsen kein Zahlungsziel und keine Erläuterungen dazu enthalten hätte, zusätzliche Bedeutung gewinnen würde.**

   _____
   _____
   _____
   _____
   _____

3. **Beschreiben Sie die Unterschiede zwischen einer Zahlungserinnerung und einer Mahnung.**

   _____
   _____
   _____
   _____
   _____

Zur weiteren Vertiefung der Lerninhalte und Sicherung der Lernergebnisse empfehlen wir die Bearbeitung der Aufgaben und Aktionen in Kapitel 18 und 19 (Wir überwachen den Zahlungseingang zur Sicherung unserer Liquidität; Wir verwenden das außergerichtliche (kaufmännische) Mahnverfahren bei Zahlungsverzug) des Lernfeldes 2 in Ihrem Lehrbuch „Groß im Handel, 1. Ausbildungsjahr".

WIR INFORMIEREN UNS ÜBER DAS GERICHTLICHE MAHNVERFAHREN BEI NICHT RECHTZEITIGER ZAHLUNG

12 Wir informieren uns über das gerichtliche Mahnverfahren bei nicht rechtzeitiger Zahlung

HANDLUNGSSITUATION

Nina Kröger hat den Fall Peter Mickelsen schon fast wieder vergessen. Sie hatte ja damals die Zahlungserinnerung verfasst und danach hat sie nie wieder etwas von Peter Mickelsen gehört. Offensichtlich hat er gezahlt. Doch heute, am 14.05.20.., kommt Frau Jonas in ihr Büro:

Frau Jonas: „Guten Morgen, Frau Kröger!"
Nina: „Guten Morgen, Frau Jonas. Was kann ich für Sie tun?"
Frau Jonas: „Sie erinnern sich an den Fall Peter Mickelsen und die Fußballschuhe ‚König' für 1.428,00 €?"
Nina: „Ja, hat er schon wieder etwas nicht bezahlt?"
Frau Jonas: „Schon wieder?!? Er hat die Fußballschuhe immer noch nicht bezahlt."
Nina: „Was? Aber ich habe doch seit der Zahlungserinnerung gar nichts mehr von dem Fall gehört."
Frau Jonas: „Das ist auch richtig. Alle weiteren Schritte des außergerichtlichen Mahnverfahrens werden von unserem System automatisch generiert. Erst wenn wir in das gerichtliche Mahnverfahren gehen, müssen wir uns wieder mit dem Fall be-

fassen. Und deshalb bin ich nun wieder bei Ihnen."
Nina: „Ach, das ist ja sehr praktisch, dass so viel automatisiert ist. Schade ist nur, dass Herr Mickelsen noch nicht gezahlt hat."
Frau Jonas: „Das sehe ich auch so. Daher möchte ich Sie bitten, nun die nächsten Schritte einzuleiten. Informieren Sie sich auch gleich über das gesamte weitere Verfahren, da davon auszugehen ist, dass Herr Mickelsen nicht bezahlen wird."

Informationen zum Lösen der folgenden Handlungsaufgaben finden Sie im Lehrbuch „Groß im Handel, 1. Ausbildungsjahr" in Kapitel 20 und 21 (Wir informieren uns über das gerichtliche Mahnverfahren; Wir informieren uns über Voraussetzungen und Durchführung der Zwangsvollstreckung) des Lernfeldes 2.

HANDLUNGSAUFGABEN

1. Geben Sie an, welche Aufgaben Nina Kröger zu erledigen hat.

2. Stellen Sie fest, wie Nina vorgehen muss, wenn sie die nächsten Schritte des Verfahrens einleiten will.

LERNFELD 2

AUFTRÄGE KUNDENORIENTIERT BEARBEITEN

3. Erstellen Sie den Antrag auf Erlass eines Mahnbescheids gegen Einzelhändler Peter Mickelsen, welcher als Kaufmann im Handelsregister eingetragen ist. Bei Fragen und Problemen verwenden Sie auf der Internetseite www.online-mahnantrag.de die Funktion Hilfe | Online Mahnantrag. Dort finden Sie Erläuterungen zu sämtlichen Zeilen des Antrags.

Gehen Sie von bereits angefallenen Mahnkosten von 23,50 € aus. Ein Rechtsanwalt wird nicht eingeschaltet. Die Kosten für dieses gerichtliche Mahnverfahren betragen 32,50 €. Ein Klageverfahren wäre vor dem Amtsgericht in 31224 Peine durchzuführen. Das zentrale Mahngericht in Niedersachsen ist das Amtsgericht Uelzen (Postfach 1363, 29503 Uelzen).

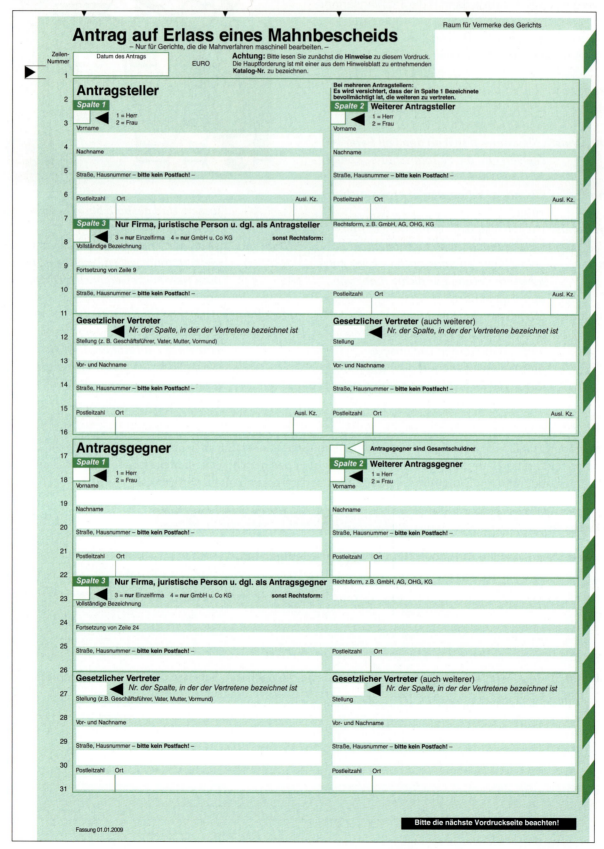

WIR INFORMIEREN UNS ÜBER DAS GERICHTLICHE MAHNVERFAHREN BEI NICHT RECHTZEITIGER ZAHLUNG

Bezeichnung des Anspruchs

I. Hauptforderung - siehe Katalog in den Hinweisen -

Zeilen-Nummer | Katalog-Nr. | Rechnung/Aufstellung/Vertrag oder ähnliche Bezeichnung | Nr. der Rechng./des Kontos u. dgl. | Datum bzw. Zeitraum (TT.MM.JJ) vom – bis | Betrag EUR

Zeile 32, 33, 34

35 | Postleitzahl | Ort als Zusatz bei Katalog-Nr. 17, 19, 20, 90 | Ausl. Kz. | Vertragsart als Zusatz bei Katalog-Nr. 28 | -Vertrag

36 | Sonstiger Anspruch - nur ausfüllen, wenn im Katalog nicht vorhanden - mit Vertrags-/Lieferdatum/Zeitraum vom ... bis ...

37 | Fortsetzung von Zeile 36 | vom | bis | Betrag EUR

38 | Nur bei Abtretung oder Forderungsübergang: | Datum | Seit diesem Datum ist die Forderung an den Antragsteller abgetreten/auf ihn übergegangen.

39 | Früherer Gläubiger – Vor- und Nachname, Firma (Kurzbezeichnung) | Postleitzahl | Ort | Ausl. Kz.

IIa. Laufende Zinsen

Zeilen-Nr. der Hauptforderung | Zinssatz % | oder %-Punkte über Basiszinssatz | 1 = jährl. 2 = mtl. 3 = tägl. | Betrag EUR nur angeben, wenn **abweichend** vom Hauptforderungsbetrag. | Ab Zustellung des Mahnbescheids, wenn kein Datum angegeben. **ab** oder **vom** – bis

Zeile 40, 41, 42

IIb. Ausgerechnete Zinsen | **III. Auslagen des Antragstellers für dieses Verfahren**

43 | Gemäß dem Antragsgegner mitgeteilter Berechnung für die Zeit vom – bis – Betrag EUR | Vordruck/Porto Betrag EUR | Sonstige Auslagen Betrag EUR | Bezeichnung

IV. Andere Nebenforderungen

44 | Mahnkosten Betrag EUR | Auskünfte Betrag EUR | Bankrücklastkosten Betrag EUR | Inkassokosten Betrag EUR | Anwaltsvergütung für vorgerichtl. Tätigkeit Betrag EUR | Sonstige Nebenforderung Betrag EUR | Bezeichnung

Ein streitiges Verfahren wäre durchzuführen vor dem

45 | 1 = Amtsgericht, 2 = Landgericht, 3 = Landgericht – KfH, 6 = Amtsgericht – Familiengericht, 8 = Sozialgericht | Postleitzahl Ort in | Im Falle eines Widerspruchs beantrage ich die Durchführung des streitigen Verfahrens

Prozessbevollmächtigter des Antragstellers | Ordungsgemäße Bevollmächtigung versichere ich.

46 | 1 = Rechtsanwalt, 2 = Rechtsanwälte, 3 = Rechtsbeistand, 4 = Herr, Frau, 5 = Rechtsanwältin, 6 = Rechtsanwältinnen | Betrag EUR | Bei Rechtsanwalt oder Rechtsbeistand: Anstelle der Auslagenpauschale (Nr. 7002 W RVG) werden die nebenstehenden Auslagen verlangt, deren Richtigkeit versichert wird. | Der Antragsteller ist nicht zum Vorsteuerabzug berechtigt.

47 | Vor- und Nachname

48 | Straße, Hausnummer – **bitte kein Postfach!** – | Postleitzahl | Ort | Ausl. Kz.

49 | Bankleitzahl | Konto-Nr. | bei der/dem

Von Kreditgebern (auch Zessionar) zusätzlich zu machende Angaben bei Anspruch aus Vertrag, für den das Verbraucherkreditgesetz gilt:

50 | Zeilen-Nr. der Hauptforderung | Vertragsdatum | Effektiver Jahreszins | Zeilen-Nr. der Hauptforderung | Vertragsdatum | Effektiver Jahreszins | Zeilen-Nr. der Hauptforderung | Vertragsdatum | Effektiver Jahreszins

51 | Geschäftszeichen des Antragestellers/Prozessbevollmächtigten

52 | An das Amtsgericht - Mahnabteilung - Postfach _____ | Ich beantrage, einen Mahnbescheid zu erlassen und in diesen die Kosten des Verfahrens aufzunehmen. Ich erkläre, dass der Anspruch von einer Gegenleistung abhängt, diese aber bereits erbracht ist. | nicht abhängt.

53 | Postleitzahl, Ort | Unterschrift des Antragstellers/Vertreters/Prozessbevollmächtigten

• Fassung 01.01.2009

LERNFELD 2

AUFTRÄGE KUNDENORIENTIERT BEARBEITEN

4. Geben Sie mithilfe Ihres Lehrbuches die Wirkung des Mahnbescheids im vorliegenden Fall Peter Mickelsen wieder. Gehen Sie auch auf Wirkungen des Mahnbescheids ein, die im vorliegenden Fall nicht greifen.

5. Vervollständigen Sie das folgende Schaubild zum Verlauf des gerichtlichen Mahnverfahrens nach Zustellung des Mahnbescheids.

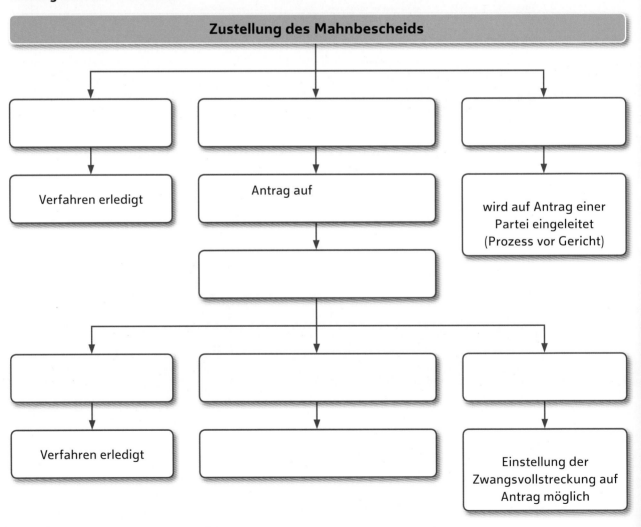

WIR INFORMIEREN UNS ÜBER DAS GERICHTLICHE MAHNVERFAHREN BEI NICHT RECHTZEITIGER ZAHLUNG

VERTIEFUNGS- UND ANWENDUNGSAUFGABEN

1. Gegen Peter Mickelsen wurde ein Vollstreckungsbescheid über 2.650,00 € erwirkt. Die Voraussetzungen für die Zwangsvollstreckung liegen vor. Der Gerichtsvollzieher ist in den Geschäftsräumen von Peter Mickelsen und findet Gegenstände vor. **Entscheiden Sie, ob und wie der Gerichtsvollzieher die Gegenstände pfänden wird.**

Gegenstand/Wert/Neupreis	Pfändbar	Pfändungshandlung	Pfandwert
Kühltruhe (Kühlschrank ist vorhanden) Wert: 75,00 € Neupreis: 299,00 €			
Bargeld i. H. v. 123,00 €			
Kleidung, Wäsche, Bettwäsche Wert: 750,00 € Neupreis: 2.985,00 €			
LCD-Fernseher Wert: 1.000,00 € Neupreis: 2.250,00 €			
Fußballschuhe „König", 10 Paar Wert: 600,00 € Neupreis: 600,00 €			
Fußballschuhe „König", 2 Paar, die bereits über den Online-Shop verkauft und bezahlt wurden, lediglich der Versand steht noch aus Wert: 120,00 € Neupreis: 120,00 €			

2. Was wird der Gerichtsvollzieher tun, wenn Peter Mickelsen die Forderung nach der Pfändung nicht bezahlt?

___

___

___

LERNFELD 2 — AUFTRÄGE KUNDENORIENTIERT BEARBEITEN

3. Tragen Sie mithilfe der Kapitel 2.18 bis 2.20 des Lehrbuches die fehlenden Begriffe in die Mindmap ein.

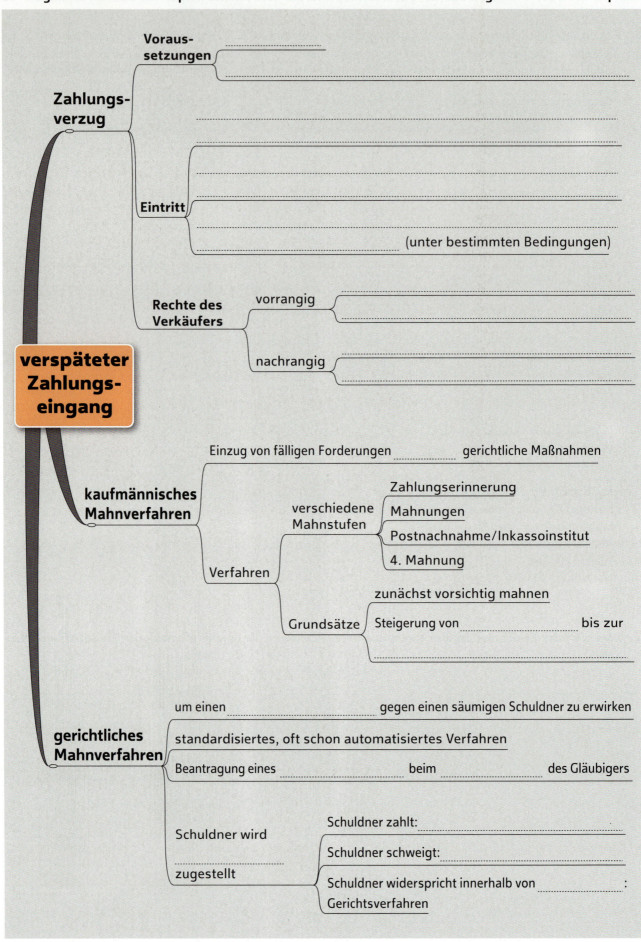

WIR INFORMIEREN UNS ÜBER DAS GERICHTLICHE MAHNVERFAHREN BEI NICHT RECHTZEITIGER ZAHLUNG

4. Lesen Sie das Kapitel 2.20 des Lehrbuches und ergänzen Sie den folgenden Text um die fehlenden Begriffe.

> Amtsgericht – Amtsgerichts – Antragsgegners – Antragstellers – Basiszinssatz – Basiszinssatz – Beweiserhebung – billiger – Fälligkeit – Forderung – Formular – Geldeingang – handschriftlich – Internet – Klageschrift – normales – Schreibwarenfachhandel – sechs – Unternehmern – Verhandlung – Verjährungsfrist – Verzugszinsen – Vollstreckungsbescheid – Vollstreckungsbescheid – Vollstreckungstitel – www.online-mahnantrag.de – Widerspruch – Zahlungen – Zahlungsverzug – Zustellung – Zwangsvollstreckung – zwei

Das Mahnverfahren ist ein zivilgerichtliches Spezialverfahren ohne mündliche _____, ausführliche _____ und _____. Es bietet sich an, wenn es um Geldforderungen geht (z. B. Kaufpreis-, Werklohn- oder Darlehensforderungen). Es ist erheblich _____ als eine normale Klage.

Voraussetzung eines erfolgreichen Mahnverfahrens ist, dass sich der Schuldner in _____ befindet. Erste Voraussetzung dafür ist nach § 286 BGB, dass die Leistung des Schuldners fällig ist. Die _____ ergibt sich aus den zwischen Gläubiger und Schuldner getroffenen Absprachen, seien es vertragliche Vereinbarungen oder vom Vertragspartner akzeptierte Allgemeine Geschäftsbedingungen. Ab Verzugseintritt kann der Gläubiger Verzugszinsen vom Schuldner fordern. Diese liegen 5 % über dem _____, bei Kaufverträgen zwischen _____ 9 % über dem _____.

Nach der Zivilprozessordnung ist örtlich zuständig das Gericht am Sitz des _____, nicht des _____. Die Durchführung des Mahnverfahrens liegt in der ausschließlichen sachlichen Zuständigkeit des _____. Auf die Höhe des Streitwerts kommt es nicht an.

Der Erlass eines Mahnbescheids kann nur mit dem offiziellen _____ beantragt werden. Der Antrag kann zugleich den Antrag auf Durchführung eines Streitverfahrens für den Fall des Widerspruchs durch den Schuldner enthalten. Beide Angaben stehen bereits vorgedruckt im Antragsformular, das im _____ (nicht beim _____!) erhältlich ist oder im _____ unter _____ abgerufen werden kann.

Der Antragsteller hat den Geldbetrag, getrennt nach Haupt- und Nebenforderung, und den Anspruchsgrund (z. B. Kaufpreis) anzugeben. Die _____ ist nicht zu begründen.

Ferner muss der Antrag die Bezeichnung der Parteien, gegebenenfalls des gesetzlichen Vertreters oder des bestellten Prozessbevollmächtigten, enthalten. Neben dem Mahngericht muss zusätzlich das Gericht benannt werden, das für ein streitiges Verfahren örtlich und sachlich zuständig ist.

Schließlich muss der Mahnantrag _____ unterzeichnet sein, per Internet mit Signaturkarte.

Mit der Bearbeitung des Mahnantrags fordert das Gericht beim Antragsteller die Kosten an.

Entspricht der Antrag den Voraussetzungen, erlässt das Amtsgericht nach _____ einen Mahnbescheid. Dieser enthält den Hinweis, dass das Gericht die Anspruchsberechtigung nicht geprüft hat. Er weist weiter auf die Folge hin, dass ein _____ ergehen kann, wenn nicht innerhalb von zwei Wochen Widerspruch erhoben wird.

Der Mahnbescheid wird dem Antragsgegner vom Gericht automatisch „von Amts" wegen zugestellt. Mit der Zustellung des Mahnbescheids wird die laufende _____ unterbrochen.

Der Antragsgegner kann gegen den Mahnbescheid _____ erheben. Damit geht das Mahnverfahren in ein _____ (das ordentliche oder streitige) Gerichtsverfahren über. In diesem Verfahren kann sich der Antragsgegner gegen den behaupteten Anspruch sachlich zur Wehr setzen. Eine Begründung ist nicht erforderlich. Die Widerspruchsfrist beträgt _____ Wochen ab der _____ des Mahnbescheids.

LERNFELD 2

AUFTRÄGE KUNDENORIENTIERT BEARBEITEN

Hat der Antragsgegner nicht oder nicht rechtzeitig gegen den gesamten Anspruch Widerspruch eingelegt, so erlässt das Amtsgericht auf Antrag des Gläubigers einen _____ auf Grundlage des nicht angefochtenen Mahnbescheids (bzw. dessen nicht angefochtenen Teils). Der Antrag muss spätestens _____ Monate nach Zustellung des Mahnbescheids gestellt werden und die Erklärung enthalten, ob und welche _____ inzwischen auf den per Mahnbescheid geltend gemachten Anspruch geleistet worden sind. Der vom Amtsgericht erlassene Vollstreckungsbescheid dient als eigenständiger und vorläufig vollstreckbarer _____ . Mit ihm kann die _____ betrieben werden.

Zur weiteren Vertiefung der Lerninhalte und Sicherung der Lernergebnisse empfehlen wir die Bearbeitung der Aufgaben und Aktionen in Kapitel 20 und 21 (Wir informieren uns über das gerichtliche Mahnverfahren; Wir informieren uns über Voraussetzungen und Durchführung der Zwangsvollstreckung) im Lernfeld 2 Ihres Lehrbuches „Groß im Handel, 1. Ausbildungsjahr".

13 Wir beachten bei noch ausstehenden Forderungen das Verjährungsrecht

HANDLUNGSSITUATION

Nina Kröger ist bei Herrn Mehrmann in der Abteilung Rechnungswesen der Spindler KG eingesetzt. Herr Mehrmann ist unter anderem für die rechtliche Beurteilung von Problemfällen zuständig. Diese Problemfälle sind in der Regel Fälle, bei denen Forderungen der Spindler KG erst nach längerer Zeit bemerkt werden. Es stellt sich regelmäßig die Frage, ob die Spindler KG ihre Forderungen rechtlich noch geltend machen kann oder ob sie bereits verjährt sind. Heute, an Ninas erstem Arbeitstag bei Herrn Mehrmann, dem 12.08.2017, ergibt sich folgendes Gespräch:

Nina: „Guten Morgen, Herr Mehrmann. Mein Name ist Nina Kröger und ich bin Ihnen im Rahmen meiner Ausbildung für die nächste Zeit zugeordnet."

Herr Mehrmann: „Ah ... guten Morgen, Frau Kröger. Ich habe schon gehört, dass Sie ab heute bei mir sein werden. Das freut mich. Ich habe in der letzten Woche auch extra schon ein paar meiner Problemfälle für Sie an die Seite gelegt. Sie wissen schon, was ich hier tue?"

Nina: „Oh, das ist ja super. Ja, ich weiß schon, dass Sie sich hier unter anderem mit älteren Forderungen befassen und dass Sie prüfen, ob die Spindler KG noch an das Geld kommen kann."

Herr Mehrmann: „Ja, das ist fürs Erste genug. Denn genau solche Fälle habe ich für Sie zurückgelegt. Es geht zumeist darum, dass wir die Verjährung der Forderungen überprüfen müssen. Zunächst einmal sollten Sie sich ein wenig über das Verjährungsrecht informieren und sich die Grundlagen erarbeiten, bevor Sie sich mit den Fällen befassen. Oder wissen Sie schon etwas über die Verjährung?"

Nina: „Naja, ich weiß, dass man, wenn ein Anspruch verjährt ist, keine Chance mehr hat, an sein Geld zu kommen."

Herr Mehrmann: „Ja ... das glauben die meisten. Aber da müssen Sie vorsichtig sein, wie Sie sich ausdrücken. Naja, das werden Sie schon merken. Nachdem Sie sich in die Grundlagen eingearbeitet haben, möchte ich jedenfalls, dass Sie die

WIR BEACHTEN BEI NOCH AUSSTEHENDEN FORDERUNGEN DAS VERJÄHRUNGSRECHT

folgenden Fälle für mich hinsichtlich einer möglichen Verjährung überprüfen. Zunächst einmal haben wir einen Fall, der uns irgendwie ‚durchgerutscht' ist. An die Gebert GmbH aus Leipzig wurden am 12.07.2014 zwei Positionen Damenwäsche im Wert von jeweils 1.200,00 € ausgeliefert, die bei uns am selben Tag auch bestellt wurden. Eine Rechnung wurde bezahlt. In unserem System wurden aber versehentlich beide Rechnungen als gezahlt eingetragen."

Nina: „Oh ... das ist aber ärgerlich. Aber das kann natürlich mal passieren."

Herr Mehrmann: „Ja, es sollte aber nicht passieren. Bei dem zweiten Fall sieht es etwas anders aus. Im Rahmen der Chaostage in Hannover am 05.08.1999 und am 06.08.2009 wurde unsere Niederlassung beschädigt. Einen der Haupttäter konnte die Polizei erst kürzlich, am 07.06.2017, aufgrund nachhaltiger Ermittlungen im Zusammenhang mit einer anderen Tat festnehmen. Wir wurden von den Beamten am Tag der Festnahme informiert und beabsichtigen nunmehr, den Schadensersatz gegen den Täter geltend zu machen."

Nina: „Puh, das ist aber lange her. Aber das hört sich ja unglaublich interessant an."

Herr Mehrmann: „Ja, so einen schönen Fall habe ich auch nicht alle Tage. Naja, und schlussendlich habe ich noch einen kleinen Problemfall. Die Textileinzelhändlerin Emma Britton e. K. steht in unserer O-POS-Liste noch mit einer Forderung in Höhe von 4.500,00 € zu Buche. Frau Britton eröffnete den Laden und wir lieferten die am 07.11.2013 bestellte Ware sofort aus. Frau Britton behauptete später, dass sie nur einen Teil der Ware erhalten hätte, und verweigerte die Restzahlung in Höhe des offenen Postens. Nach mehreren Mahnungen und viel Schriftverkehr blieb uns schließlich nichts anderes übrig, als am 31.01.2016 nach erfolglosem Mahnverfahren Klage gegen Frau Britton zu erheben. Mit rechtskräftigem Urteil vom 31.03.2017 gab uns das Amtsgericht Hannover recht. Frau Britton hat aber noch nicht gezahlt. Ich bin mir jetzt nicht mehr sicher, wie lange wir mit diesem Anspruch bezüglich der Verjährung noch Zeit haben."

Nina: „Hm ... das ist ja auch schon lange her."

Herr Mehrmann: „Ja, das ist es. Bitte prüfen Sie, ob wir an das Geld noch herankommen und wann die Forderungen verjähren. Bereiten Sie mir die Informationen am besten in einem kleinen Schaubild für jeden Sachverhalt auf, dann habe ich sofort einen Überblick. Vielen Dank und bis nachher."

Nina schnappt sich zunächst einmal das BGB, um sich über das Verjährungsrecht zu informieren, und findet folgende Vorschriften:

§ 195 Regelmäßige Verjährungsfrist
Die regelmäßige Verjährungsfrist beträgt drei Jahre.
§ 196 Verjährungsfrist bei Rechten an einem Grundstück
Ansprüche auf Übertragung des Eigentums an einem Grundstück sowie auf Begründung, Übertragung oder Aufhebung eines Rechts an einem Grundstück oder auf Änderung des Inhalts eines solchen Rechts sowie die Ansprüche auf die Gegenleistung verjähren in zehn Jahren.
§ 197 Dreißigjährige Verjährungsfrist
(1) In 30 Jahren verjähren, soweit nicht ein anderes bestimmt ist,
1. Herausgabeansprüche aus Eigentum, anderen dinglichen Rechten, den §§ 2018, 2130 und 2362 sowie die Ansprüche, die der Geltendmachung der Herausgabeansprüche dienen,
2. (weggefallen)

LERNFELD 2

AUFTRÄGE KUNDENORIENTIERT BEARBEITEN

3. rechtskräftig festgestellte Ansprüche,
4. Ansprüche aus vollstreckbaren Vergleichen oder vollstreckbaren Urkunden,
5. Ansprüche, die durch die im Insolvenzverfahren erfolgte Feststellung vollstreckbar geworden sind, und
6. Ansprüche auf Erstattung der Kosten der Zwangsvollstreckung.
(2) Soweit Ansprüche nach Absatz 1 Nr. 3 bis 5 künftig fällig werdende regelmäßig wiederkehrende Leistungen zum Inhalt haben, tritt an die Stelle der Verjährungsfrist von 30 Jahren die regelmäßige Verjährungsfrist.

§ 199 Beginn der regelmäßigen Verjährungsfrist und Verjährungshöchstfristen

(1) Die regelmäßige Verjährungsfrist beginnt, soweit nicht ein anderer Verjährungsbeginn bestimmt ist, mit dem Schluss des Jahres, in dem
1. der Anspruch entstanden ist und
2. der Gläubiger von den den Anspruch begründenden Umständen und der Person des Schuldners Kenntnis erlangt oder ohne grobe Fahrlässigkeit erlangen müsste.
(2) Schadensersatzansprüche, die auf der Verletzung des Lebens, des Körpers, der Gesundheit oder der Freiheit beruhen, verjähren ohne Rücksicht auf ihre Entstehung und die Kenntnis oder grob fahrlässige Unkenntnis in 30 Jahren von der Begehung der Handlung, der Pflichtverletzung oder dem sonstigen, den Schaden auslösenden Ereignis an.
(3) Sonstige Schadensersatzansprüche verjähren
1. ohne Rücksicht auf die Kenntnis oder grob fahrlässige Unkenntnis in zehn Jahren von ihrer Entstehung an und (...)
(4) Andere Ansprüche als die nach den Absätzen 2 bis 3a verjähren ohne Rücksicht auf die Kenntnis oder grob fahrlässige Unkenntnis in zehn Jahren von ihrer Entstehung an (...)

§ 204 Hemmung der Verjährung durch Rechtsverfolgung

(1) Die Verjährung wird gehemmt durch
1. die Erhebung der Klage auf Leistung oder auf Feststellung des Anspruchs, auf Erteilung der Vollstreckungsklausel oder auf Erlass des Vollstreckungsurteils, (...)
3. die Zustellung des Mahnbescheids im Mahnverfahren (...)
10. die Anmeldung des Anspruchs im Insolvenzverfahren oder im Schifffahrtsrechtlichen Verteilungsverfahren, (...)
(2) Die Hemmung nach Absatz 1 endet sechs Monate nach der rechtskräftigen Entscheidung oder anderweitigen Beendigung des eingeleiteten Verfahrens. Gerät das Verfahren dadurch in Stillstand, dass die Parteien es nicht betreiben, so tritt an die Stelle der Beendigung des Verfahrens die letzte Verfahrenshandlung der Parteien, des Gerichts oder der sonst mit dem Verfahren befassten Stelle. Die Hemmung beginnt erneut, wenn eine der Parteien das Verfahren weiterbetreibt (...)

§ 209 Wirkung der Hemmung

Der Zeitraum, während dessen die Verjährung gehemmt ist, wird in die Verjährungsfrist nicht eingerechnet.

§ 212 Neubeginn der Verjährung

(1) Die Verjährung beginnt erneut, wenn
1. der Schuldner dem Gläubiger gegenüber den Anspruch durch Abschlagszahlung, Zinszahlung, Sicherheitsleistung oder in anderer Weise anerkennt oder
2. eine gerichtliche oder behördliche Vollstreckungshandlung vorgenommen oder beantragt wird.
(2) Der erneute Beginn der Verjährung infolge einer Vollstreckungshandlung gilt als nicht eingetreten, wenn die Vollstreckungshandlung auf Antrag des Gläubigers oder wegen Mangels der gesetzlichen Voraussetzungen aufgehoben wird.
(3) Der erneute Beginn der Verjährung durch den Antrag auf Vornahme einer Vollstreckungshandlung gilt als nicht eingetreten, wenn dem Antrag nicht stattgegeben oder der Antrag vor der Vollstreckungshandlung zurückgenommen oder die erwirkte Vollstreckungshandlung nach Absatz 2 aufgehoben wird.

§ 214 Wirkung der Verjährung

(1) Nach Eintritt der Verjährung ist der Schuldner berechtigt, die Leistung zu verweigern.
(2) Das zur Befriedigung eines verjährten Anspruchs Geleistete kann nicht zurückgefordert werden, auch wenn in Unkenntnis der Verjährung geleistet worden ist. Das Gleiche gilt von einem vertragsmäßigen Anerkenntnis sowie einer Sicherheitsleistung des Schuldners.

Informationen zum Lösen der folgenden Handlungsaufgaben finden Sie im Lehrbuch „Groß im Handel, 1. Ausbildungsjahr" in Kapitel 22 des Lernfeldes 2 (Wir beachten bei noch ausstehenden Forderungen das Verjährungsrecht).

HANDLUNGSAUFGABEN

1. Geben Sie an, welche Aufgaben Nina Kröger zu erledigen hat.

_____

_____

_____

_____

2. Arbeiten Sie aus den §§ 195 bis 197 BGB heraus, welche grundsätzlichen Verjährungsfristen es gibt, indem Sie das folgende Schaubild vervollständigen.

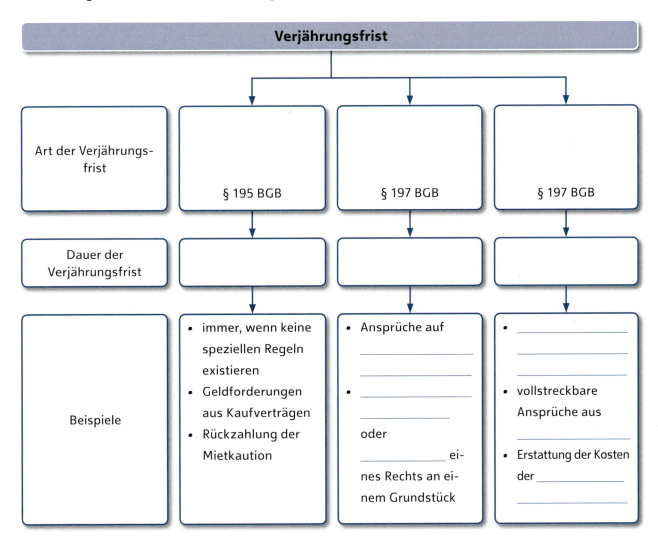

LERNFELD 2

AUFTRÄGE KUNDENORIENTIERT BEARBEITEN

3. Verschaffen Sie sich mithilfe des § 199 BGB einen Überblick über die regelmäßige Verjährungsfrist und ihren Beginn sowie die Verjährungshöchstfristen, indem Sie das folgenden Schaubild vervollständigen.

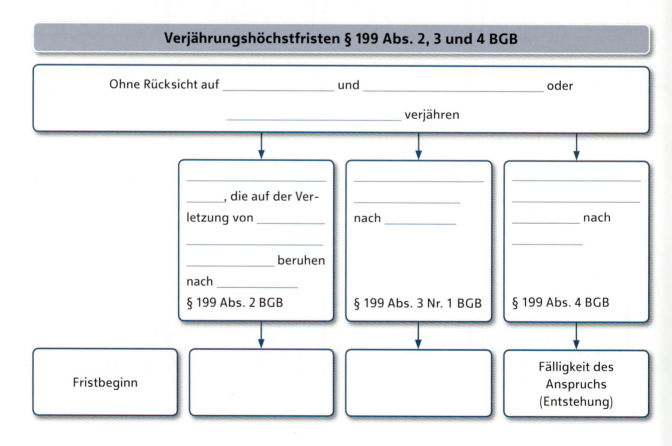

4. Geben Sie mit eigenen Worten wieder, was man unter „Verjährung" versteht und was das Ziel der Verjährung ist.

5. Geben Sie mithilfe der Informationen Ihres Lehrbuches an, welche Gründe für eine Hemmung der Verjährung vorliegen können und wie lange die Verjährung jeweils gehemmt wird.

6. Geben Sie mithilfe von § 209 BGB an, welche Wirkung eine Hemmung der Verjährung hat. Beschreiben Sie die Wirkung mit eigenen Worten.

LERNFELD 2 AUFTRÄGE KUNDENORIENTIERT BEARBEITEN

7. Arbeiten Sie aus § 212 BGB heraus, wann die Verjährungsfrist neu beginnt.

8. Prüfen Sie mithilfe des Gesetzestextes genau, ob die Forderung der Spindler KG gegenüber der Gebert GmbH am 12.08.2017 bereits verjährt ist. Geben Sie in Ihrer Antwort die Gesetzesstellen, das Fristende und die Bedeutung Ihres Ergebnisses für die Spindler KG an.

9. Prüfen Sie mithilfe des Gesetzestextes genau, ob die Forderung der Spindler KG gegenüber dem Randalierer am 12.08.2017 bereits verjährt ist. Geben Sie in Ihrer Antwort die Gesetzesstellen, das Fristende und die Bedeutung Ihres Ergebnisses für die Spindler KG an.

Regelmäßige Verjährungsfrist:

Absolute Verjährungsfrist:

10. Prüfen Sie mithilfe des Gesetzestextes genau, ob die Forderung der Spindler KG gegenüber Frau Britton am 12.08.2017 bereits verjährt ist. Geben Sie in Ihrer Antwort die Gesetzesstellen, das Fristende und die Bedeutung Ihres Ergebnisses für die Spindler KG an.

11. Bereiten Sie Ihre Arbeitsergebnisse für Herrn Mehrmann in jeweils einem Schaubild pro Sachverhalt auf, damit Sie ihm die Lösungen möglichst anschaulich und schnell präsentieren können.

VERTIEFUNGS- UND ANWENDUNGSAUFGABEN

1. Fall:
Ein Herrenausstatter, welcher auf Bräutigammoden spezialisiert ist, hat am 23.10.2014 im Laden der Spindler KG fünf sehr teure Anzugkombinationen mit Hemd, Weste und Krawatte des Models „Robert P." für 1.199,00 € gekauft. Leider ist auch dieser Verkauf „durchgerutscht", da der Umsatz nicht im System landete. Die Spindler KG hat ihn bereits am 17.02.2017 angeschrieben und er hat mit Schreiben vom 21.02.2017 um eine Stundung gebeten, bis das Hochzeitsgeschäft abgeschlossen wäre, da er dann wieder über eine bessere Liquidität verfügt. Dies wird voraussichtlich im September dieses Jahres sein.

Aufgabe:
Prüfen Sie mithilfe des Gesetzestextes genau, ob die Forderung der Spindler KG aus dem Kauf des Anzugs gegenüber dem Kunden am 12.08.2017 bereits verjährt ist. Geben Sie in Ihrer Antwort die Gesetzesstellen, das Fristende und die Bedeutung Ihres Ergebnisses für die Spindler KG an.

Zur weiteren Vertiefung der Lerninhalte und Sicherung der Lernergebnisse empfehlen wir die Bearbeitung der Aufgaben und Aktionen in Kapitel 22 des Lernfeldes 2 (Wir beachten bei noch ausstehenden Forderungen das Verjährungsrecht) Ihres Lehrbuches „Groß im Handel, 1. Ausbildungsjahr".

LERNFELD 3

BESCHAFFUNGSPROZESSE PLANEN, STEUERN UND KONTROLLIEREN

1 Wir bereiten die Beschaffung von Waren vor

HANDLUNGSSITUATION

Herr Treuend, Leiter des Funktionsbereichs Beschaffung, hat gerade eine Auswertung des Warenwirtschaftssystems vor sich liegen. Er beschließt, Anja Kruse damit zu beauftragen, die notwendigen Nachbestellungen von Waren vorzunehmen.

Gleichzeitig soll sie die Neuaufnahme des Artikels Damenpullover „Elle" der Größen 36 bis 42 (70 % Wolle, 30 % Polyacryl) in das Sortiment vorbereiten. Herrn Treuend wurden verstärkt Nachfragen von Kunden nach diesem Artikel gemeldet.

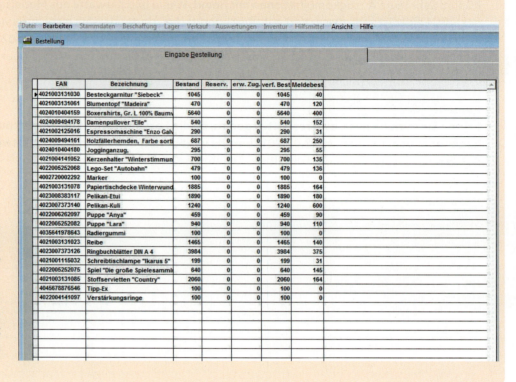

Informationen zum Lösen der folgenden Handlungsaufgaben finden Sie im Lehrbuch „Groß im Handel, 1. Ausbildungsjahr" in den Kapiteln 1 (Wir führen eine Beschaffungsplanung durch) und 2 (Wir finden Bezugsquellen) im Lernfeld 3.

HANDLUNGSAUFGABEN

1. Vor welchen Aufgaben steht Anja Kruse?

2. Stellen Sie fest, welche Artikel nachbestellt werden müssen.

3. Beschreiben Sie die notwendigen Schritte, die zur Nachbestellung dieser Artikel erforderlich sind.

4.

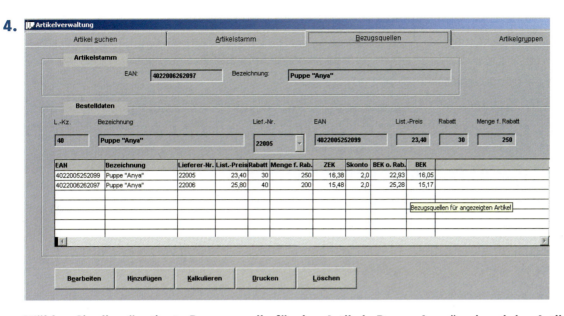

Wählen Sie die günstigste Bezugsquelle für den Artikel „Puppe Anya" anhand des Artikelstamms im Warenwirtschaftssystem der Spindler KG aus.

5. Herr Treuend bittet Anja Kruse zu überprüfen, ob bei einer Bestellung von 1000 Stück der Puppe „Anya" mit einer Bestellsumme von 25.800,00 € noch genügend Geld für weitere Bestellungen in der Warengruppe vorhanden ist. Anja Kruse führt daher mit einem EDV-gestützten Warenwirtschaftssystem eine Limitrechnung für eine bestimmte Warengruppe durch. Sie arbeitet mit folgenden Daten:

- angestrebter Umsatz im Planungszeitraum aufgrund früherer Verkäufe: 300.000,00 €
- erhoffter Kalkulationsabschlag (= erzielte Kalkulation): 40 %
- Limitreserve: 20 %
- Ist-Bestellungen bisher: 110,00 €
- Freigabe jetzt: 25.800,00 €

a) **Tragen Sie die fehlenden Begriffe in die Tabelle ein.**

b) **Berechnen Sie das neue Restlimit.**

Begriff	Betrag in €	Erläuterung
Umsatz		
erzielte Kalkulation	40,0 %	
Planumsatz EK		
Saisonlimit		
Limitreserve		
freies Limit		
Ist-Bestellungen		
Restlimit		
Freigabe	jetzt	
Restlimit neu		

LERNFELD 3
BESCHAFFUNGSPROZESSE PLANEN, STEUERN UND KONTROLLIEREN

6. Herr Treuend teilt Anja Kruse mit, dass der Gesamtbedarf des nächsten Jahres an der Puppe „Anya" 1000 Stück beträgt. Es fallen 80,00 € Kosten pro Bestellung an. Die Lagerkosten betragen 1,20 € je Stück. Sie soll ermitteln, wie oft und mit welchen Mengen der Artikel am kostengünstigsten bezogen werden kann.

Ermitteln Sie die optimale Bestellmenge.

Bestellmenge	Anzahl der Bestellungen	Bestellkosten in €	Lagerkosten in €	Gesamtkosten in €	Optimale Bestellmenge

7. Anja Kruse muss nun Bezugsquellen für den neuen Artikel Damenpullover „Elle" finden.

Führen Sie acht mögliche Informationsquellen für die Auswahl von Erstlieferern auf.

8. Anja Kruse fordert Angebote zum Artikel Damenpullover „Elle" von neuen Lieferern an. Sie entnimmt einem Branchenadressbuch auch die folgende Bezugsquelle:

Flammann KG
Halberstädter Str. 18
30134 Hildesheim

Erstellen Sie eine Anfrage.

9. Aufgrund der Anfrage von Anja Kruse liefert die Firma Flamman KG 500 Damenpullover.

Beurteilen Sie die rechtliche Situation.

VERTIEFUNGS- UND ANWENDUNGSAUFGABEN

1. Ein Textileinzelhändler führt mit einem EDV-gestützten Warenwirtschaftssystem eine Limitrechnung für eine bestimmte Warengruppe durch.

Angestrebter Umsatz im Planungszeitraum aufgrund früherer Verkäufe: 600.000,00 €
Erhoffter Kalkulationsabschlag (= erzielte Kalkulation): 40 %
Limitreserve: 20 %
Ist-Bestellungen bisher: 220.000,00 €
Freigabe am 21. Juli: 24.000,00 €

Tragen Sie die fehlenden Begriffe ein.

Berechnen Sie das neue Restlimit.

Begriff		Betrag in €	Erläuterung
	40,0 %		erhoffter Bruttogewinn
			geplanter Wareneinsatz
			Gesamtbetrag, der im Planungszeitraum ausgegeben werden darf
			für Sonderfälle vorgesehen
			Betrag, über den im Rahmen vorhersehbarer Bestellungen eingekauft werden darf
			der bisherige Auftragswert
			der für Bestellungen noch offene Betrag
	21.07.		neue Ausgabe

2. Die Spindler KG hat bei einem bestimmten Artikel einen Jahresbedarf von 2 000 Stück. Pro Bestellung fallen Kosten von 50,00 € an. Die Lagerkosten eines Artikels betragen 1,50 €.

Berechnen Sie die optimale Bestellmenge.

Bestellmenge	Anzahl der Bestellungen	Bestellkosten in €	Lagerkosten in €	Gesamtkosten in €

Zur weiteren Vertiefung der Lerninhalte und Sicherung der Lernergebnisse empfehlen wir das Bearbeiten der Aufgaben und Aktionen in den Kapiteln 1 (Wir führen eine Beschaffungsplanung durch) und 2 (Wir finden Bezugsquellen) des Lernfeldes 3 Ihres Lehrbuches „Groß im Handel, 1. Ausbildungsjahr".

LERNFELD 3

BESCHAFFUNGSPROZESSE PLANEN, STEUERN UND KONTROLLIEREN

2 Wir vergleichen Angebote

HANDLUNGSSITUATION

Die Spindler KG hat vier Angebote über die Lieferung von Damenpullovern der Größen 36 bis 42 (70 % Wolle, 30 % Polyacryl) eingeholt. Um für das demnächst anlaufende Frühjahrsgeschäft ein ausreichendes Angebot zu haben, benötigt sie in spätestens 14 Tagen 100 Damenpullover.

Aus dem Schreiben der Wuppertaler Firma Erwin Lottermann an die Spindler KG:

> Für das unserem Haus entgegengebrachte Interesse danken wir Ihnen und bieten Ihnen an:
> Nr. 85 Mod. Florenz aus 70 % Wolle und 30 % Polyacrylfasern je 30,00 €
> Bei Abnahme von mindestens 50 Pullovern können wir Ihnen einen Rabatt von 10 % auf den Listeneinkaufspreis einräumen.
> Wir gewähren Ihnen außerdem ein Zahlungsziel von 40 Tagen. Bei Zahlung innerhalb von 8 Tagen erhalten Sie 2 % Skonto.
> Die Lieferung erfolgt frei Haus.

Aus dem Schreiben der Firma Huhn in Hildesheim an die Spindler KG:

> Wir bedanken uns für Ihre Anfrage und bieten Ihnen an:
> Nr. 998 Mod. Locarno aus 30 % Polyacryl und 70 % Wolle   je 25,00 €
> Lieferzeit: 8 Tage nach Bestellung
> Zahlung: 30 Tage Ziel
> Versandkosten: 112,00 €
>
> Für Ihre Schaufensterdekoration stellen wir Ihnen kostenlos Werbeplakate zur Verfügung.

Aus dem Schreiben der Lüneburger Firma Hirsch an die Spindler KG:

> Vielen Dank für Ihre Anfrage. Wir bieten Ihnen an:
> Nr. 123 Mod. Jeannette aus 70 % Wolle und 30 % Polyacryl je 24,00 €. Mindestabnahme: 20 Stück. Lieferung frei Haus. Zahlungsbedingungen: 14 Tage netto Kasse; bei Zahlung innerhalb einer Woche 1 % Skonto. Die Lieferzeit beträgt momentan 4 Wochen!

Aus dem Schreiben der Firma Abmeier aus Gelle an die Spindler KG:

> können wir Ihnen folgendes Angebot machen:
> Nr. 0079 Modell „Carmen" aus Polyacryl je 18,50 €.
> Lieferung erfolgt sofort frei Haus, 30 Tage Ziel.

Anja Kruse bearbeitet die heute hereingekommenen Angebote. Sie führt zunächst einen Angebotsvergleich durch und bestellt sofort schriftlich die Ware bei dem für die Spindler KG günstigsten Lieferer. Drei Tage später kommt von dem Lieferer ein Fax, dass man sich für die Bestellung bedanke, der Rechnungspreis sich aber um 55 % verteuere, weil mittlerweile die Rohstoffpreise drastisch gestiegen seien.

Informationen zum Lösen der folgenden Handlungsaufgaben finden Sie im Lehrbuch „Groß im Handel, 1. Ausbildungsjahr" im Kapitel 3 (Wir führen einen Angebotsvergleich durch) des Lernfeldes 3.

WIR VERGLEICHEN ANGEBOTE

HANDLUNGSAUFGABEN

1. Vor welchem Problem steht die Spindler KG?

2. Begründen Sie, warum es sich bei den vier Schreiben, die Anja Kruse bearbeitet, nicht um Anpreisungen, sondern um Angebote handelt.

3. Klären Sie, ob die Angebote bindend sind.

4. Stellen Sie fest, wie bei den vier Angeboten die Übernahme der Versandkosten zwischen Käufer und Verkäufer geregelt ist.

5. Führen Sie den quantitativen und den qualitativen Angebotsvergleich durch und ermitteln Sie den für die Spindler KG günstigsten Lieferer.

Quantitativer Angebotsvergleich	Lottermann	Huhn	Hirsch	Abmeier

LERNFELD 3

BESCHAFFUNGSPROZESSE PLANEN, STEUERN UND KONTROLLIEREN

Qualitativer Angebotsvergleich	Lottermann	Huhn	Hirsch	Abmeier

6. Beurteilen Sie die Situation, dass der ausgewählte Lieferer für die bestellte Ware einen um 55 % höheren Preis verlangt.

VERTIEFUNGS- UND ANWENDUNGSAUFGABEN

1. Führen Sie auf, in welchen Fällen Angebote nicht bindend sind.

WIR VERGLEICHEN ANGEBOTE

2. Der Zeitpunkt der Bezahlung der Ware kann vor, bei oder nach Lieferung liegen.

Wann liegt bei den folgenden Bedingungen der Zeitpunkt der Zahlung?

a) Zahlung gegen Nachnahme
b) Ziel 2 Monate
c) Zahlung im Voraus
d) netto Kasse

3. Erläutern Sie, wie die Übernahme der Kosten der Versandpackung zwischen Käufer und Verkäufer geregelt werden kann.

Stellen Sie fest, welche unterschiedlichen Regelungen es gibt.

Erläutern Sie die jeweilige Regelung.

Ermitteln Sie beispielhaft die Kosten für die Spindler KG als Käufer im folgenden Fall:

Das Nettogewicht einer Ware, die die Spindler KG bestellen möchte, beträgt 50 kg. Der Preis pro kg beträgt 2,00 €. Das Verpackungsgewicht (Tara) beträgt 2 kg. Der Selbstkostenpreis der Verpackung beträgt 5,00 €.

Beförderungsbedingungen beim Versendungskauf	Bedeutung	Kosten für die Spindler KG als Käufer im Beispiel
gesetzliche Regelung		
vertragliche Regelung:		
vertragliche Regelung:		
vertragliche Regelung:		

4. Stellen Sie fest, wie die gesetzliche Regelung für die Übernahme der Versandkosten beim Platzkauf ist.

LERNFELD 3

BESCHAFFUNGSPROZESSE PLANEN, STEUERN UND KONTROLLIEREN

5. Erläutern Sie, wie die Übernahme der Versandkosten zwischen Käufer und Verkäufer geregelt werden kann.

Stellen Sie fest, welche unterschiedlichen Beförderungsbedingungen es gibt.

Erläutern Sie jeweils, welche Kosten der Verkäufer übernehmen muss.

Ermitteln Sie beispielhaft die Kosten für die Spindler KG als Käufer im folgenden Fall:

Die Spindler KG bestellt Waren bei der ELEKTREX GmbH in München, die mit der Bahn transportiert werden. Für den Transport vom Sitz der ELEKTREX zum Versandbahnhof München entstehen 40,00 € Hausfracht. Die Fracht der Bahn beträgt 450,00 €. Für den Transport vom Empfangsbahnhof Hannover ins Lager der Spindler KG müssen an den Bahnspediteur 50,00 € Hausfracht gezahlt werden.

Beförderungsbedingungen beim Versendungskauf	Kosten für den Verkäufer	Kosten für die Spindler KG als Käufer im Beispiel
gesetzliche Regelung:	Beim Versendungskauf muss der Verkäufer die Kosten nur bis zur Versandstation zahlen.	
vertragliche Regelung:		
vertragliche Regelung:		
vertragliche Regelung:		
vertragliche Regelung:		

6. Ergänzen Sie das folgende Schema der Bezugskalkulation:

Listenpreis	Preis, der im Angebot (oft in Form von Listen) genannt wird	100 %		200,00 €
			− 20 %	
		%	%	
			− 2 %	
			%	
				10,40 €
Bezugspreis				

WIR VERGLEICHEN ANGEBOTE

7. Anja Kruse arbeitet momentan in der Einkaufsabteilung. Heute Vormittag gehen die folgenden Fälle über ihren Schreibtisch:

I. Die Spindler KG erhält drei Angebote für den Artikel „Digitales Diktiergerät".

   a) Kurz KG: Listenpreis 11,20 €; 3 % Skonto; 10 % Rabatt; keine Bezugskosten

   b) Uhlendorf Büro GmbH: Listenpreis 13,10 €; kein Skonto; 25 % Wiederverkäuferrabatt; Bezugskosten 2,00 €

   c) Tegeler GmbH: Listenpreis 9,30 €; kein Rabatt; kein Skonto; Bezugskosten 8 % des Listenpreises

   Ermitteln Sie den jeweiligen Bezugspreis.

II. Die Spindler KG hat eine Lieferung Tomaten (100 kg) bekommen. Berechnet werden müssen die in Rechnung gestellten Verpackungskosten. Der Preis der Tomaten liegt bei 0,90 € je Kilogramm. Die Tara beträgt 10 kg.

   Berechnen Sie die Kosten bei b/n.

III. Für den Transport eines Artikels von Hamburg nach Hannover entstehen folgende Kosten:

   Rollgeld 1 (Hamburg – Bahnhof Hamburg) 14,00 €

   Fracht Hamburg – Hannover 36,00 €

   Rollgeld 2 (Bahnhof Hannover – Lager Spindler KG) 18,00 €

   Bestimmen Sie die Transportkosten für den Käufer (die Spindler KG in Hannover) in folgenden Situationen:

   a) unfrei

   b) Es liegt keine vertragliche Regelung vor.

   c) frei Haus

   d) ab Werk

   e) frachtfrei

   f) ab Bahnhof hier

   a)

   b)

   c)

   d)

   e)

   f)

8. Die Spindler KG hat zwei Angebote vorliegen:

Angebot 1: Angebotspreis 15,00 €, 15 % Rabatt, 2 % Skonto, 5,00 € Bezugskosten
Angebot 2: Angebotspreis 18,00 €, 20 % Rabatt, 2 % Skonto, 2,50 € Bezugskosten

	Angebot 1	Angebot 2
Listenpreis		
– Rabatt		
Zieleinkaufspreis		
– Skonto		
Bareinkaufspreis		
+ Bezugskosten		
Bezugspreis		

LERNFELD 3

BESCHAFFUNGSPROZESSE PLANEN, STEUERN UND KONTROLLIEREN

9. Oft wird im Rahmen eines qualitativen Angebotsvergleichs die Methode der Nutzwertanalyse angewandt.

> Bei der Nutzwertanalyse werden mögliche Entscheidungskriterien so gewichtet, dass wichtige Kriterien stärker zur Geltung kommen als unwichtige. Die Qualität der Entscheidungen soll dadurch gesteigert werden.
> - Man wählt zunächst geeignete Kriterien aus, die bei der Beurteilung von Angeboten als wichtig angesehen werden.
> - Nach ihrer Wichtigkeit werden die ausgewählten Kriterien dann mit Gewichtungspunkten (bzw. Gewichtungsprozenten) gewichtet. Die Gesamtsumme der vergebenen Punkte (bzw. Prozente) muss 100 betragen.
> - Im nächsten Schritt wird bewertet, inwieweit die Angebote das jeweilige Kriterium erfüllen.
> - Bei jedem Angebot wird für jedes Kriterium das Produkt aus Gewichtungs- und Bewertungspunkten ermittelt.
> - Die Punkte werden pro Angebot zusammengezählt. Das Angebot mit der höchsten Summe ist das qualitativ beste.

Anja Kruse hat verschiedene Angebote für einen Artikel eingeholt. Nach dem quantitativen Angebotsvergleich haben drei Angebote den günstigsten Bezugspreis. Zur endgültigen Auswahl nutzt Anja im Rahmen des qualitativen Angebotsvergleichs die Nutzwertanalyse.

Sie hat mittlerweile schon die relevanten Kriterien ermittelt und diese gewichtet. Auch hat sie schon bewertet, inwieweit die jeweiligen Angebote das jeweilige Kriterium erfüllen (Eingaben von Anja in der folgenden Tabelle in kursiver Schrift).

a) **Ergänzen Sie die Tabelle der Nutzwertanalyse.**

Kriterien	Gewichtung der Kriterien	ANGEBOTE					
		Runge KG		Matzke AG		Schaper GmbH	
Mitlieferung von Werbematerial	10	*5*	50	*5*	50	*3*	30
Termintreue	30	*5*	150	*3*	90	*1*	30
Lieferzeit	10	*1*	10	*3*	30	*5*	50
Umweltaspekte	20	*4*	80	*1*	20	*2*	40
Beschwerden in der Vergangenheit	10	*3*	30	*5*	50	*5*	50
Qualität	20	*3*	60	*4*	80	*5*	100
Gesamtsumme	100		380		320		300

b) **Entscheiden Sie, welchen Anbieter Anja Kruse auswählen soll.**

Anja Kruse soll die Runge KG auswählen, da dieses Angebot mit 380 Punkten die höchste Gesamtsumme erzielt und somit qualitativ am besten ist.

Zur weiteren Vertiefung der Lerninhalte und Sicherung der Lernergebnisse empfehlen wir das Bearbeiten der Aufgaben und Aktionen im Kapitel 4 des Lernfeldes 3 Ihres Lehrbuches „Groß im Handel, 1. Ausbildungsjahr".

WIR BESTELLEN WAREN

3 Wir bestellen Waren

HANDLUNGSSITUATION

Nina Kröger arbeitet zurzeit in der Einkaufsabteilung der Spindler KG.

Vom Bereichsleiter, Herrn Treuend, erhält Nina am 04.09.20.. den Auftrag, bei der Spengler & Sohn OHG

100 Blusen, weiß, Größe 36
 50 Blusen, weiß, Größe 38
 50 Blusen, weiß, Größe 40
 20 Blusen, weiß, Größe 42

zu bestellen.

Von der Spengler & Sohn OHG liegt das folgende Angebot vor.

Spengler & Sohn OHG

Lahnstraße 14 · 35578 Wetzlar

Spengler & Sohn OHG · Lahnstraße 14 · 35578 Wetzlar

Spindler KG
Goseriede 12
30159 Hannover

Ihr Zeichen, Ihre Nachricht vom	Unser Zeichen, unsere Nachricht vom	Telefon, Name 06441 7328-55, Herr Gerhard	Datum 02.09.20..
B/S 08.09.20..	O/S		

Angebot für Damenblusen

Sehr geehrte Damen und Herren,

wir danken Ihnen für Ihre Anfrage. Folgende Blusen können wir Ihnen zu einem äußerst günstigen Preis anbieten:

Bestell-Nr. 4435 Damenblusen, weiß, 50 % Baumwolle, 50 % Polyester, Gr. 36 bis 42, zum Preis von 12,40 €/Stück einschließlich Verpackung.

Bei Abnahme von mindestens 50 Stück gewähren wir Ihnen einen Mengenrabatt von 15 %. Bei unserer Lieferung ab Lager Wetzlar stellen wir Ihnen pro Bluse 0,10 € Transportkosten in Rechnung. Die Blusen sind innerhalb 2 Wochen lieferbar.

Ihre Zahlung erbitten wir innerhalb von 4 Wochen ab Rechnungsdatum netto Kasse.

Wir freuen uns auf Ihren Auftrag.

Mit freundlichen Grüßen

Spengler & Sohn OHG

i. V. *Gerhard*

Gerhard

Außerdem bittet Herr Treuend Nina, bei der Alber & Bayer GmbH & Co. KG, Nelkenweg 28, 52078 Aachen

100 Spannbetttücher, Bestell-Nr. 123/4, zum Preis von 29,50 € je Stück,
200 Bettwäschegarnituren, Bestell-Nr. 134/2, zum Preis von 32,00 € je Stück

nachzubestellen.

LERNFELD 3

BESCHAFFUNGSPROZESSE PLANEN, STEUERN UND KONTROLLIEREN

Informationen über die Alber & Bayer GmbH & Co. KG findet Nina Kröger im Warenwirtschaftssystem der Spindler KG.

Herr Treuend bittet Nina Kröger, den Auftrag unverzüglich zu erledigen, da die Spindler KG die Blusen, Spannbetttücher und Bettwäschegarnituren bis spätestens 30.09.20.. in Hannover benötigt.

Informationen zum Lösen der folgenden Handlungsaufgaben finden Sie im Lehrbuch „Groß im Handel, 1. Ausbildungsjahr" im Kapitel 4 (Wir bestellen Waren) im Lernfeld 3.

HANDLUNGSAUFGABEN

1. Welche Probleme muss Nina Kröger lösen, um die Aufträge von Herrn Treuend zu erfüllen?

2. In welcher Form kann Nina Kröger die Bestellungen abgeben?

3. Stellen Sie Vorteile und Nachteile der verschiedenen Formen der Bestellung in einer Übersicht dar.

4. Entscheiden Sie, welche Form der Bestellung Nina Kröger für ihre Bestellung bei der Spengler & Sohn OHG wählen sollte. Begründen Sie Ihre Entscheidung.

LERNFELD 3

BESCHAFFUNGSPROZESSE PLANEN, STEUERN UND KONTROLLIEREN

5. Entscheiden Sie, welche Form der Bestellung Nina Kröger für ihre Bestellung bei der Alber & Bayer GmbH & Co. KG wählen sollte. Begründen Sie Ihre Entscheidung.

6. Stellen Sie die Angaben zusammen, die eine ausführliche Bestellung enthalten sollte.

7. Stellen Sie die Angaben zusammen, die eine Bestellung mindestens enthalten muss.

8. Entscheiden Sie, welche Angaben die Bestellung an die Spengler & Sohn OHG enthalten soll. Begründen Sie Ihre Entscheidung.

9. Entscheiden Sie, welche Angaben die Bestellung an die Alber & Bayer GmbH & Co.KG enthalten soll. Begründen Sie Ihre Entscheidung.

10. Schreiben Sie die Bestellung an die Spengler & Sohn OHG.

Spindler KG • Goseriede 41 • 30159 Hannover

Ihr Zeichen, Ihre Nachricht vom   Unser Zeichen, unsere Nachricht vom   Telefon, Name   Datum

LERNFELD 3

BESCHAFFUNGSPROZESSE PLANEN, STEUERN UND KONTROLLIEREN

11. Schreiben Sie die Bestellung an die Alber & Bayer GmbH & Co. KG.

Spindler KG • Goseriede 41 • 30159 Hannover

Ihr Zeichen, Ihre Nachricht vom   Unser Zeichen, unsere Nachricht vom   Telefon, Name   Datum

WIR BESTELLEN WAREN

12. Stellen Sie fest, ob durch die Bestellung an die Spengler & Sohn OHG ein Kaufvertrag zustande gekommen ist.

13. Erläutern Sie, wie durch die Bestellung der Spindler KG bei der Alber & Bayer GmbH & Co.KG ein Kaufvertrag zustande kommen kann.

VERTIEFUNGS- UND ANWENDUNGSAUFGABEN

1. Nina Kröger hat in ihrer Bestellung an die Spengler & Sohn OHG falsche Mengenangaben gemacht. Anstatt von den Blusen, Gr. 42, 20 Stück zu bestellen, hat sie 50 Stück bestellt. Machen Sie einen Vorschlag, wie Nina dieses Missgeschick korrigieren kann.

Zur weiteren Vertiefung und Sicherung der Lernergebnisse empfehlen wir das Bearbeiten der Aufgaben und Aktionen im Kapitel 4 (Wir bestellen Waren) des Lernfeldes 3 Ihres Lehrbuches „Groß im Handel, 1. Ausbildungsjahr".

LERNFELD 3

BESCHAFFUNGSPROZESSE PLANEN, STEUERN UND KONTROLLIEREN

4 Wir nehmen Waren an und überprüfen die Waren auf Mängel

HANDLUNGSSITUATION

Anja Kruse und Martin Solms sind zurzeit im Zentrallager der Spindler KG in Hannover eingesetzt. Heute werden sie vom Leiter der Abteilung Logistik, Herrn Hans Wemer, zu sich gerufen.

Herr Wemer begrüßt die Auszubildenden. Anschließend bekommen sie direkt den ersten Auftrag: Sie sollen sich im Warenwirtschaftssystem ansehen, welche Waren heute geliefert werden, und diese dann im Laufe des Tages ordnungsgemäß annehmen.

Informationen zum Lösen der folgenden Handlungsaufgaben finden Sie im Lehrbuch „Groß im Handel, 1. Ausbildungsjahr" in den Kapiteln 6 (Wir nehmen Waren an) und 7 (Wir informieren uns über die verschiedenen Arten von Mängeln im Geschäftsverkehr (Schlechtleistung)) des Lernfeldes 3.

HANDLUNGSAUFGABEN

1. Welche Probleme müssen Anja und Martin klären?

2. Anja und Martin sehen sich die Tageslieferungen im EDV-gestützten Warenwirtschaftssystem der Spindler KG an.

a) **Warum setzt die Spindler KG ein EDV-gestütztes Warenwirtschaftssystem ein?**

b) **Welche Unterstützung bekommen Anja und Martin bei der Warenannahme durch das Warenwirtschaftssystem?**

c) **Die bei der Firma Bernhard Müller OHG bestellten Boxershorts werden geliefert. Welche Daten müssen bei der Lieferung grundsätzlich in ein Warenwirtschaftssystem eingetragen werden?**

3. Anja und Martin gehen ins Lager, um die 2 700 bestellten Boxershorts direkt anzunehmen. Herr Wemer sagt, dass es einen Unterschied zwischen der sofortigen und der unverzüglichen Warenkontrolle gibt.

a) **Erklären Sie den Unterschied zwischen der sofortigen und der unverzüglichen Warenkontrolle.**

LERNFELD 3

BESCHAFFUNGSPROZESSE PLANEN, STEUERN UND KONTROLLIEREN

b) **Welche Reihenfolge müssen Anja und Martin bei der Annahme der Boxershorts beachten?**

1. _____
2. _____
3. _____
4. _____
5. _____

c) Wenn der Frachtführer/Anlieferer den Hof verlassen hat, müssen Anja und Martin weitere Kontrollen durchführen. **Welche sind dies?**

1. _____
2. _____
3. _____
4. _____

d) Glücklicherweise haben Martin und Anja bei der Lieferung der Boxershorts keine Mängel festgestellt. **Warum sollte der Großhändler bei der Warenannahme die Lieferung kontrollieren?**

_____

_____

4. Nun kommt der Lkw der Firma Ermut GmbH aus Hofgeismar, um die bestellten 550 Stück Hosenanzüge sowie die 150 Stück Wellness-Microfaser-Anzüge im Lager der Spindler KG anzuliefern. Leider haben Anja und Martin bei der Warenannahme gleich mehrere Mängel festgestellt und diese ins Warenwirtschaftssystem eingegeben.

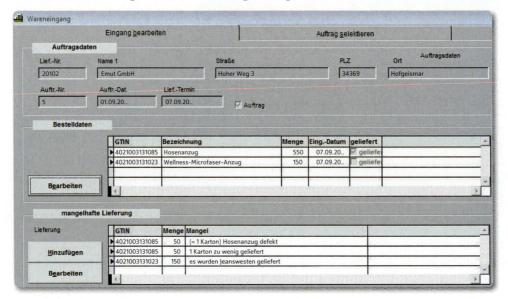

WIR NEHMEN WAREN AN UND ÜBERPRÜFEN DIE WAREN AUF MÄNGEL

a) **In welcher Art und Weise unterscheiden sich die drei Mängel?**

Festgestellter Mangel	Art des Mangels
1 Karton Hosenanzüge defekt	
1 Karton Hosenanzüge zu wenig geliefert	
Statt der Wellness-Microfaser-Anzüge wurden Jeanswesten geliefert	

b) Zwischen der Spindler KG und dem Lieferer Ermut GmbH wurden im Kaufvertrag keine Besonderheiten bei der Beschaffenheit vereinbart. **Warum liegt hier trotzdem ein Mangel vor? Welches Gesetz/welcher Paragraf gilt hier?**

5. Anja und Martin werden von Herr Wemer gelobt, dass sie so aufmerksam waren bei der Warenannahme. Herr Wemer möchte nun von den beiden Auszubildenden wissen, welche möglichen Sachmängel es bei der Spindler KG noch geben kann.

a) **Nennen Sie zu den verschiedenen Arten des Sachmangels jeweils ein Beispiel zu einem offenen Mangel, einem versteckten Mangel oder einem arglistig verschwiegenen Mangel, wie sie bei der Spindler KG passieren könnten.**

Sachmangel	Beispiel	Erkennbarkeit des Mangels
Fehlen der vereinbarten Beschaffenheit		
Falschlieferung (Artmangel)		
Zuweniglieferung (Mengenmangel)		
Montagefehler		
mangelhafte Montageanleitung mit Folge falscher Montage („Ikea-Klausel")		
Ware entspricht nicht der Werbeaussage (begründete Erwartung fehlt)		

LERNFELD 3

BESCHAFFUNGSPROZESSE PLANEN, STEUERN UND KONTROLLIEREN

b) Bei einer Lieferung kann es nicht nur zu einem Sachmangel kommen, auch ein Rechtsmangel wäre möglich. **Erläutern Sie den Begriff unter Verwendung eines Beispiels von der Spindler KG.**

6. Anja fragt Herrn Wemer, was denn nach Feststellung der Mängel bei den Hosenanzügen und beim Wellness-Microfaser-Anzug weiter passieren muss.

Anja Kruse: „Müssen wir nicht reklamieren?"
Herr Wemer: „Ja, wir müssen dem Lieferer (Verkäufer) den festgestellten Mangel in Form einer Mängelrüge mitteilen."

a) **Welche Grundsätze sind bei einer Mängelrüge zu beachten?**

b) **Empfehlen Sie eine mündliche oder eine schriftliche Mängelrüge beim Lieferer Emut GmbH? Begründen Sie Ihre Entscheidung.**

c) **Bis wann muss die Spindler KG beim Lieferer Emut GmbH die festgestellten Mängel reklamieren? Begründen Sie Ihre Entscheidung.**

d) **Nennen Sie jeweils ein Beispiel für einen zweiseitigen und für einen einseitigen Handelskauf bei der Spindler KG.**

e) **Bis wann müsste die Spindler KG rügen, wenn der Mangel der am 07.09.17 gelieferten Ware vom Lieferer Emut GmbH arglistig verschwiegen worden wäre?**

f) **Formulieren Sie schriftlich eine kurze Mängelrüge an den Lieferer Emut GmbH.**

VERTIEFUNGS- UND ANWENDUNGSAUFGABEN

1. **Führen Sie auf, wann folgende Mängel angezeigt werden müssen.**

Fall	Überprüfung
Im Umkarton sind statt 10 Jogginganzügen nur 8 Jogginganzüge.	
Auf dem Lieferschein steht, dass die Waren beim Konkurrenzbetrieb angeliefert werden müssen.	
Auf dem Lieferschein stehen 2 000 zu liefernde Hosenanzüge, es sind aber offensichtlich nur 1 500 geliefert.	
Auf dem Lieferschein stehen 2 000 zu liefernde Hosenanzüge, es waren aber nur 1 500 Stück bestellt.	
Beim Auspacken der Ware stellt sich heraus, dass diese zum Teil verdreckt ist.	
Die Verpackung eines Pakets ist beschädigt.	

2. **Wenn es bei der Lieferung zu Mängeln gekommen ist, kann der Empfänger verlangen, dass der Frachtführer diesen Mangel auf den Begleitpapieren bestätigt.**

   a) **Warum ist diese Bestätigung für den Empfänger wichtig?**

LERNFELD 3 — BESCHAFFUNGSPROZESSE PLANEN, STEUERN UND KONTROLLIEREN

b) **Welche Möglichkeiten hat der Empfänger, wenn der Frachtführer die Bestätigung verweigert?**

_____

_____

3. **Beantworten Sie zu den folgenden Fällen, welche Kaufvertragsart (einseitiger, zweiseitiger oder bürgerlicher Kauf), welche Mangelart und welche Reklamationsfristen jeweils gelten.**

Fall	Kaufvertragsart	Mangelart	Reklamationsfrist
Die Spindler KG bekommt statt der bestellten Herren-Anzüge der Größe L Anzüge in XL geliefert.			
Die Spindler KG bekommt statt der bestellten 100 Pakete Damenledergürtel nur 60 Pakete.			
Frau Kathmann kauft bei der Spindler KG einen Drehstuhl, den sie selbst zusammenbauen muss. Beiliegende Hinweise sind nur auf Chinesisch. Der Aufbau misslingt.			
Irma Kathmann kauft bei der Spindler KG einen Drucker, der laut Werbung 25 Blatt pro Minute drucken soll, er schafft aber nur 8 Blatt.			
Irma Kathmann verkauft Herrn Spindler von der Spindler KG eine alte, von ihrer Großmutter geerbte Halskette. Diese schenkt er seiner Frau, die dann bemerkt, dass der Verschluss defekt ist.			
Anja Kruse kauft auf einem Trödelmarkt ein gebrauchtes Handy. Es stellt sich später heraus, dass dieses Handy gestohlen war.			

WIR NEHMEN WAREN AN UND ÜBERPRÜFEN DIE WAREN AUF MÄNGEL

4. Füllen Sie mithilfe des Kapitels 3.7 des Lehrbuches die folgende Mindmap aus.

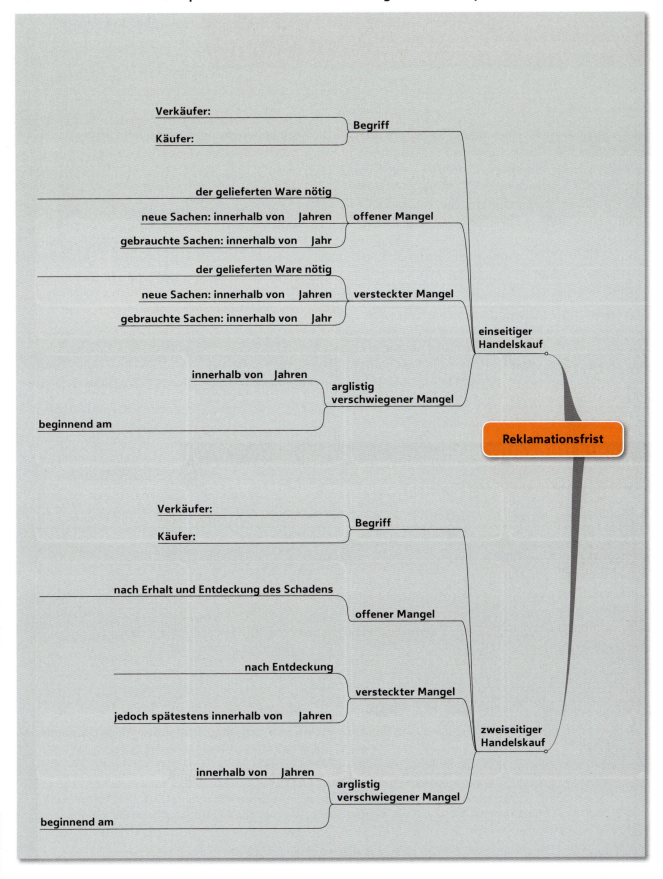

Zur weiteren Vertiefung der Lerninhalte und Sicherung der Lernergebnisse empfehlen wir das Bearbeiten der Aufgaben und Aktionen in den Kapiteln 6 (Wir nehmen Waren an) und 7 (Wir informieren uns über die verschiedenen Arten von Mängeln im Geschäftsverkehr) des Lernfeldes 3 Ihres Lehrbuches „Groß im Handel, 1. Ausbildungsjahr".

LERNFELD 3

BESCHAFFUNGSPROZESSE PLANEN, STEUERN UND KONTROLLIEREN

5 Wir prüfen unsere Rechte als Käufer bei mangelhaft gelieferter Ware (Schlechtleistung) und leiten entsprechende Maßnahmen ein

HANDLUNGSSITUATION

Die mangelhaften Lieferungen, die im Warenwirtschaftssystem festgehalten wurden, werden vom Funktionsbereich Beschaffung weiter bearbeitet. Der Lieferer Emut GmbH sollte 550 Stück Hosenanzüge (GTIN 4021003131085) und 150 Stück Wellness-Microfaser-Anzüge (GTIN 402100313023) liefern, die leider einige Mängel aufwiesen:

Die mangelhafte Lieferung ist bereits gerügt worden. Trotzdem hat die Firma Emut GmbH nicht reagiert.

Martin Solms, zurzeit Auszubildender im Funktionsbereich Beschaffung, soll nun prüfen, welche Rechte die Spindler KG gegenüber dem Lieferer hat und welche Maßnahmen eingeleitet werden sollen.

mangelhafte Lieferung			
	GTIN	Menge	Mangel
Lieferung	4021003131085	50	(= 1 Karton) Hosenanzug defekt
	4021003131085	50	1 Karton zu wenig geliefert
Hinzufügen	4021003131023	150	es wurden Jeanswesten geliefert

Informationen zum Lösen der folgenden Handlungsaufgaben finden Sie im Lehrbuch „Groß im Handel, 1. Ausbildungsjahr" in Kapitel 8 (Wir prüfen unsere Rechte als Käufer bei mangelhaft gelieferter Ware (Schlechtleistung) und leiten entsprechende Maßnahmen ein) des Lernfeldes 3.

HANDLUNGSAUFGABEN

1. Welche Probleme muss Martin klären?

2. Martin Solms soll zunächst überprüfen, welcher Schaden bereits entstanden sein könnte.
Nennen Sie drei mögliche Schäden, die der Spindler KG aus den oben stehenden Mängeln entstehen können.

WIR PRÜFEN UNSERE RECHTE ALS KÄUFER BEI MANGELHAFT GELIEFERTER WARE (SCHLECHTLEISTUNG)

3. Martin ruft den Lieferer an, um die Firma Emut GmbH aus Hofgeismar darauf aufmerksam zu machen, dass das Unternehmen immer noch nicht auf die Mängelrüge reagiert hat. Die Firma Emut GmbH sagt Martin am Telefon zu, dass sie sofort alles unternehmen werde, damit die Spindler KG zufrieden ist.

Beschreiben Sie, welche vorrangigen Rechte die Spindler KG gegenüber der Firma Emut GmbH im Moment hat.

_____

_____

_____

_____

4. Nach einigen Tagen ist wieder nichts seitens der Firma Emut GmbH passiert. Martin und sein Chef, Herr Uwe Treuend, sind sehr verärgert und wollen nun weitere Schritte einleiten.

a) **Welche nachrangigen Rechte kann die Spindler KG gegenüber der Firma Emut GmbH nun geltend machen? Was würde das in dem konkreten Fall bedeuten?**

Nachrangige Rechte	Bedeutung/Konsequenz

b) **Was ist die Voraussetzung dafür, dass die Spindler KG nachrangige Rechte gegenüber der Firma Emut GmbH geltend machen kann?**

_____

c) **Unter welchen Umständen bräuchte die Spindler KG dies (vgl. b) nicht zu tun?**

_____

_____

_____

LERNFELD 3 BESCHAFFUNGSPROZESSE PLANEN, STEUERN UND KONTROLLIEREN

5. Herr Treuend fragt Martin, welches der nachrangigen Rechte im Fall wohl angemessen und für die Spindler KG am sinnvollsten wäre.

Welche nachrangigen Rechte würden Sie im aktuellen Fall empfehlen? Begründen Sie Ihre Entscheidung.

_____

_____

_____

_____

_____

_____

_____

_____

VERTIEFUNGS- UND ANWENDUNGSAUFGABEN

1. Die Spindler KG bekommt am 01.11.2017 von der Winkler KG 500 Stück Jerseykleider geliefert. Bei der Warenprüfung wird festgestellt, dass 100 Jerseykleider löchrig und daher unverkäuflich sind.

a) Welches Recht kann die Spindler KG vorrangig wegen des vorliegenden Sachmangels geltend machen?

	Die Spindler KG kann die Kosten, die für die Nachbesserung der fehlerhaften Jerseykleider durch Eigenleistung entstanden sind, und Ersatzlieferung verlangen.
	Da inzwischen ein anderer Lieferer die Jerseykleider billiger anbietet, kann die Spindler KG unverzüglich vom Kaufvertrag zurücktreten.
	Die Spindler KG kann wegen momentaner Unverkäuflichkeit der Jerseykleider unverzüglich die Herabsetzung des Kaufpreises verlangen.
	Die Spindler KG kann weiterhin auf eine rechtzeitige Lieferung bestehen und Schadensersatz fordern.
	Die Spindler KG kann die Nachbesserung der Jerseykleider oder eine Ersatzlieferung verlangen.

b) Nach wie vielen Jahren verjähren die Gewährleistungsansprüche der Spindler KG gegenüber der Winkler KG wegen der am 01.11.2017 fehlerhaft gelieferten Jerseykleider?

Nach _____

Zur weiteren Vertiefung der Lerninhalte und Sicherung der Lernergebnisse empfehlen wir das Bearbeiten der Aufgaben und Aktionen in Kapitel 8 (Wir prüfen unsere Rechte als Käufer bei mangelhaft gelieferter Ware (Schlechtleistung) und leiten entsprechende Maßnahmen ein) des Lernfeldes 3 im Lehrbuch „Groß im Handel, 1. Ausbildungsjahr".

6 Wir informieren uns über die gesetzlichen Käuferrechte bei nicht rechtzeitiger Lieferung

HANDLUNGSSITUATION

Martin Solms, der im Rahmen seiner Ausbildung gerade in der Abteilung Einkauf eingesetzt ist, führt am Morgen des 12. November ein Gespräch mit dem Abteilungsleiter Herrn Uwe Treuend:

Martin: „Guten Morgen, Herr Treuend. Gerade habe ich ein Gespräch mit Herrn Trumpf aus der Verkaufsabteilung Sportbekleidung geführt. Er sagte mir, dass mehrere Stammkunden aufgebracht sind, weil die Klima-Aktiv-Jacken nicht am Lager sind."

Herr Treuend: „Das ist nicht gut. Haben Sie das schon überprüft?"

Martin: „Ja, es ist tatsächlich keine Ware am Lager. Die Ware ist bereits beim Lieferer Winkler KG aus Darmstadt fest für letzte Woche Dienstag, den 5. November bestellt worden."

Herr Treuend: „Dann sollten Sie feststellen, weshalb die Ware noch nicht da ist."

Martin: „Ich werde bei der Winkler KG anrufen."

Herr Treuend: „Geben Sie mir bitte Bescheid, was der Lieferer gesagt hat."

Nun telefoniert Martin mit dem Lieferer. Danach erstattet er Bericht:

Martin: „Herr Lörner von der Winkler KG hat gesagt, dass der Auftrag falsch erfasst wurde und der Liefertermin erst in einem Monat geplant war. Aber demnächst müssten die Klima-Aktiv-Jacken geliefert werden."

Herr Treuend: „,Demnächst' ist ja nicht sonderlich konkret. Wer weiß, wie lange das noch dauern kann. Wir müssen sicherstellen, dass die Ware so schnell wie möglich angeliefert wird, notfalls von einem anderen Lieferer."

Martin: „Die Emut GmbH aus Hofgeismar liefert auch dieses Produkt. Aber hier ist die Ware um 7,00 €/Stück teurer als bei der Winkler KG."

Herr Treuend: „Dafür gibt es Lösungsmöglichkeiten. Präsentieren Sie mir bitte möglichst bald, wie Sie weiter vorgehen wollen."

Informationen zum Lösen der folgenden Handlungsaufgaben finden Sie im Lehrbuch „Groß im Handel, 1. Ausbildungsjahr" in Kapitel 9 (Wir informieren uns über die gesetzlichen Käuferrechte bei nicht rechtzeitiger Warenlieferung) des Lernfeldes 3.

HANDLUNGSAUFGABEN

1. Welche Probleme muss Martin klären?

LERNFELD 3

BESCHAFFUNGSPROZESSE PLANEN, STEUERN UND KONTROLLIEREN

2. Welche Probleme hat die Spindler KG durch die verspätete Lieferung?

_____

_____

_____

3. Martin soll zunächst einmal prüfen, ob die Winkler KG überhaupt in Lieferungsverzug (Nicht-rechtzeitig-Lieferung) gekommen ist. Die gesetzlichen Grundlagen dazu sind im Bürgerlichen Gesetzbuch (BGB) aufgeführt. Es müssen drei Voraussetzungen erfüllt sein, damit Lieferungsverzug vorliegt.

a) Entscheiden Sie auf Basis der Gesetzestexte, ob die Winkler KG in Lieferungsverzug gekommen ist. Füllen Sie dazu auch die Lückentexte aus.

1. Voraussetzung:

> **§ 433 BGB Vertragstypische Pflichten beim Kaufvertrag (Auszug)**
> (1) Durch den Kaufvertrag wird der Verkäufer einer Sache verpflichtet, dem Käufer die Sache zu übergeben und das Eigentum an der Sache zu verschaffen. Der Verkäufer hat dem Käufer die Sache frei von Sach- und Rechtsmängeln zu verschaffen. (...)

Daraus folgt:

Durch den _____ müssen die Klima-Aktiv-Jacken von der Firma Winkler KG an die Spindler KG _____ werden.

2. Voraussetzung:

> **§ 286 BGB Verzug des Schuldners (Auszug)**
> (1) Leistet der Schuldner auf eine Mahnung des Gläubigers nicht, die nach dem Eintritt der Fälligkeit erfolgt, so kommt er durch die Mahnung in Verzug. (...)
> (2) Der Mahnung bedarf es nicht, wenn
> 1. für die Leistung eine Zeit nach dem Kalender bestimmt ist, (...)

Daraus folgt:

– Die Firma Winkler KG kommt in _____, wenn die Lieferung fällig ist und die Spindler KG eine _____ schickt.

– Die Spindler KG muss die _____ nicht verschicken, wenn ein nach dem Kalender bestimmbarer _____ vereinbart wurde.

3. Voraussetzung:

> **§ 286 BGB Verzug des Schuldners (Auszug)**
> (4) Der Schuldner kommt nicht in Verzug, solange die Leistung infolge eines Umstandes unterbleibt, den er nicht zu vertreten hat.
>
> **§ 276 BGB Verantwortlichkeit des Schuldners (Auszug)**
> (1) Der Schuldner hat Vorsatz und Fahrlässigkeit zu vertreten, (...)
> (2) Fahrlässig handelt, wer die im Verkehr erforderliche Sorgfalt außer Acht lässt.

WIR INFORMIEREN UNS ÜBER DIE GESETZLICHEN KÄUFERRECHTE BEI NICHT RECHTZEITIGER LIEFERUNG

Daraus folgt:

Die Firma Winkler KG kommt nur dann in _____, wenn sie die Nicht-rechtzeitig-Lieferung selbst _____ hat (Vorsatz oder Fahrlässigkeit).

b) Nachdem Martin die Voraussetzungen für den Lieferungsverzug herausgearbeitet hat, sieht er sich noch einmal die Bestellung an die Firma Winkler KG an, um festzustellen, ob sich der Lieferer in Verzug befindet.

Spindler KG — **Textilgroßhandlung**

Spindler KG · Goseriede 41 · 30159 Hannover

Goseriede 41 · 30159 Hannover
Telefon: 0511 4155-0
Telefax: 0511 4155-10
Internet: www.spindler-wvd.de
E-Mail: info@spindler-wvd.de

Winkler KG
Herrn Lörner
Bismarckstraße 7
64293 Darmstadt

Telefax 0511 4155-32
E-Mail solms@spindler-wvd.de

Ihr Zeichen, Ihre Nachricht vom: Lör 22.10.20..
Unser Zeichen, unsere Nachricht vom: Sol 21.10.20..
Telefon, Name 0511 4155-58 Herr Solms
Datum: 25.10.20..

Bestellung Nr. 8155

Sehr geehrter Herr Lörner,

wir danken für Ihr Angebot. Wir bestellen folgende Ware zu den vereinbarten Lieferungs- und Zahlungsbedingungen:

Pos.	Artikelnummer	Artikelbezeichnung	Menge	Einzelpreis EUR
1	5001	Klima-Aktiv-Jacken	500 St.	45,00

Für die Lieferung haben wir wie in Ihrem Angebot den 5. November 20.. vorgesehen. Die Lieferung erfolgt sofort frei Haus. Die Zahlung erfolgt innerhalb 30 Tagen oder innerhalb 8 Tagen unter 3 % Skonto ab Rechnungseingang.

Wir hoffen auf baldige Lieferung.

Mit freundlichen Grüßen

Textilgroßhandlung Spindler KG

i. A. *Solms*

Martin Solms

Stellen Sie fest, ob die Voraussetzungen des Lieferungsverzugs hier gegeben sind.

LERNFELD 3

BESCHAFFUNGSPROZESSE PLANEN, STEUERN UND KONTROLLIEREN

4. Martin Solms hat Herrn Treuend informiert, dass die Winkler KG in Verzug ist. Aus Sicht von Herrn Treuend ergibt sich daraus folgende Frage:

Wollen wir die Lieferung noch oder wollen wir sie nicht mehr?

Im Laufe des Tages zeichnen sich vier mögliche Entwicklungen ab, die auf den nachfolgenden Seiten jeweils kurz beschrieben sind.

Wie soll sich die Spindler KG in den entsprechenden vier Situationen jeweils verhalten?

Situation A

> Die Winkler KG beliefert die Spindler KG schon seit Jahren mit ihren Klima-Aktiv-Jacken. Bisher sind alle Lieferungen pünktlich eingetroffen. Die jetzt fällige Lieferung soll spätestens in 3 Tagen in Hannover eintreffen. Somit können die Stammkunden von der Spindler KG sehr kurzfristig ihre Ware bekommen, was diese auch auf telefonischen Rückruf akzeptieren.

§ 433 BGB Vertragstypische Pflichten beim Kaufvertrag (Auszug)

(1) Durch den Kaufvertrag wird der Verkäufer einer Sache verpflichtet, dem Käufer die Sache zu übergeben und das Eigentum an der Sache zu verschaffen. Der Verkäufer hat dem Käufer die Sache frei von Sach- und Rechtsmängeln zu verschaffen. (...)

a) **Wie würden Sie sich verhalten?**

Situation B

> Die Auslieferung der Klima-Aktiv-Jacken wird erst zum Ende der nächsten Woche erfolgen. Auch ein zweiter Lieferer kann nicht früher liefern. Glücklicherweise kann die Spindler KG die Klima-Aktiv-Jacken für die Stammkunden von einem befreundeten Geschäftspartner vorübergehend ausleihen. Es entstehen aber zusätzliche Fahrtkosten in Höhe von etwa 150,00 €.

§ 433 BGB Vertragstypische Pflichten beim Kaufvertrag (Auszug)

(1) Durch den Kaufvertrag wird der Verkäufer einer Sache verpflichtet, dem Käufer die Sache zu übergeben und das Eigentum an der Sache zu verschaffen. Der Verkäufer hat dem Käufer die Sache frei von Sach- und Rechtsmängeln zu verschaffen. (...)

§ 280 BGB Schadensersatz wegen Pflichtverletzung (Auszug)

(1) Verletzt der Schuldner eine Pflicht aus dem Schuldverhältnis, so kann der Gläubiger Ersatz des hierdurch entstehenden Schadens verlangen. Dies gilt nicht, wenn der Schuldner die Pflichtverletzung nicht zu vertreten hat. (...)

b) **Wie würden Sie sich verhalten?**

WIR INFORMIEREN UNS ÜBER DIE GESETZLICHEN KÄUFERRECHTE BEI NICHT RECHTZEITIGER LIEFERUNG

Situation C

Die Winkler KG hat große Lieferschwierigkeiten. Der Lieferer kann die Klima-Aktiv-Jacken nicht vor Januar liefern. Ein möglicher neuer Lieferer, die Firma Malaysia Import GmbH, bietet zur sofortigen Lieferung vergleichbare Klima-Aktiv-Jacken zum Preis von 40,00 €/Stück (5,00 € günstiger) an.

§ 323 BGB Rücktritt wegen nicht oder nicht vertragsgemäß erbrachter Leistung (Auszug)

(1) Erbringt bei einem gegenseitigen Vertrag der Schuldner eine fällige Leistung nicht oder nicht vertragsgemäß, so kann der Gläubiger, wenn er dem Schuldner eine angemessene Frist zur Leistung oder Nacherfüllung bestimmt hat und die Frist[1] erfolglos abgelaufen ist, vom Vertrag zurücktreten. (...)

c) **Wie würden Sie sich verhalten?**

Situation D

Die Winkler KG hat große Lieferschwierigkeiten. Der Lieferer kann die Klima-Aktiv-Jacken nicht vor Januar liefern. Die Firma Emut GmbH aus Hofgeismar bietet vergleichbare Klima-Aktiv-Jacken zur sofortigen Lieferung an. Der Preis beträgt jedoch 52,00 €/Stück (7,00 € teurer).

§ 281 BGB Schadensersatz statt der Leistung wegen nicht oder nicht wie geschuldet erbrachter Leistung (Auszug)

(1) Soweit der Schuldner die fällige Leistung nicht oder nicht wie geschuldet erbringt, kann der Gläubiger unter den Voraussetzungen des § 280 Abs. 1 Schadensersatz statt der Leistung verlangen, wenn er dem Schuldner erfolglos eine angemessene Frist[1] zur Leistung oder Nacherfüllung bestimmt hat und die Frist erfolglos abgelaufen ist. (...)

d) **Wie würden Sie sich verhalten?**

5. Martin Solms will nun seine gesamten gewonnenen Erkenntnisse für Herrn Treuend aufbereiten. Daher erstellt er eine Übersicht, die alle Voraussetzungen für den Lieferungsverzug und die daraus resultierenden Rechte des Käufers enthalten soll.

Erstellen Sie eine Übersicht zum Lieferungsverzug (Nicht-rechtzeitig-Lieferung) unter Berücksichtigung folgender Aufgabenstellungen:
– Fassen Sie die wesentlichen Aussagen der entsprechenden Paragrafen des BGB zu den Voraussetzungen des Lieferungsverzugs zusammen (Lückentext).
– Berücksichtigen Sie dabei auch § 286 (2) 1 BGB.
– Stellen Sie die vier möglichen Rechte des Käufers kurz und anschaulich dar.
– Verwenden Sie dazu die Darstellung auf der nachfolgenden Seite.

---

1 Die Nachfristsetzung ist bei Rücktritt oder dem Schadensersatz statt Lieferung immer notwendig, auch wenn der Liefertermin genau bestimmt ist. Die Nachfristsetzung kann direkt mit der Mahnung erfolgen.

LERNFELD 3

Der Lieferungsverzug (Nicht-rechtzeitig-Lieferung)

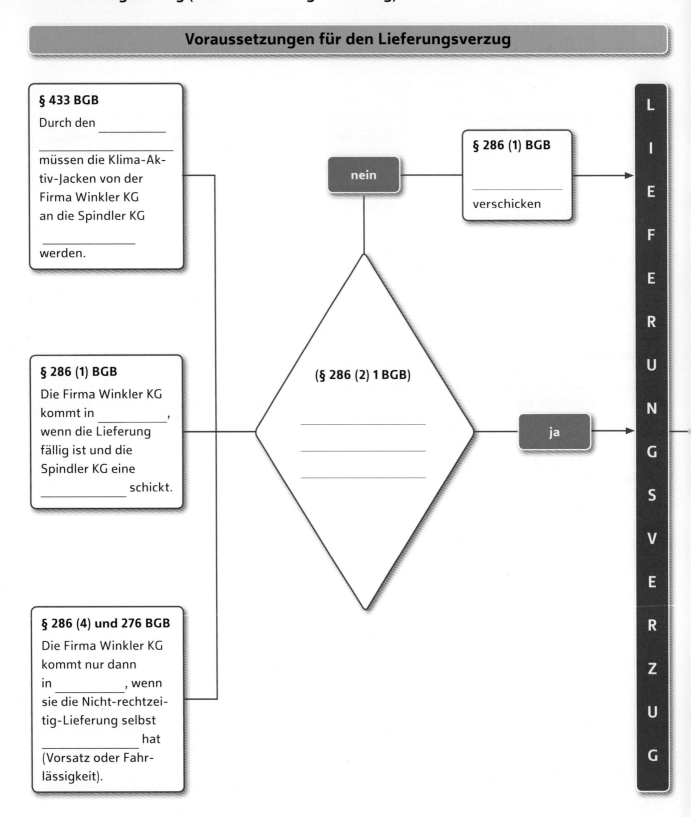

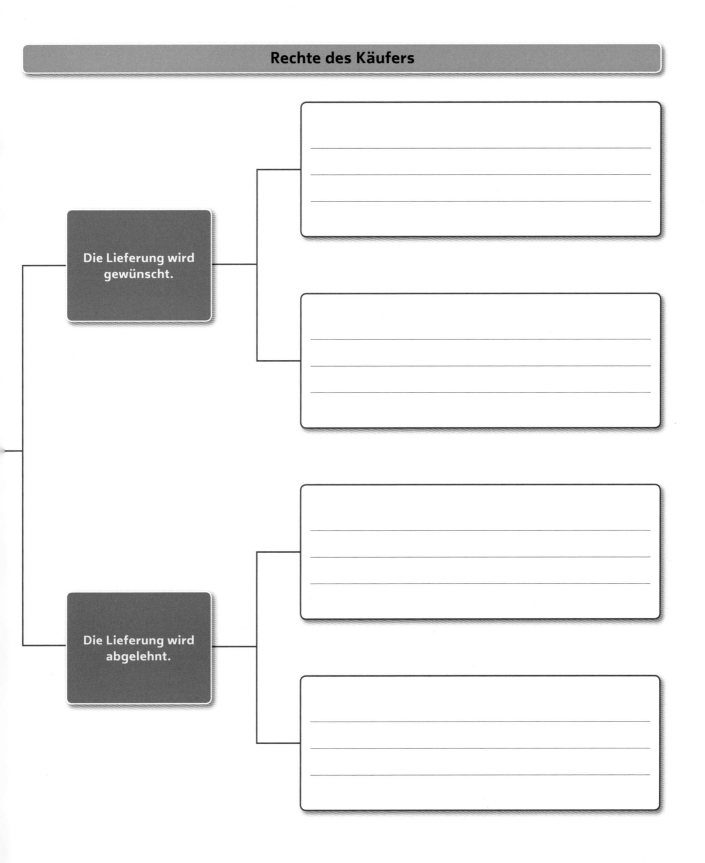

LERNFELD 3

BESCHAFFUNGSPROZESSE PLANEN, STEUERN UND KONTROLLIEREN

VERTIEFUNGS- UND ANWENDUNGSAUFGABEN

1. Unter den Rechten des Käufers bei Lieferungsverzug gibt es die Möglichkeit, dass die Lieferung weiterhin verlangt wird.
Welche Gründe können aus Sicht des Käufers allgemein dafür sprechen, weiterhin auf Lieferung zu bestehen?

___

2. Die Spindler KG hat Ware bei ihrem Lieferer eingekauft. Martin Solms will im Vorfeld wissen, wie er bei Störungen in der Erfüllung des Kaufvertrags rechtlich richtig handeln darf.
Welche der nachfolgenden Aussagen ist richtig?

	Aufgrund einer berechtigten Mängelrüge hat die Spindler KG nur das Recht auf eine Preisminderung.
	Bei einem Fixkauf kann die Spindler KG im Falle eines Lieferungsverzugs ohne Nachfristsetzung vom Vertrag zurücktreten.
	Beim Lieferungsverzug kann die Spindler KG immer Schadensersatz wegen Nichterfüllung verlangen.
	Im Falle des Annahmeverzugs darf der Lieferer beim Selbsthilfeverkauf nicht mitbieten.
	Bei versteckten Mängeln braucht die Spindler KG keine Rügefrist einzuhalten.

3. Die Vödisch AG gerät gegenüber ihrem Kunden Spindler KG mit der Lieferung von 100 Damenpullovern „Elle" in Lieferungsverzug. Die Spindler KG benötigt die Ware dringend und hat sich daher die Damenpullover nach Mahnung und Verstreichen einer angemessenen Nachfrist bei einem anderen Lieferer besorgt. Die Spindler KG verlangt von der Vödisch AG die Preisdifferenz für die dort teurer eingekaufte Ware. **Welches Recht aus dem Lieferungsverzug macht die Spindler KG hier geltend?**

	Erfüllung des Vertrags und Schadensersatz
	Ersatz für Verspätung und Minderung
	Rücktritt vom Vertrag
	Erfüllung des Vertrags
	Schadensersatz statt Leistung

Zur weiteren Vertiefung der Lerninhalte und Sicherung der Lernergebnisse empfehlen wir das Bearbeiten der Aufgaben und Aktionen in Kapitel 9 (Wir informieren uns über die gesetzlichen Käuferrechte bei nicht rechtzeitiger Warenlieferung) des Lernfeldes 3 Ihres Lehrbuches „Groß im Handel, 1. Ausbildungsjahr".

7 Wir bahnen Einfuhrgeschäfte an und schließen sie ab

HANDLUNGSSITUATION

Aufgrund einer Anfrage erhält die Spindler KG die folgenden beiden Angebote über Herrenhemden:

Angebot 1

Textil-International Ltd., 25 Pat Tat St, Sanpokong, Kowloon, Hongkong

...

Angebot Nr. EX 124/97

Wir danken Ihnen für Ihre Anfrage und bieten Ihnen an

Material:	Herrenhemd aus 100 % Baumwolle, Farben Natur und Blau, in den Größen 39/40, 41/42 und 43/44 zum Preis von 80,00 HK-$ je Stück
Preisstellung:	netto, FOB Hongkong
Lieferzeit:	4 Wochen nach Eintreffen Ihres Auftrags
Zahlung:	Dokumente gegen Kasse (D/P)*

Angebot 2

Import-Export, Istanbul, Turkey

...

Angebot Nr. 234/13

Wir danken Ihnen für Ihre Anfrage und bieten Ihnen an

Material:	Herrenhemd aus 100 % Baumwolle, Farben Natur und Blau, in den Größen 39/40, 41/42 und 43/44 zum Preis von 40,00 Lira je Stück
Preisstellung:	netto, FCA Istanbul
Lieferzeit:	4 Wochen nach Eintreffen Ihres Auftrags
Zahlung:	Dokumente gegen Kasse (D/P)*

Der Leiter der Einkaufsabteilung, Herr Treuend, beauftragt Nina Kröger
- bei dem preisgünstigsten Anbieter
  je 100 Herrenhemden in den Größen 39/40, 41/42 und 43/44 in der Farbe Natur und
  je 150 Herrenhemden in den Größen 39/40, 41/42 und 43/44 in der Farbe Blau
  zu bestellen
- sowie die notwendigen Papiere für die Einfuhr der bestellten Ware zu beschaffen.

---

* Erläuterung: Bei der Zahlungsbedingung „Dokumente gegen Kasse (D/P = Documents against payment)" werden die Dokumente, mit denen über die Ware verfügt werden kann (Konnossement, Frachtbriefdoppel, Spediteurversanddokumente), dem Käufer nur gegen sofortige Zahlung ausgehändigt.

Industrie- und Handelskammer Hochrhein-Bodensee

Einfuhrverfahren im Überblick

Stand: Mai 2016

...

7. Wann sind spezielle Genehmigungen erforderlich?

Im Regelfall sind keine speziellen Genehmigungen erforderlich. Mengenmäßige Einfuhrbeschränkungen und Genehmigungserfordernisse ergeben sich aber insbesondere im **Agrar- und Textilbereich.** Als Genehmigungsbehörden sind für landwirtschaftliche Produkte die **Bundesanstalt für Landwirtschaft und Ernährung (BLE),** Bonn, Internet: www.ble.de, und für die gewerblichen Waren das **Bundesamt für Wirtschaft und Ausfuhrkontrolle (BAFA),** Eschborn, Internet: www.bafa.de, zuständig.

Für **Lebensmittel** bestehen in Einzelfällen Vorführpflichten bei der Einfuhrabfertigung. (...)

Besondere **Verbote und Beschränkungen** bestehen beispielsweise bei geschützten Tier- und Pflanzenarten und Produkten daraus. Einschränkungen ergeben sich auch aus dem Schutz der Umwelt, der menschlichen Gesundheit und der öffentlichen Sicherheit.

8. Benötigte Einfuhrpapiere für die Zollabfertigung

Grundsätzlich werden benötigt:

- **Handelsrechnung** der ausländischen Lieferanten (ohne ausländische Umsatzsteuer)
- **Einfuhranmeldung:** Für den Import und die Abfertigung zum freien Verkehr (oder in ein anderes Zollverfahren) müssen seit dem 1. Mai 2016 ab einem Warenwert von 22,00 Euro oder einem Gewicht von 1000 kg eine formale Zollanmeldung abgegeben werden. Dies kann elektronisch über das ATLAS-System oder die Internetzollanmeldung unter www.zoll.de erfolgen. Alternativ kann die Einfuhr auch auf Papier (Formular: Einheitspapier 0737, Ergänzungsblatt 0738) angemeldet werden. Dieses darf jedoch in der Regel nicht von Hand ausgefüllt werden.
- **Zollwertanmeldung:** notwendig bei zollpflichtigen Drittlandswaren ab einem Warenwert von 20.000,00 € pro Sendung.
- **EORI-Nummer:** benötigen Sie ab dem ersten Importvorgang. Die EORI-Nummer beantragen Sie bei der Zollverwaltung.

in Einzelfällen:

- **Ursprungszeugnisse** (nur in vorgeschriebenen Ausnahmefällen)
- **Einfuhrgenehmigungen, Überwachungsdokumente, Einfuhrkontrollmeldungen.**
- **Internationale Wareneingangsbescheinigungen/Endverbleibserklärungen:** Diese sind erforderlich bei Rüstungsgütern, Gütern für kerntechnische Zwecke und Waren mit strategischer Bedeutung (z. B. besonders leistungsfähige Computer oder Präzisionswerkzeugmaschinen). Der Importeur wird in diesem Fall von seinem Lieferanten aufgefordert, diese Bescheinigung auszustellen.

zur Zollersparnis:

- **Ursprungszeugnis nach Formblatt A** (für die Inanspruchnahme von Zollpräferenzen bei Einfuhren aus begünstigten Entwicklungsländern)
- **Warenverkehrsbescheinigungen (EUR.1 / EUR-MED / Ursprungserklärung, A.TR)** zur Zollermäßigung bei Staaten, mit denen entsprechende Abkommen bestehen (...)

(...)

Quelle: http://www.konstanz.ihk.de/international/Import-und-Export/import/Im_Einfuhrverfahren_Abwicklung_von_Importgeschaeften/1660068#titleInText6

(Aufgerufen am 07.02.2017)

Informationen zum Lösen der folgenden Handlungsaufgaben finden Sie im Lehrbuch „Groß im Handel, 1. Ausbildungsjahr" in Kapitel 5 des Lernfeldes 3 (Wir bahnen Einfuhrgeschäfte an und schließen Sie ab) und im obigen Informationsblatt der Handelskammer Hochrhein-Bodensee.

HANDLUNGSAUFGABEN

1. Welche Probleme muss Nina Kröger lösen, um die Aufträge von Herrn Treuend zu erfüllen?

LERNFELD 3

BESCHAFFUNGSPROZESSE PLANEN, STEUERN UND KONTROLLIEREN

2. Rechnen Sie den Stückpreis netto, FOB Hongkong der Textil International Ltd., und den Stückpreis netto, FCA Istanbul der Im- und Export Istanbul in Euro um. Nutzen Sie dazu als Hilfsmittel die folgende Wechselkurstabelle.

Devisenkurse

Stand: 24.11.2016

Kurse in Euro (Abrechnungskurse)
Mengennotierung 1,00 € = X Währungseinheiten

Land	ISO-Code	Geldkurs	Briefkurs
USA	USD	1,0534	1,0594
Japan	JPY	119,2700	119,7500
Großbritannien	GBP	0,8458	0,8498
Schweiz	CHF	1,0718	1,0758
Kanada	CAD	1,4184	1,4304
Schweden	SEK	9,7446	9,7926
Norwegen	NOK	9,0565	9,1045
Dänemark	DKK	7,4171	7,4571
Australien	AUD	1,4183	1,4383
Hongkong	HKD	8,1033	8,2833
Neuseeland	NZD	1,4839	1,5339
Polen	PLN	4,3727	4,4727
Singapur	SGD	1,5021	1,5221
Südafrika	ZAR	14,8367	15,1367
Thailand	THB	36,6969	38,6969
Tschechien	CZK	26,8220	27,2220
Ungarn	HUF	306,89	313,89
Türkei	TRY	3,5729	3,6029

Irrtum vorbehalten

Obige Kurstabelle zeigt Kurse in Mengennotiz. Bitte beachten Sie, dass bei Währungsabrechnungen zur Mengennotiz Fremdwährungsverkäufe an Kunden zum Geldkurs und Fremdwährungsankäufe von Kunden zum Briefkurs erfolgen.

Quelle: www.haspa.de/download/38692/pdf-devisenkurse-23082016.pdf, Abrufdatum: 24.11.2016

3. **Erläutern Sie die Verteilung der Kosten und des Transportrisikos zwischen Verkäufer und Käufer bei der Lieferungsbedingung FOB Hongkong.**

4. **Erläutern Sie die Verteilung der Kosten und des Transportrisikos zwischen Verkäufer und Käufer bei der Lieferungsbedingung FCA Istanbul.**

5. **Ermitteln Sie den Bareinstandspreis geliefert unverzollt Hannover (DAP) für das Angebot 1 für 750 Stück.**
   Berücksichtigen Sie dabei folgende Kosten:
   Die Seefracht bis zum Bestimmungshafen Hamburg beträgt 1.000,00 US-$, die Seetransportversicherung 900,00 US-$, die Kosten der Entladung in Hamburg 100,00 €, die Frachtkosten von Hamburg betragen nach Hannover 210,00 €.

   Bareinstandpreis frei an Bord (FOB)

LERNFELD 3

BESCHAFFUNGSPROZESSE PLANEN, STEUERN UND KONTROLLIEREN

6. Ermitteln Sie den Bareinstandspreis geliefert unverzollt Hannover (DAP) für das Angebot 2 für 750 Stück. Berücksichtigen Sie dabei folgende Kosten:
Die Transportkosten bis nach Hannover betragen 1.000,00 €, die Transportversicherung 400,00 € und die Entladekosten 50,00 €.

Bareinstandpreis frei Frachtführer (FCA)

7. Entscheiden Sie sich für das günstigste Angebot.

8. Schreiben Sie einen Bestellbrief an den günstigsten Anbieter.

Spindler KG • Goseriede 41 • 30159 Hannover

Ihr Zeichen, Ihre Nachricht vom   Unser Zeichen, unsere Nachricht vom   Telefon, Name   Datum

# LERNFELD 3

BESCHAFFUNGSPROZESSE PLANEN, STEUERN UND KONTROLLIEREN

9. Welche Papiere muss Nina Kröger für die Einfuhrabfertigung der Hemden besorgen oder erstellen?

_____

_____

_____

_____

_____

_____

_____

_____

_____

VERTIEFUNGS- UND ANWENDUNGSAUFGABEN

Zur weiteren Vertiefung und Sicherung der Lernergebnisse empfehlen wir das Bearbeiten der Aufgaben und Aktionen im Kapitel 5 (Wir bahnen Einfuhrgeschäfte an und schließen sie ab) des Lernfeldes 3 in Ihrem Lehrbuch „Groß im Handel, 1. Ausbildungsjahr".

8 Wir nutzen Warenwirtschaftssysteme im Einkauf

HANDLUNGSSITUATION

Die Geschäftsführer der Spindler KG, Herr Gerd Spindler und Frau Susanne Strobel, haben eine Sitzung einberufen, da sie zum Ende des Jahres verschiedene Statistiken des Einkaufs benötigen, um damit die Einkaufsziele für das kommende Geschäftsjahr festzulegen. An dieser Sitzung nehmen neben dem Abteilungsleiter Einkauf, Herrn Uwe Treuend, sowie zwei weiteren Mitarbeitern auch die beiden Auszubildenden Anja Kruse und Martin Solms teil.

Es soll um drei Themenbereiche gehen:

1. Warenwirtschaftssystem

Frau Strobel hat sich zu Beginn des letzten Jahres für ein neues EDV-gestütztes Warenwirtschaftssystem eingesetzt. Dies ist nun eingeführt worden. Frau Strobel interessiert zum einen, welche Stammdaten benötigt wurden, um das Arbeiten mit dem Warenwirtschaftssystem überhaupt zu ermöglichen, und zum anderen, was die wesentlichen Vorteile dieses Systems im Einkauf sind.

2. Preiskalkulation

Frau Strobel hat neueste Marktforschungsberichte vorliegen, aus denen hervorgeht, dass bei besseren Angebotspreisen der Absatz bestimmter Artikel erhöht werden kann. Die Abteilung Einkauf soll sich daher um neue Lieferer bemühen, die bessere Einkaufpreise bei aussichtsreichen Artikeln bieten können.

3. Einkaufsauswertung

In Kürze stehen die Jahresgespräche mit einigen Lieferern an. Herr Spindler und Herr Treuend werden dabei mit dem Lieferer Bernhard Müller OHG Verhandlungen führen, um Preise, Lieferkonditionen und Ähnliches für das neue Jahr festzulegen. Dazu werden verschiedene Informationen benötigt.

Der Abteilungsleiter Herr Treuend tritt an die beiden Auszubildenden Anja Kruse und Martin Solms heran, weil diese bei der Aufbereitung der geforderten Daten helfen sollen.

Informationen zum Lösen der folgenden Handlungsaufgaben finden Sie im Lehrbuch „Groß im Handel, 1. Ausbildungsjahr" in Kapitel 10 (Wir nutzen Warenwirtschaftssysteme im Einkauf) des Lernfeldes 3.

LERNFELD 3

BESCHAFFUNGSPROZESSE PLANEN, STEUERN UND KONTROLLIEREN

HANDLUNGSAUFGABEN

1. **Welche Fragen müssen Anja und Martin klären?**

2. Wichtige Stammdaten im Einkauf sind die der Einkaufsartikel und die der Lieferer. Anja und Martin bekommen von Herrn Treuend folgenden Auftrag:
   Welche Informationen sind bei den Artikeln und bei den Lieferern für die Stammdatenpflege wesentlich? Stellen Sie Ihre Ergebnisse stichwortartig in der nachfolgenden Tabelle dar.

Stammdaten	
Artikel	**Lieferer**

3. Das neue Warenwirtschaftssystem der Spindler KG hat viele Vorteile gegenüber dem alten System, das zum Teil noch manuelle Erfassungen vorsah.
   Nennen Sie für die nachfolgenden Bereiche des Einkaufs die wesentlichen Vorteile und Möglichkeiten des eingeführten EDV-gestützten Warenwirtschaftssystems.

Bereich	Vorteile/Möglichkeiten
Liefererauskunftssystem	
System für Angebotsaufforderungen	

WIR NUTZEN WARENWIRTSCHAFTSSYSTEME IM EINKAUF

Bereich	Vorteile/Möglichkeiten
Unterstützung des Bestellwesens	
Rückstandsüberwachung und Mahnwesen	
Wareneingang	
Rechnungsprüfung	

4. Marktanalysen der Spindler KG haben ergeben, dass bei einem um 10 % günstigeren Bezugspreis und einer entsprechenden neuen Kalkulation der Verkaufspreise deutlich mehr Multifunktionsjacken abgesetzt werden können. Daher soll der Bezugspreis hier gesenkt werden. Die bisherigen Lieferer Bernhard Müller OHG sowie die Firma Friedrich-Wilhelm Heine e. K. sind leider nicht bereit, den Angebotspreis zu senken. Es liegen noch zwei weitere Angebote von der Pautsch KG und Meyermann GmbH vor.

	Pautsch KG	Meyermann GmbH
Listenpreis	21,00 €	17,80 €
mengenabhängiger Rabatt	25 %	5 %
Skonto	3 % innerhalb von 10 Tagen	netto Kasse

a) Die Bezugspreise für die Bernhard Müller OHG und die Fa. Friedrich-Wilhelm Heine hat Anja bereits aus dem WWS entnommen. **Kalkulieren Sie die Bezugspreise der anderen Lieferer und ermitteln Sie den günstigsten Lieferer.**

Lieferer	%	Bernhard Müller OHG	%	Friedrich-Wilhelm Heine e.K.	%	Pautsch KG	%	Meyermann GmbH
Listeneinkaufspreis		22,00 €		20,00 €				
– Liefererrabatt	10	2,20 €	15	3,00 €				
Zieleinkaufspreis		19,80 €		17,00 €				
– Liefererskonto	2	0,40 €	2	0,34 €				
Bareinkaufspreis		19,40 €		16,66 €				
+ Bezugskosten		– €		– €				
= Bezugspreis		19,40 €		16,66 €				
Bezugspreis/Einheit		19,40 €		16,66 €				
Lieferzeit in Tagen		7,00 €		10,00 €				

Der günstigste Lieferer ist _____

LERNFELD 3

BESCHAFFUNGSPROZESSE PLANEN, STEUERN UND KONTROLLIEREN

b) Wie hoch ist die tatsächliche Preissenkung? Ist das Ziel einer 10-prozentigen Senkung des Bezugspreises erreicht?

5. Herr Spindler und Herr Treuend wollen ein Jahresgespräch mit dem Lieferer Bernhard Müller OHG (Lieferer-Nr. 20101) führen. Daher haben Anja und Martin von allen Artikeln, die die Bernhard Müller OHG liefert, nachfolgende Informationen aus dem Warenwirtschaftssystem zusammengestellt:

	Benötigte Menge	Eingekaufte Menge Müller[1]	Bezugspreis Müller[1]	Einkauf bei Fa. Müller €	Einkauf bei Fa. Müller %
Jeansweste mit Pailletten	950	950	15,83 €	15.038,50 €	14,23 %
Multifunktionsjacke	1500	500	16,66 €	8.330,00 €	7,88 %
Baumwoll-Sakko gefüttert	630	0	52,82 €	0,00 €	0,00 %
Boxershorts, Gr. L 100 % Baumw.	1950	1950	10,21 €	19.909,50 €	18,84 %
Holzfällerhemden, Farbe sortiert	5000	1400	16,98 €	23.772,00 €	22,50 %
Jogginganzug	2000	1820	21,21 €	38.602,20 €	36,54 %
			Gesamt %	105.652,20 €	100,00 %

[1] Werte des vergangenen Jahres

a) Bestimmen Sie die mit der Firma Bernhard Müller OHG im vergangenen Jahr getätigten Umsätze, indem Sie diese in die entsprechende Spalte eintragen.

b) Nennen Sie stichpunktartig vier Auffälligkeiten in der oben stehenden Statistik, die Herr Spindler und Herr Treuend beim anstehenden Jahresgespräch berücksichtigen sollten.

c) Welche Schlussfolgerungen/Empfehlungen würden Sie Herrn Spindler und Herrn Treuend bezüglich Ihrer vier in b) genannten Auffälligkeiten mit auf den Weg geben?

WIR NUTZEN WARENWIRTSCHAFTSSYSTEME IM EINKAUF

VERTIEFUNGS- UND ANWENDUNGSAUFGABEN

1. Die Spindler KG möchte ein neues EDV-gestütztes Warenwirtschaftssystem einführen.
Welche Vorteile ergeben sich für das Unternehmen durch dieses WWS?

	Die Lieferzeiten werden verkürzt und Kapital wird gebunden.
	Wartezeiten der Kunden vor den Kassen werden verkürzt.
	Es gibt tägliche Informationen zu Inventurdifferenzen.
	Es gibt einen schnellen Zugriff auf wichtige Daten sowie artikelgenaue und aktuelle Informationen.
	Der Mindestbestand wird aktuellen Umsatzzahlen automatisch angepasst.

2. Anja Kruse und Martin Solms von der Spindler KG arbeiten mit einem Warenwirtschaftssystem.
Welche Information können sie durch dieses System nicht ermitteln?

	Kundenzufriedenheit
	Soll-Bestand eines Pullovers mit einer speziellen Farbe
	schwer verkäufliche Artikel
	Meldebestand mit Hinweis, dass nachbestellt werden muss
	Umsatzstatistik für einen bestimmten Tag.

3. Herr Menke von der Spindler KG hat bei der Stichtagsinventur einen Ist-Bestand beim Artikel Reibe in Höhe von 20 Stück festgestellt. Das Warenwirtschaftssystem weist einen Soll-Bestand von 25 Stück aus.
Aus welchem Grund könnte der tatsächliche Bestand niedriger sein als der durch das Warenwirtschaftssystem ausgewiesene Soll-Bestand?

	Beim Kassieren wurden versehentlich Reiben doppelt als Abgang erfasst.
	Es hat eine Änderung des Meldebestands während des Jahres gegeben.
	Es wurde versehentlich ein Wareneingang von Reiben als Schälmesser erfasst.
	Eine Retour von fehlerhaften Reiben zum Lieferer wurde nicht erfasst.
	Die Umschlagshäufigkeit des Artikels Reibe hat sich um 5 erhöht.

Zur weiteren Vertiefung der Lerninhalte und Sicherung der Lernergebnisse empfehlen wir das Bearbeiten der Aufgaben und Aktionen in Kapitel 9 (Wir informieren uns über die gesetzlichen Käuferrechte bei nicht rechtzeitiger Lieferung) des Lernfeldes 3 Ihres Lehrbuches „Groß im Handel, 1. Ausbildungsjahr".

LERNFELD 3
BESCHAFFUNGSPROZESSE PLANEN, STEUERN UND KONTROLLIEREN

9 Wir nutzen die kaufmännischen Rechenarten I

HANDLUNGSSITUATION

Martin Solms ist diese Woche für den Einsatz im Einkauf der Spindler KG eingeteilt. Er ist gespannt auf die neue Aufgabe. Helfen Sie ihm, die folgenden Probleme zu lösen.

Fall 1:

Von Frau Schrader erhält Martin den Auftrag, die Bezugskosten für eine Bestellung von Herrenunterwäsche im Wert von 47.500,00 € und mit einem voraussichtlichen Gewicht von 370 kg bei der Alber & Bayer GmbH & Co. KG zu berechnen. Als Grundlage für seine Berechnung teilt sie ihm die Daten der letzten Bestellung mit und gibt ihm auf den Weg, dass die Frachtkosten nach dem Gewicht der bestellten Ware berechnet werden und die Transportversicherung nach dem Warenwert ermittelt wird.
Bei der letzten Bestellung wurde Herrenunterwäsche im Wert von 62.560,00 € mit einem Gewicht von 460 kg bestellt. Aus der vorliegenden Rechnung ergeben sich für diese Ware Frachtkosten in Höhe von 156,40 € und Kosten für die Transportversicherung in Höhe von 187,68 €.

Fall 2:

Martin hat den ganzen Tag im Einkauf gearbeitet und will gerade Feierabend machen. Da trifft er im Show-Room auf Herrn Moll, der nunmehr seit 38 Jahren einen Sportartikeleinzelhandel in Nienburg führt und dafür bekannt ist, dass er gerne persönlich vorbeischaut, wenn es Probleme gibt, statt sich selbst mit der Thematik zu befassen. Er hatte für 20 Sportanzüge aufgrund der letzten Rabattaktion (7 % auf alle Sportanzüge) 116,25 € je Anzug gezahlt. Nachdem er zu Hause angekommen war, hatte er gesehen, dass ein Internetanbieter die Anzüge für 140,00 € je Stück anbietet, aber 15 % Rabatt gewährt. Klären Sie den Sachverhalt auf.

Fall 3:

Die Nachfrage nach den neu ins Sortiment aufgenommenen Accessoire-Sets der Marke „Très Jolie" ist immens. Bei den aktuell eingehenden Bestellungen von 1 200 Sets pro Woche reichen die Vorräte noch für 5 Wochen. Erfahrungsgemäß steigen die Bestellmengen zum anstehenden Weihnachtsgeschäft jedoch kurzfristig um 45 % an. Die Bestellungen der Kunden für das Weihnachtsgeschäft werden in den nächsten vier Wochen eingehen. Es ist undenkbar, dass dieser Verkaufsschlager ausgerechnet zu Weihnachten nicht vorrätig ist. Frau Schrader möchte wissen, ob die Vorräte noch für die Weihnachtsbestellungen reichen.

Fall 4:

Martin soll die voraussichtlichen monatlichen Lohnkosten des Reinigungspersonals der Spindler KG für Frau Schrader ermitteln. Aktuell betragen die monatlichen Kosten 37.800,00 € für 27 in Vollzeit beschäftigte Reinigungskräfte. Aufgrund der guten Konjunkturlage und des höheren Arbeitsanfalls durch die Inbetriebnahme eines neuen Lagers sollen dauerhaft zwei weitere Personen in Vollzeit eingestellt werden. Zusätzlich wird die anfallende Mehrarbeit durch eine voll vergütete Erhöhung der Arbeitszeit von 40 auf 41 Stunden aufgefangen.

Fall 5:

Martin führt im Auftrag von Frau Schrader einige Bestellungen aus. Für die Bestellung von 1 100 Paaren Sportschuhen bei der SportStar LLC aus Japan erhält die Spindler KG eine Rechnung über 4.543.275,00 JPY mit einem Zahlungsziel von 60 Tagen. Die Verbindlichkeit soll zum tagesaktuellen Kurs in die Buchführung eingehen.

Fall 6:

Herr Breiter, ein Außendienstmitarbeiter der Spindler KG, hat von seiner letzten Dienstreise 21.780 CZK übrig. In den kommenden Tagen macht Herr Breiter sich auf den Weg nach Luzern (Schweiz). Er möchte vorab von Martin wissen, wie viele CHF er voraussichtlich für seine CZK bekommen wird.

Informationen zum Lösen der folgenden Handlungsaufgaben finden Sie im Lehrbuch „Groß im Handel, 1. Ausbildungsjahr" in Kapitel 11 (Wir nutzen die kaufmännischen Rechenarten) des Lernfeldes 3.

WIR NUTZEN DIE KAUFMÄNNISCHEN RECHENARTEN I

HANDLUNGSAUFGABEN

Fall 1:

1. Wie soll Martin vorgehen, um die Bezugskosten zu ermitteln?

2. Berechnen Sie mithilfe Ihres Lehrbuches die Höhe der Frachtkosten für die beabsichtigte Bestellung der Spindler KG bei der Alber & Bayer GmbH & Co. KG. Halten Sie dabei den Rechenweg ausführlich fest.

Berechnung:

Antwortsatz:

3. Berechnen Sie mithilfe Ihres Lehrbuches die Höhe der Kosten für die Transportversicherung für die beabsichtigte Bestellung der Spindler KG bei der Alber & Bayer GmbH & Co. KG. Halten Sie dabei den Rechenweg ausführlich fest.

Berechnung:

Antwortsatz:

LERNFELD 3

BESCHAFFUNGSPROZESSE PLANEN, STEUERN UND KONTROLLIEREN

Fall 2:

1. Wie soll Martin vorgehen, um dem Kunden den Sachverhalt zu erklären?

_____
_____
_____
_____
_____

2. Berechnen Sie den ursprünglichen Preis für einen Sportanzug bei der Spindler KG.

Berechnung:

Antwortsatz:

3. Berechnen Sie den Preis eines Sportanzugs bei dem von dem Kunden angeführten Internetanbieter.

Berechnung:

Antwortsatz:

WIR NUTZEN DIE KAUFMÄNNISCHEN RECHENARTEN I

4. Bereiten Sie mit Ihrem Tischnachbarn in Partnerteams ein Kundengespräch mit verteilten Rollen (Martin Solms, Kunde) vor, in welchem Sie dem Kunden den Sachverhalt erläutern.

Fall 3:

1. Welches Problem ergibt sich aufgrund der aktuellen Vorratslage der Acccessoire-Sets bei der Spindler KG?

2. Geben Sie mit ausführlichen Berechnungen an, ob der Vorrat der Accessoire-Sets unter Berücksichtigung des voraussichtlichen Anstiegs der Bestellmengen für das Weihnachtsgeschäft noch für die nächsten 4 Wochen ausreicht.

Antwortsatz:

LERNFELD 3

BESCHAFFUNGSPROZESSE PLANEN, STEUERN UND KONTROLLIEREN

3. Im Lager sind noch 6 000 Accessoire-Sets für das Weihnachtsgeschäft vorrätig. Frau Schrader möchte von Martin wissen, wie viele Sets sie noch bestellen muss, damit der Vorrat auch bei den erhöhten Bestellmengen für das Weihnachtsgeschäft ausreicht. Sie möchte gerne 1 500 Accessoire-Sets in Reserve haben.

Berechnung:

Antwortsatz:

Fall 4:

1. Welches Problem soll Martin lösen und wie soll er dabei vorgehen?

2. Berechnen Sie die monatlichen Lohnkosten für das Reinigungspersonal der Spindler KG nach den Neueinstellungen und der Arbeitszeiterhöhung.

Berechnung:

Antwortsatz:

3. Berechnen Sie den prozentualen Anstieg der Lohnkosten im Vergleich zu den Lohnkosten der vorherigen Monate.

Berechnung:

Antwortsatz:

Fall 5:

1. Welches Problem soll Martin lösen und wie soll er dabei vorgehen?

2. Grenzen Sie Devisen- und Sortengeschäfte voneinander ab.

3. Erläutern Sie die Begriffe Briefkurs und Geldkurs.

LERNFELD 3

BESCHAFFUNGSPROZESSE PLANEN, STEUERN UND KONTROLLIEREN

4. Berechnen Sie mit ausführlich dargestelltem Rechenweg den Wert, mit dem die Verbindlichkeit der Spindler KG in die Buchführung eingeht. (Die Wechselkurse entnehmen Sie der Tabelle in Ihrem Lehrbuch.)

Fall 6

1. Welches Problem soll Martin lösen und wie soll er dabei vorgehen?

2. Berechnen Sie mit Angabe des ausführlichen Rechenwegs den Wert der CZK in € und in CHF, damit Herr Breiter eine genaue Vorstellung davon bekommt, was sein Geld wert ist. (Die Wechselkurse entnehmen Sie der Tabelle in Ihrem Lehrbuch.)

VERTIEFUNGS- UND ANWENDUNGSAUFGABEN

Zur weiteren Vertiefung der Lerninhalte und Sicherung der Lernergebnisse empfehlen wir das Bearbeiten der Aufgaben in Kapitel 11 (Wir nutzen die kaufmännischen Rechenarten) des Lernfeldes 3 in Ihrem Lehrbuch „Groß im Handel, 1. Ausbildungsjahr".

10 Wir nutzen die kaufmännischen Rechenarten II

HANDLUNGSSITUATION

Nina Kröger ist zurzeit bei Herrn Schwarz im Rechnungswesen eingesetzt. Herr Schwarz hat ihr einige Aufgaben erläutert, die Nina erledigen soll und ihm heute Nachmittag vorstellen muss.

Die Ergebniszahlen für den Monat Dezember 20.. für die gesamte Spindler KG wurden von der Buchhaltung bereits ermittelt.

Allerdings benötigt Herr Schwarz zur Kontrolle der Abteilungsergebnisse und zur Identifikation von rentablen Unternehmensbereichen sowie zum Vergleich mit älteren Datensätzen die Abteilungsergebnisrechnung für den Monat Dezember 20...

Die Verteilung der Umsätze und Kosten der gesamten Spindler KG erfolgt, je nach Kostenart, nach der Maßgabe bestimmter Verteilungsschlüssel. Einen entsprechenden Vordruck, aus welchem auch die Verteilungsschlüssel hervorgehen, hat Herr Schwarz Nina zur Verfügung gestellt.

Ninas erste Aufgabe ist es nun, Herrn Schwarz über die Abteilungsergebnisse der Spindler KG für den Monat Dezember 20.. zu informieren. Hierbei handelt es sich um die Abteilungen „Verwaltung", „Verkauf 1" und „Verkauf 2".

Die endgültigen Ergebnisse für Dezember 20.. soll Nina in die Gesamtübersicht der Monatsergebnisse

der Abteilungen übertragen und die Gewinnverteilung für die Gesellschafter gemäß den folgenden Vorgaben erstellen:

1. Die Kapitalkonten der Gesellschafter wurden wie im Gesellschaftsvertrag vereinbart mit 4 % pro Jahr verzinst. Die Zinsen wurden aus dem Jahresgewinn 20.. gezahlt.

2. Vom Restgewinn sollen Herr Spindler 4/9, Frau Strobel 1/4 und die Kommanditisten jeweils einen gleichen Anteil am Rest erhalten.

3. Die Gehälter für Frau Strobel und Herrn Spindler in Höhe von jeweils 80.000,00 € wurden als Aufwand gebucht und bereits vor der Gewinnverteilung gezahlt. Sie erhöhen daher die Gewinnanteile.

LERNFELD 3

BESCHAFFUNGSPROZESSE PLANEN, STEUERN UND KONTROLLIEREN

Abteilungsergebnisrechnung Spindler KG Dezember 20..

Kosten/Leistungen in €	Verteilungs-schlüssel	Bereiche			
		Betrieb (gesamt) in €	Abteilungen		
			Verwaltung	Verkauf 1	Verkauf 2
Leistung (Umsatz)	%	250.000,00			
Kosten					
Wareneinsatz	%	160.000,00			
Personalkosten	Mitarbeiter	43.000,00			
Reparaturkosten	Umsatz	9.396,00			
Raumkosten	m²	9.000,00			
Betriebssteuern	Umsatz	800,00			
Zinsen	Wareneinsatz	2.938,00			
Werbekosten	Umsatz	6.650,00			
Fuhrparkkosten	Fahrkilometer	3.000,00			
Abschreibungen	m²	2.100,00			
Energiekosten	Mitarbeiter	1.700,00			
sonstige Kosten	Umsatz	5.000,00			
Summe (primäre) Kosten					
Verteilung Verwaltungskosten	Mitarbeiter				
Kosten Verkauf					
Ergebnis					

Schlüsselgrößen	Abteilungsanteile			Gesamt
	Verwaltung	Verkauf 1	Verkauf 2	
Anteil am Umsatz in %	0,00%	60,00 %	40,00 %	
Anteil am Wareneinsatz in %	0,00%	53,00 %	47,00 %	
Mitarbeiterzahl	26	40	20	
Fläche in m²	80 m²	200 m²	120 m²	
Fahrkilometer	400 km	500 km	1 100 km	

WIR NUTZEN DIE KAUFMÄNNISCHEN RECHENARTEN II

Überblick Monatsergebnisse Spindler KG 20..

Monat	Umsatz in €	Kosten in €	Betrieb (gesamt) in €
Januar	198.923,00	200.184,00	-1.261,00
Februar	203.234,00	189.274,00	13.960,00
März	210.003,00	191.395,00	18.608,00
April	224.987,00	204.892,00	20.095,00
Mai	210.374,00	201.937,00	8.437,00
Juni	196.627,00	182.834,00	13.793,00
Juli	199.472,00	184.739,00	14.733,00
August	230.492,00	210.438,00	20.054,00
September	201.343,00	183.482,00	17.861,00
Oktober	225.439,00	214.842,00	10.597,00
November	215.387,00	204.787,00	10.600,00
Dezember			
Jahr gesamt:			

Informationen zum Lösen der folgenden Handlungsaufgaben finden Sie im Lehrbuch „Groß im Handel, 1. Ausbildungsjahr" in Kapitel 11 (Wir nutzen die kaufmännischen Rechenarten) des Lernfeldes 3.

HANDLUNGSAUFGABEN

1. Welche Aufgaben muss Nina erledigen und in welcher Reihenfolge sollte sie diese Aufgaben bearbeiten?

LERNFELD 3

BESCHAFFUNGSPROZESSE PLANEN, STEUERN UND KONTROLLIEREN

2. Vervollständigen Sie die Abteilungsergebnisrechnung der Spindler KG für den Monat Dezember 20… Verwenden Sie die unten angegebenen Schlüsselgrößen (Verteilungsschlüssel) bei Ihren Berechnungen.

Abteilungsergebnisrechnung Spindler KG Dezember 20..

Kosten/Leistungen in €	Verteilungs-schlüssel	Betrieb (gesamt) in €	Verwaltung	Verkauf 1	Verkauf 2
Leistung (Umsatz)	%	250.000,00			
Kosten					
Wareneinsatz	%	160.000,00			
Personalkosten	Mitarbeiter	43.000,00			
Reparaturkosten	Umsatz	9.396,00			
Raumkosten	m²	9.000,00			
Betriebssteuern	Umsatz	800,00			
Zinsen	Wareneinsatz	2.938,00			
Werbekosten	Umsatz	6.650,00			
Fuhrparkkosten	Fahrkilometer	3.000,00			
Abschreibungen	m²	2.100,00			
Energiekosten	Mitarbeiter	1.700,00			
sonstige Kosten	Umsatz	5.000,00			
Summe (primäre) Kosten					
Verteilung Verwaltungskosten	Mitarbeiter				
Kosten Produktionsgruppen					
Ergebnis					

Schlüsselgrößen	Abteilungsanteile			Gesamt
	Verwaltung	Verkauf 1	Verkauf 2	
Anteil am Umsatz in %	0,00%	60,00 %	40,00 %	
Anteil am Wareneinsatz in %	0,00%	53,00 %	47,00 %	
Mitarbeiterzahl	26	40	20	
Fläche in m²	80 m²	200 m²	120 m²	
Fahrkilometer	400 km	500 km	1 100 km	

WIR NUTZEN DIE KAUFMÄNNISCHEN RECHENARTEN II

3. Ermitteln Sie den Gesamtgewinn der Spindler KG für das Jahr 20.., indem Sie die folgende Tabelle vervollständigen.

Überblick Monatsergebnisse Spindler KG 20..

Monat	Umsatz in €	Kosten in €	Betrieb (gesamt) in €
Januar	198.923,00	200.184,00	-1.261,00
Februar	203.234,00	189.274,00	13.960,00
März	210.003,00	191.395,00	18.608,00
April	224.987,00	204.892,00	20.095,00
Mai	210.374,00	201.937,00	8.437,00
Juni	196.627,00	182.834,00	13.793,00
Juli	199.472,00	184.739,00	14.733,00
August	230.492,00	210.438,00	20.054,00
September	201.343,00	183.482,00	17.861,00
Oktober	225.439,00	214.842,00	10.597,00
November	215.387,00	204.787,00	10.600,00
Dezember			
Jahr gesamt:			

4. Verteilen Sie den Gewinn der Spindler KG gemäß den bekannten Vorgaben auf die Gesellschafter. Ihre Berechnungen sowie eine Lösungstabelle (ähnlich denen im Lehrbuch) für die Gewinnverteilung können Sie in dem Lösungsfeld unter der Tabelle mit der Gewinnverteilung festhalten.

Gewinnverteilung Spindler KG 20..

Gesellschafter	Zinsen in €	Gehalt in €	Restgewinn in €	Gewinnanteil in €
Herr Gerd Spindler	4.000,00	80.000,00		
Frau Susanne Strobel	3.400,00	80.000,00		
Kommanditist 1	120,00	–		
Kommanditist 2	120,00	–		
Kommanditist 3	120,00	–		
Kommanditist 4	120,00	–		
Kommanditist 5	120,00	–		
Gesamt	**8.000,00**	**160.000,00**		

Lösungsfeld Nebenrechnungen:

LERNFELD 3

BESCHAFFUNGSPROZESSE PLANEN, STEUERN UND KONTROLLIEREN

5. Bereiten Sie sich darauf vor, Ihre Ergebnisse Herrn Schwarz vorzustellen. Im folgenden Lösungsfeld können Sie sich Notizen für die Besprechung mit Herrn Schwarz machen.

VERTIEFUNGS- UND ANWENDUNGSAUFGABEN

1. Wie wäre die Gewinnverteilung, wenn Frau Strobel bei sonst gleichem Sachverhalt vom Restgewinn das Dreifache der gesamten Kommanditisten erhalten soll und Herr Spindler wiederum doppelt so viel wie die Kommanditisten plus 5.000,00 €?

Gesellschafter	Zinsen in €	Gehalt in €	Vorab in €	Restgewinn in €	Gewinnanteil in €
Herr Gerd Spindler	4.000,00	80.000,00			
Frau Susanne Strobel	3.400,00	80.000,00			
Kommanditist 1	120,00	–			
Kommanditist 2	120,00	–			
Kommanditist 3	120,00	–			
Kommanditist 4	120,00	–			
Kommanditist 5	120,00	–			
Gesamt	**8.000,00**	**160.000,00**			

WIR NUTZEN DIE KAUFMÄNNISCHEN RECHENARTEN II

Zur weiteren Vertiefung der Lerninhalte und Sicherung der Lernergebnisse empfehlen wir die Aufgaben in Kapitel 11 (Wir nutzen die kaufmännischen Rechenarten) des Lernfeldes 3 in Ihrem Lehrbuch „Groß im Handel, 1. Ausbildungsjahr".

LERNFELD 4
GESCHÄFTSPROZESSE ALS WERTESTRÖME ERFASSEN, DOKUMENTIEREN UND AUSWERTEN

1 Wir lernen die Aufgaben und Vorschriften der Buchführung kennen

HANDLUNGSSITUATION

Martina Jonas, Leiterin des Funktionsbereichs Rechnungswesen der Spindler KG, kommt aufgeregt ins Büro von Frau Staudt, in dem auch die Auszubildende Nina Kröger sitzt:

Martina Jonas: „Guten Morgen, Frau Staudt, guten Morgen, Nina."

Frau Staudt und Nina Kröger: „Guten Morgen, Frau Jonas."

Martina Jonas: „So geht das nicht mehr weiter, wir brauchen jetzt dringend ein neues Computersystem. Ich kann nicht den halben Tag lang auf eine kleine Statistik warten. Rufen Sie doch sofort bei ‚PC-Pross' an, er soll uns diese Woche noch ein Angebot machen."

Frau Staudt: „Was soll das EDV-System denn können?"

Martina Jonas: „Wir brauchen einen Server, mit dem wir das betriebliche Rechnungswesen organisieren und unsere Buchführung erledigen können. Dass er netzwerkfähig ist und Möglichkeiten für mehrere Arbeitsplätze bietet, versteht sich."

Frau Staudt: „Was darf denn das kosten?"

Martina Jonas: „Ich rechne durchaus mit einer Summe von 50.000,00 €."

Nina Kröger: „Oh, das ist ja sehr viel Geld. Lohnt sich denn diese Ausgabe, wo ein PC doch gar keinen Umsatz für unser Unternehmen erzeugt?"

Martina Jonas: „Das ist eine berechtigte Frage. Am besten Sie beschäftigen sich erst einmal mit den Grundlagen des betrieblichen Rechnungswesens und der Buchführung. Dann können Sie sich diese Frage zu der Investition sicherlich selbst beantworten."

Informationen zum Lösen der folgenden Handlungsaufgaben finden Sie in Ihrem Lehrbuch, z. B. dem Schulbuch „Groß im Handel, 1. Ausbildungsjahr".

HANDLUNGSAUFGABEN

1. Welche Probleme muss Nina klären?

WIR LERNEN DIE AUFGABEN UND VORSCHRIFTEN DER BUCHFÜHRUNG KENNEN

2. Frau Jonas hat davon gesprochen, dass das betriebliche Rechnungswesen mit dem neuen EDV-System organisiert werden soll.

a) **Was wird unter dem betrieblichen Rechnungswesen verstanden?**

b) Wesentliche Aufgaben bzw. Funktionen des betrieblichen Rechnungswesens bei der Spindler KG sind die
- Dokumentations- und Informationsfunktion,
- die Dispositionsfunktion
- sowie die Kontrollfunktion.

Erläutern Sie diese drei Aufgaben bzw. Funktionen.

c) **Nennen Sie die vier Bereiche des betrieblichen Rechnungswesens.**

3. Neben dem betrieblichen Rechnungswesen hat Frau Jonas auch die Buchführung erwähnt.

a) **Was sind die Unterschiede zwischen dem betrieblichen Rechnungswesen und der Buchführung?**

LERNFELD 4

GESCHÄFTSPROZESSE ALS WERTESTRÖME ERFASSEN, DOKUMENTIEREN UND AUSWERTEN

b) Auch bei der Spindler KG gibt es in der Regel täglich mehrere Geschäftsfälle. Was verstehen Sie unter einem Geschäftsfall? **Nennen Sie drei Beispiele.**

c) **Warum ist die kaufmännische Buchführung so bedeutsam?**

d) **Welche Anspruchsgruppen der Spindler KG haben ein Interesse an den Daten aus der Buchführung des Unternehmens?**

e) **Warum kann die Spindler KG nicht auf eine ordnungsgemäße Buchführung verzichten?**

4. Frau Staudt gibt Nina Kröger verschiedene Auszüge aus Gesetzestexten des HGB sowie der Abgabenordnung (AO).

Frau Staudt: „Aus diesen Auszügen lässt sich herauslesen, welche gesetzlichen Bestimmungen es zum betrieblichen Rechnungswesen und zur Buchführung gibt."

Abgabenordnung (AO) – Auszüge

§ 141 Buchführungspflicht bestimmter Steuerpflichtiger
(1) Gewerbliche Unternehmer sowie Land- und Forstwirte, die nach den Feststellungen der Finanzbehörde für den einzelnen Betrieb
1. Umsätze einschließlich der steuerfreien Umsätze, ausgenommen die Umsätze nach § 4 Nr. 8 bis 10 des Umsatzsteuergesetzes, von mehr als 600.000,00 € im Kalenderjahr oder
2. (weggefallen)
3. selbstbewirtschaftete land- und forstwirtschaftliche Flächen mit einem Wirtschaftswert (§ 46 des Bewertungsgesetzes) von mehr als 25.000,00 € oder
4. einen Gewinn aus Gewerbebetrieb von mehr als 60.000,00 € im Wirtschaftsjahr oder
5. einen Gewinn aus Land- und Forstwirtschaft von mehr als 60.000,00 € im Kalenderjahr gehabt haben, (...)

§ 145 Allgemeine Anforderungen an Buchführung und Aufzeichnungen
(1) Die Buchführung muss so beschaffen sein, dass sie einem sachverständigen Dritten innerhalb angemessener Zeit einen Überblick über die Geschäftsvorfälle und über die Lage des Unternehmens vermitteln kann. Die Geschäftsvorfälle müssen sich in ihrer Entstehung und Abwicklung verfolgen lassen. ...

§ 146 Ordnungsvorschriften für die Buchführung und für Aufzeichnungen (1) Die Buchungen und die sonstigen Aufzeichnungen sind vollständig, richtig, zeitgerecht und geordnet vorzunehmen. Kasseneinnahmen und Kassenausgaben sollen täglich festgehalten werden. ...
(3) Die Buchungen und die sonst erforderlichen Aufzeichnungen sind in einer lebenden Sprache vorzunehmen. Wird eine andere als die deutsche Sprache verwendet, so kann die Finanzbehörde Übersetzungen verlangen. Werden Abkürzungen, Ziffern, Buchstaben oder Symbole verwendet, muss im Einzelfall deren Bedeutung eindeutig festliegen. ...
(5) Bücher oder die sonst erforderlichen Aufzeichnungen können auch in der geordneten Ablage von Belegen bestehen oder auf Datenträgern geführt werden, soweit diese Formen der Buchführung einschließlich des dabei angewandten Verfahrens den Grundsätzen ordnungsmäßiger Buchführung entsprechen; ...

§ 147 Ordnungsvorschriften für die Aufbewahrung von Unterlagen (1) Die folgenden Unterlagen sind geordnet aufzubewahren:
1. Bücher und Aufzeichnungen, Inventare, Jahresabschlüsse, Lageberichte, die Eröffnungsbilanz sowie die zu ihrem Verständnis erforderlichen Arbeitsanweisungen und sonstigen Organisationsunterlagen,
2. die empfangenen Handels- oder Geschäftsbriefe,
3. Wiedergaben der abgesandten Handels- oder Geschäftsbriefe,
4. Buchungsbelege,
5. sonstige Unterlagen, soweit sie für die Besteuerung von Bedeutung sind.
(2) Mit Ausnahme der Jahresabschlüsse und der Eröffnungsbilanz können die in Absatz 1 aufgeführten Unterlagen auch als Wiedergabe auf einem Bildträger oder auf anderen Datenträgern aufbewahrt werden, wenn dies den Grundsätzen ordnungsmäßiger Buchführung entspricht (...) (3) Die in Absatz 1 Nr. 1, 4 und 4a aufgeführten Unterlagen sind acht Jahre und die sonstigen in Absatz 1 aufgeführten Unterlagen sechs Jahre aufzubewahren, sofern nicht in anderen Steuergesetzen kürzere Aufbewahrungsfristen zugelassen sind. ...

Handelsgesetzbuch (HGB) – Auszüge

§ 238 Buchführungspflicht
(1) Jeder Kaufmann ist verpflichtet, Bücher zu führen und in diesen seine Handelsgeschäfte und die Lage seines Vermögens nach den Grundsätzen ordnungsmäßiger Buchführung ersichtlich zu machen. Die Buchführung muss so beschaffen sein, dass sie einem sachverständigen Dritten innerhalb angemessener Zeit einen Überblick über die Geschäftsvorfälle und über die Lage des Unternehmens vermitteln kann. Die Geschäftsvorfälle müssen sich in ihrer Entstehung und Abwicklung verfolgen lassen.
(2) Der Kaufmann ist verpflichtet, eine mit der Urschrift übereinstimmende Wiedergabe der abgesandten Handelsbriefe (Kopie, Abdruck, Abschrift oder sonstige Wiedergabe des Wortlauts auf einem Schrift-, Bild- oder anderen Datenträger) zurückzubehalten.

§ 239 Führung der Handelsbücher
(...) (3) Eine Eintragung oder eine Aufzeichnung darf nicht in einer Weise verändert werden, dass der ursprüngliche Inhalt nicht mehr feststellbar ist. Auch solche Veränderungen dürfen nicht vorgenommen werden, deren Beschaffenheit es ungewiss lässt, ob sie ursprünglich oder erst später gemacht worden sind.

§ 257 Aufbewahrung von Unterlagen, Aufbewahrungsfristen
(1) Jeder Kaufmann ist verpflichtet, die folgenden Unterlagen geordnet aufzubewahren:
1. Handelsbücher, Inventare, Eröffnungsbilanzen, Jahresabschlüsse, Einzelabschlüsse nach § 325 Abs. 2a, Lageberichte, Konzernabschlüsse, Konzernlageberichte sowie die zu ihrem Verständnis erforderlichen Arbeitsanweisungen und sonstigen Organisationsunterlagen, (...)

LERNFELD 4

GESCHÄFTSPROZESSE ALS WERTESTRÖME ERFASSEN, DOKUMENTIEREN UND AUSWERTEN

a) **Ist die Spindler KG laut Handelsgesetzbuch (HGB) zur Buchführung verpflichtet?**

b) **Sind die Bedingungen gemäß Abgabenordnung (AO) § 141 seitens der Spindler KG erfüllt, damit Buchführungspflicht besteht?**

c) **Wann gilt die Buchführung der Spindler KG als ordnungsgemäß im Sinne der § 238 HGB und § 145 AO?**

d) **Ist es der Spindler KG ohne Weiteres möglich, Eintragungen in den Büchern zu verändern oder zu löschen? Begründen Sie Ihre Entscheidung.**

e) **Was muss die Spindler KG gemäß § 146 AO bei Kasseneinnahmen und Kassenausgaben beachten?**

f) **Was gilt gemäß § 257 HGB für die Belege, nach denen die Buchungen vorgenommen werden?**

g) **Welche Unterlagen sind von der Spindler KG gemäß § 147 AO wie lange aufzubewahren?**

h) **Unter welchen Umständen kann die Spindler KG Unterlagen auf Datenträgern aufbewahren?**

5. Heute Morgen kommt Martina Jonas, Leiterin des Funktionsbereichs Rechnungswesen der Spindler KG, ins Büro, um sich bei Nina Kröger danach zu erkundigen, ob sich die Investition des neuen Computersystems lohnt.

a) **Finden Sie Argumente, die gegen die Investition des neuen Computersystems sprechen. Stellen Sie dabei auch mögliche Alternativen dar.**

b) **Finden Sie Argumente, die für die Investition des neuen Computersystems sprechen. Begründen Sie dabei Ihre Argumente ausführlich.**

LERNFELD 4
GESCHÄFTSPROZESSE ALS WERTESTRÖME ERFASSEN, DOKUMENTIEREN UND AUSWERTEN

VERTIEFUNGS- UND ANWENDUNGSAUFGABEN

1. Ordnen Sie die folgenden Begriffe den vier Teilgebieten des betrieblichen Rechnungswesens (Geschäftsbuchführung, Kosten- und Leistungsrechnung, Statistik, Planungsrechnung) zu.

	Teilgebiet des betrieblichen Rechnungswesens
Dokumentationsaufgabe	
Betriebs- und Branchenvergleich	
Soll-Ist-Vergleiche (Abweichungsanalyse)	
Preiskalkulationen	

2. Kreuzen Sie an: Bis zu welchem Zeitpunkt müssen Sie die Bilanz und das Inventar aus dem Jahr 2016 gemäß den Bestimmungen des HGB mindestens aufbewahren?

bis 31. Dezember 2046	
bis 31. Dezember 2026	
bis 31. Dezember 2020	
bis 31. Dezember 2017	
bis 31. Dezember 2016	

3. Die Spindler KG will sich ein neues EDV-System kaufen. **Prüfen Sie, in welchen Fällen gegen die Grundsätze ordnungsgemäßer Buchführung verstoßen würde.**

   a) Sie haben die Rechnung versehentlich falsch gebucht. Sie geben die Stornobuchung ins System ein und buchen dann den Vorgang neu.

   b) Sie zahlen das neue EDV-System aus der Kasse bar. Die Belege werden direkt in die Kasse gelegt.

   c) Sie zahlen die Rechnung für die Installation ebenfalls bar aus der Kasse. Der Beleg soll erst in der kommenden Woche in die Kasse gelegt werden, weil dann ein neuer Monat beginnt.

   d) Sie rechnen damit, dass Sie dieses System 5 Jahre nutzen können. Entsprechend legen Sie nur ein Fünftel des Betrags in die Kasse.

   e) Sie scannen die Rechnung ein, speichern diese als Datei und vernichten dann die Original-Rechnung.

4. **Welche der folgenden Aussagen entsprechen dem Grundsatz ordnungsgemäßer Buchführung?**

   a) Wir kalkulieren unsere Einkaufspreise monatlich.

   b) keine Buchung ohne Beleg

   c) Buchungsbelege werden nummeriert und geordnet aufbewahrt.

   d) Dem Kunden werden Zahlungsziele eingeräumt.

   e) tägliche Aufzeichnung der Kasseneinnahmen und -ausgaben

WIR LERNEN DIE AUFGABEN UND VORSCHRIFTEN DER BUCHFÜHRUNG KENNEN

5. Lösen Sie mithilfe des Kapitels 8.1 des Lehrbuches das folgende Silbenrätsel.

AB – AMT – AUS – BE – BE – BEN – BI – BUCH – DELS – ER – EX – FALL – FI – FOLG – GA – GE – GE – HAN – IN – KUNFTS – LAN – LE – LEG – MENS – MIT – NANZ – NUNG – NEH – ORD – QUEL – REN – SCHÄFTS – SETZ – TEL – TER – TERN – TU – UN – VEN – WEIS – ZEN

1 Vorgang, der das Vermögen und/oder die Schulden eines Großhandelsunternehmens verändert: _____

2 Keine Buchung ohne: _____

3 Hier sind Vorschriften zur Buchführung geregelt: _____

4 Diese enthält die steuerrechtlichen Regeln für die Buchführung: _____

5 Müssen 10 Jahre lang aufbewahrt werden (Mehrzahl): _____

6 Müssen 6 Jahre lang aufbewahrt werden (Mehrzahl): _____

7 Ziel der Buchführung: _____

8 Soll mit der Buchführung ermittelt werden: _____

9 Diese staatliche Institution interessiert sich für die Buchführung, um genug Steuern einzunehmen: _____

10 So ist der Beleg, wenn er im Geschäftsverkehr mit Außenstehenden anfällt: _____

11 Wichtige Aufgabe der Buchführung bei Rechtsstreitigkeiten: _____

LERNFELD 4

GESCHÄFTSPROZESSE ALS WERTESTRÖME ERFASSEN, DOKUMENTIEREN UND AUSWERTEN

2 Wir ermitteln die Vermögenswerte und Schulden durch Bestandsaufnahme

HANDLUNGSSITUATION

Frau Staudt, Mitarbeiterin der Abteilung Rechnungswesen, kommt gerade aus dem Lager. Sie hat eine Inventurliste mitgebracht, die zum Ende des Geschäftsjahres erstellt wird. Ein Auszug daraus ist nachfolgend dargestellt:

GTIN	Bezeichnung	VK-Preis	EK-Preis	Soll-Bestand	Ist-Bestand	Gesamtwert
4022006262097	Damen-Ledergürtel	40,56 €	19,25 €	795		
4023007373119	Kette mit Anhänger	66,81 €	24,30 €	811		
4023007373126	Baumwoll-Sakko, gefüttert	50,00 €	18,70 €	750		

Frau Staudt legt die Liste auf den Schreibtisch von Nina Kröger.

Frau Staudt: „Hallo Nina. Sehen Sie sich doch diese Inventuraufnahmeliste einmal genauer an. Was fällt Ihnen auf?"

Nina Kröger: „Inventuraufnahmeliste – was ist das?"

Frau Staudt: „Dort werden die festgestellten Mengen aus der Inventur eingetragen."

Nina Kröger: „Inventur, Soll-Bestand, Ist-Bestand, Verkaufspreise, Einkaufspreise und Gesamtwert – warum ist das hier alles aufgeführt?"

Frau Staudt: „Das ist eine gute Frage. Die Werte der Inventurliste werden benötigt, um das Inventar aufzustellen."

Nina Kröger: „Hmm, das klingt kompliziert ..."

Informationen zum Lösen der folgenden Handlungsaufgaben finden Sie in Ihrem Lehrbuch, z. B. dem Schulbuch „Groß im Handel, 1. Ausbildungsjahr".

HANDLUNGSAUFGABEN

1. Welche Probleme muss Nina für die Aufstellung des Inventars klären?

2. Frau Staudt hat die Inventuraufnahmeliste aus dem Lager der Spindler KG mitgebracht.

a) **Wie wurden die Zahlen des Ist-Bestandes ermittelt?**

___
___

b) **Wann muss bei der Spindler KG eine Inventur durchgeführt werden?**

___
___
___

c) **Was wird bei der Inventur insgesamt aufgenommen?**

___
___
___

d) **Woher stammen die Zahlen des Soll-Bestandes? Was verstehen Sie unter einem Soll-Bestand?**

___
___
___
___

e) **In der aufgeführten Inventuraufnahmeliste der Spindler KG sind Differenzen zwischen dem Soll-Bestand und dem Ist-Bestand zu erkennen. Nennen Sie mögliche Gründe für diese Differenzen.**

___
___
___
___

f) **Wird der Soll-Bestand oder der Ist-Bestand für die weitere Bewertung der Waren herangezogen?**

___
___

3. In der Inventuraufnahmeliste der Spindler KG sind sowohl Einkaufs- als auch Verkaufspreis angegeben.

a) **Welche Gründe sprechen für die Bewertung nach Einkaufspreisen, welche für die Bewertung nach Verkaufspreisen?**

Bewertung nach Einkaufspreisen:

___
___

Bewertung nach Verkaufspreisen:

___

LERNFELD 4

GESCHÄFTSPROZESSE ALS WERTESTRÖME ERFASSEN, DOKUMENTIEREN UND AUSWERTEN

b) Bestimmen Sie aus der nachfolgenden Inventuraufnahmeliste der Spindler KG den Gesamtwert aller einzelnen Artikel sowie die Summe auf Basis der Einkaufspreise.

Inventuraufnahmeliste Handelswaren

GTIN	Bezeichnung	VK-Preis	EK-Preis	Soll-Bestand	Ist-Bestand	Gesamtwert
4020102200081	Jeansweste mit Pailletten	25,00 €	11,15 €	185	179	
4021002125030	Nadelstreifen-Anzug mit Weste	159,59 €	66,30 €	97	97	
4021002200010	Multifunktionsjacke	43,16 €	19,80 €	183	183	
4021003131023	Wellness-Microfaser-Anzug	36,16 €	14,24 €	885	885	
4021003131030	Stufenrock mit Spitzensaum	16,51 €	6,00 €	923	923	
4021003131078	Leder-Blazer, Porc-Velours	94,56 €	31,52 €	274	274	
4021003131085	Hosenanzug	37,96 €	14,95 €	881	881	
4021004141052	Jacquard-Blazer	21,61 €	7,20 €	422	421	
4022005252068	Jeans-Rock	30,00 €	10,20 €	453	449	
4022005252075	Jerseykleid	20,29 €	7,99 €	461	461	
4022005500046	Klima-Aktiv-Jacke	74,25 €	31,50 €	115	120	
4022006262097	Damen-Ledergürtel	40,56 €	19,25 €	795	792	
4023007373119	Kette mit Anhänger	66,81 €	24,30 €	811	815	
4023007373126	Baumwoll-Sakko gefüttert	50,00 €	18,70 €	750	750	
4023007373140	Strickjacke 100 % Baumwolle	25,00 €	9,43 €	392	390	
4024009494154	Boxershorts, Gr. L 100 % Baumwolle	8,85 €	3,37 €	298	300	
4024009494178	Damenpullover „Elle"	32,36 €	12,75 €	684	643	
4024010404166	Holzfällerhemden, Farbe sortiert	10,11 €	3,91 €	703	703	
4024010404180	Jogginganzug	33,00 €	23,75 €	765	767	
	Summe					

WIR ERMITTELN DIE VERMÖGENSWERTE UND SCHULDEN DURCH BESTANDSAUFNAHME

4. Alle Werte aus der Inventur müssen nun geordnet aufgestellt werden. Dieses sogenannte Inventar folgt einer bestimmten Gliederung.

a) **Aus welchen drei Teilen setzt sich das Inventar zusammen?**

b) **Wie wird das Reinvermögen ermittelt und was bedeutet das?**

c) **Was sind die wesentlichen Unterschiede zwischen dem Anlagevermögen und dem Umlaufvermögen? Nennen Sie je zwei Beispiele bei der Spindler KG.**

d) **Erstellen Sie ein Inventar für die Spindler KG zum 31.12. anhand der nachstehend aufgeführten Inventurdaten. Nutzen Sie zur Aufstellung des Inventars das nachfolgende Formular. Ergänzen Sie den Wert der Position „Handelswaren" aus Aufgabe 3b). Die anderen Daten kommen aus den verschiedenen, jeweils zuständigen Abteilungen.**

Bankguthaben
– Volksbank Hannover . . . . 62.000,00 €
– Sparkasse Hannover . . . . 65.000,00 €
Warenbestände
– Handelswaren . . . . ?
– Lebensmittel . . . . 50.000,00 €
– Technik . . . . 200.000,00 €
Grundstücke . . . . 250.000,00 €
Gebäude
– Verwaltungsgebäude . . . . 220.000,00 €
– Kaufhaus. . . . . 240.000,00 €
Forderungen
– Fa. Meyermann . . . . 22.000,00 €
– Fa. Schulze . . . . 42.000,00 €
– Fa. Rindelhardt. . . . . 47.000,00 €
Betriebs- und Geschäftsausstattung . . . . 62.000,00 €
Kassenbestand . . . . 8.000,00 €
Verbindlichkeiten
– Kühling GmbH . . . . 65.000,00 €
– Pautsch OHG . . . . 83.000,00 €
Darlehen bei der Volksbank Hannover. . . . . 195.000,00 €
Hypothek bei der Sparkasse Hannover . . . . 390.000,00 €

LERNFELD 4

GESCHÄFTSPROZESSE ALS WERTESTRÖME ERFASSEN, DOKUMENTIEREN UND AUSWERTEN

Inventar der Spindler KG Hannover, zum 31. Dez. 20..	Wert	Wert
A. Vermögen		
I. Anlagevermögen		
II. Umlaufvermögen		
Summe des Vermögens		
B. Schulden		
Summe der Schulden		
C. Ermittlung des Eigenkapitals		
Inventar der Spindler KG Hannover, zum 31. Dez. 20..	Wert	Wert

VERTIEFUNGS- UND ANWENDUNGSAUFGABEN

1. Bei der körperlichen Bestandsaufnahme hat ein Unternehmen die Möglichkeit, verschiedene Inventurverfahren anzuwenden. Dies sind die zeitnahe Stichtagsinventur, die zeitlich verlegte Inventur, die permanente Inventur sowie die Stichprobeninventur.

   Definieren Sie die vier angegebenen Inventurverfahren und stellen Sie die Vor- und Nachteile heraus.

Verfahren	Definition	Vor- und Nachteile
zeitnahe Stichtagsinventur		
zeitlich verlegte Inventur		
permanente Inventur		
Stichprobeninventur		

LERNFELD 4 — GESCHÄFTSPROZESSE ALS WERTESTRÖME ERFASSEN, DOKUMENTIEREN UND AUSWERTEN

2. Die Spindler KG will eine zeitlich verlegte Inventur durchführen. Dabei soll die Wertfortschreibung bzw. die Wertrückrechnung zum Bilanzstichtag am 31.12.2017 berücksichtigt werden.

a) Für den Artikel „Multifunktionsjacke" wurde ein wertmäßiger Bestand von 1.400,00 € am Tag der Inventur (1. Oktober) ermittelt. Weiterhin sind bis zum Bilanzstichtag für den Artikel noch ein Einkauf am 25.10. über 1.120,00 € sowie Verkäufe am 29.10. über 560,00 € und am 03.11. über 280,00 € erfolgt.

Ermitteln Sie den Inventurbestand der Multifunktionsjacken zum Bilanzstichtag.

Bestand/Veränderungen	Datum	Wert
Bestand lt. Inventur	01.10.	1.400,00 €
+ Einkauf	25.10.	1.120,00 €
– Verkauf	29.10.	560,00 €
– Verkauf	03.11.	280,00 €
= Bestand am Bilanzstichtag	31.12.	1.680,00 €

b) Für den Artikel „Hosenanzug" wurde ein wertmäßiger Bestand von 2.800,00 € am Tag der Inventur (10. Februar) ermittelt. Weiterhin sind seit dem Bilanzstichtag für den Artikel noch ein Einkauf am 25. Januar über 500,00 € sowie ein Verkauf am 29. Januar über 1.200,00 € erfolgt.

Ermitteln Sie den Inventurbestand der Hosenanzüge zum Bilanzstichtag.

Bestand/Veränderungen	Datum	Wert
Bestand lt. Inventur	10.02.	2.800,00 €
– Einkauf	25.01.	500,00 €
+ Verkauf	29.01.	1.200,00 €
= Bestand am Bilanzstichtag	31.12.	3.500,00 €

3. Bestimmen Sie bei der Durchführung einer Stichtagsinventur in der Spindler KG die richtige Reihenfolge für die folgenden Arbeitsschritte durch Eintragen der Ziffern 1 – 5 in die vorgegebenen Kästchen.

2	Die Warenbestände werden gezählt, gemessen und gewogen.
1	Ein Tag zur Durchführung der Inventur wird festgelegt.
5	Die Warenvorräte werden zum Bilanzstichtag bewertet.
3	Die Ergebnisse werden auf Zählzettel niedergeschrieben.
4	Die ermittelten Bestände werden in die Inventuraufnahmeliste eingetragen.

WIR STELLEN AUF DER GRUNDLAGE DES INVENTARS DIE BILANZ AUF

3 Wir stellen auf der Grundlage des Inventars die Bilanz auf

HANDLUNGSSITUATION

Nina Kröger hat mit Unterstützung von Frau Staudt die verschiedenen Inventurdaten geordnet und das Inventar aufgestellt. Zufrieden lehnt sie sich zurück und sagt:

„So, damit ist das Geschäftsjahr abgeschlossen."

Daraufhin legt Frau Staudt ihr einen Gesetzestext aus dem HGB vor:

§ 242 Pflicht zur Aufstellung

(1) Der Kaufmann hat zu Beginn seines Handelsgewerbes und für den Schluss eines jeden Geschäftsjahrs einen das Verhältnis seines Vermögens und seiner Schulden darstellenden Abschluss (Eröffnungsbilanz, Bilanz) aufzustellen. Auf die Eröffnungsbilanz sind die für den Jahresabschluss geltenden Vorschriften entsprechend anzuwenden, soweit sie sich auf die Bilanz beziehen. (...)

Frau Staudt: „Sie sehen, das Geschäftsjahr ist noch nicht abgeschlossen – die Bilanz ist noch nicht aufgestellt."

Inventur mit Ist-Beständen | Buchführung mit Soll-Beständen

Nina Kröger: „Aber im Inventar sind doch schon Vermögen und Schulden dargestellt. Ist das nicht dasselbe?"

Frau Staudt: „Nein. Es gelten für die Aufstellung einer Bilanz spezielle Vorschriften. Die müssen auch wir anwenden."

Nina Kröger: „Na gut, das wird schon nicht so schwer sein ..."

Informationen zum Lösen der folgenden Handlungsaufgaben finden Sie in Ihrem Lehrbuch, z. B. dem Schulbuch „Groß im Handel, 1. Ausbildungsjahr".

HANDLUNGSAUFGABEN

1. Welche Probleme muss Nina bei der Aufstellung der Bilanz klären?

2. Die Aufstellung der Bilanz folgt festgelegten Regeln. Diese sind auch bei der Spindler KG zu beachten.

   a) Warum heißt der Begriff „Bilanz" im Italienischen „Waage"?

LERNFELD 4
GESCHÄFTSPROZESSE ALS WERTESTRÖME ERFASSEN, DOKUMENTIEREN UND AUSWERTEN

b) **Wie werden die beiden Seiten der Bilanz genannt?**

c) **Welche Hauptgliederungspunkte werden auf der Vermögensseite und auf der Kapitalseite aufgeführt?**

d) **Warum wird häufig eine sogenannte „Buchhalternase" in der Bilanz eingezeichnet?**

e) **Definieren/erklären Sie folgende Begriffe kurz.**

Begriff	Definition/Erklärung
Eigenkapital	
Fremdkapital	
Anlagevermögen	
Umlaufvermögen	

f) **Nach welchem Gliederungsprinzip erfolgt die Aufstellung der Aktivseite, nach welchem Gliederungsprinzip die Aufstellung der Passivseite?**

3. Frau Staudt gibt Nina die folgenden Begriffe, die sie so sortieren soll, wie es die Bilanzierungsvorschriften vorsehen. Nach dieser Übung sollte Nina in der Lage sein, aus dem bestehenden Inventar der Spindler KG die Bilanz zu entwickeln und aufzustellen.

Übertragen Sie die folgenden Begriffe in das nachstehende Konto.

II Umlaufvermögen; Hypothekenschulden; Kapitalverwendung; Bilanz; Kreditinstitute; Roh-, Hilfs-, Betriebsstoffe; Darlehensschulden; Passiva; Geordnet nach Liquidität/Flüssigkeit; BGA; I Anlagevermögen; Geordnet nach Fälligkeit; Fuhrpark; II Fremdkapital; Verbindlichkeiten a. LL.; Kasse; Aktiva; Forderungen a. LL.; I Eigenkapital; Kapitalherkunft; Gebäude.

WIR STELLEN AUF DER GRUNDLAGE DES INVENTARS DIE BILANZ AUF

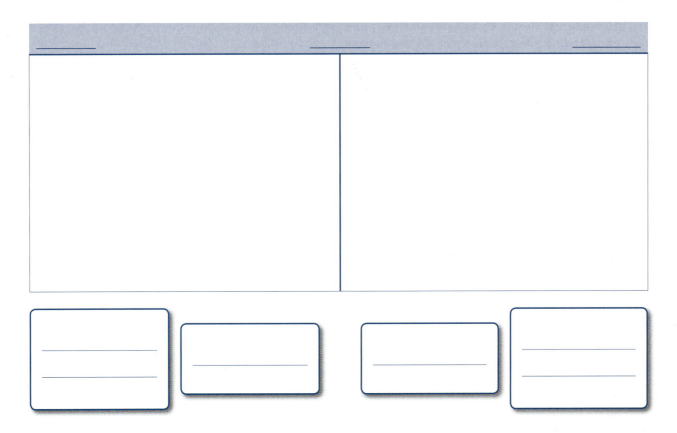

4. Nachdem Nina nun gelernt hat, was bei der Aufstellung einer Bilanz zu beachten ist, soll sie das bereits aufgestellte Inventar (vgl. Kapitel 4.2, Aufgabe 4d) als Bilanz aufstellen.

a) **Erstellen Sie aus den Daten des bekannten Inventars der Spindler KG eine Bilanz. Tragen Sie die entsprechenden Werte in das nachfolgende Konto ein.**

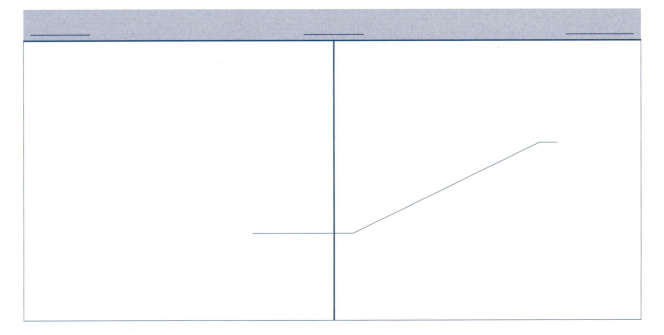

LERNFELD 4
GESCHÄFTSPROZESSE ALS WERTESTRÖME ERFASSEN, DOKUMENTIEREN UND AUSWERTEN

b) **Bestimmen Sie das Verhältnis von Eigen- und Fremdkapital in der Bilanz der Spindler KG zum Gesamtkapital und interpretieren Sie die Ergebnisse.**

c) **Bestimmen Sie das Verhältnis zwischen Anlagevermögen und Gesamtvermögen in der Bilanz der Spindler KG und interpretieren Sie die Ergebnisse.**

VERTIEFUNGS- UND ANWENDUNGSAUFGABEN

1. Ordnen Sie die folgenden zehn Vermögensposten des Anlagevermögens (= AV) und des Umlaufvermögens (= UV) nach der richtigen Reihenfolge. (Beispiel: 1. Position des Anlagevermögens: AV1)

Vermögensposten	Reihenfolge
Bankguthaben	
Kassenbestand	
Gebäude	
Waren	
Fuhrpark	
Forderungen aus Lieferungen und Leistungen	
Betriebs- und Geschäftsausstattung	
Grundstücke	

WIR STELLEN AUF DER GRUNDLAGE DES INVENTARS DIE BILANZ AUF

2. Nennen Sie drei Merkmale, durch die sich ein Inventar von einer Bilanz unterscheidet.

3. Welche der folgenden sieben Erklärungen passt zu den drei unten stehenden Begriffen? **Tragen Sie den Buchstaben ein.**

a) In Kontenform erfolgt eine ausführliche Darstellung der Mengen und Einzelwerte am Jahresende.

b) Kurz gefasste Gegenüberstellung von Vermögen und Kapital der Spindler KG in Kontenform.

c) Die Aufwendungen der Spindler KG werden auf einem Unterkonto des Eigenkapitalkontos gebucht.

d) Dieses ausführliche Bestandsverzeichnis nach Art, Menge und Wert weist alle Vermögensteile und Schulden eines Unternehmens aus.

e) Die Bestände aller Vermögensteile und Schulden der Spindler KG werden mengen- und wertmäßig aufgenommen.

f) Alle Buchungen der Spindler KG werden regelmäßig in chronologischer Reihenfolge erfasst.

g) Es erfolgt bei der Spindler KG eine sachliche Ordnung aller Buchungen auf Konten.

Inventur		Inventar		Bilanz	

4. Lösen Sie mithilfe der Kapitel 4.1 bis 4.3 des Lehrbuches das folgende Kreuzworträtsel.

Waagerecht:
3. Unterschied zwischen Ist-Bestand der Inventur und Soll-Bestand der Buchführung
5. umfasst die Gegenstände, die dauerhaft oder nur vorübergehend dem Unternehmen dienen
8. Ergebnis der Inventur
9. Grundsatz der ordnungsgemäßen Buchführung
10. anderes Wort für Fremdkapital
14. Gliederungsgrundsatz der ordnungsgemäßen Buchführung
15. rechte Seite der Bilanz, die Auskunft gibt über die Kapitalherkunft
17. kurz gefasste Übersicht über Aktiva und Passiva in Kontenform
18. Grundsatz der ordnungsgemäßen Buchführung
19. gehört dem Unternehmer und steht ihm unbefristet zur Verfügung
21. Grundsatz der ordnungsgemäßen Buchführung

Senkrecht:
1. Grundsatz der ordnungsgemäßen Buchführung
2. Vermögensgegenstände werden nach ihrer Nähe zum ... geordnet.
4. Grundsatz der ordnungsgemäßen Buchführung
6. ergibt sich nach Abzug der Schulden vom Vermögen im Inventar
7. Grundsatz der ordnungsgemäßen Buchführung
11. linke Seite der Bilanz, die über die Vermögensarten Auskunft gibt
12. wird im Rahmen der Inventur für einen Artikel erfasst
13. mengen- und wertmäßige Bestandsaufnahme aller Vermögens- und Schuldenwerte zu einem bestimmten Zeitpunkt
16. Gliederungsprinzip für die Schulden im Inventar
20. so viele Jahre sind Inventare und Bilanzen aufzubewahren

LERNFELD 4

GESCHÄFTSPROZESSE ALS WERTESTRÖME ERFASSEN, DOKUMENTIEREN UND AUSWERTEN

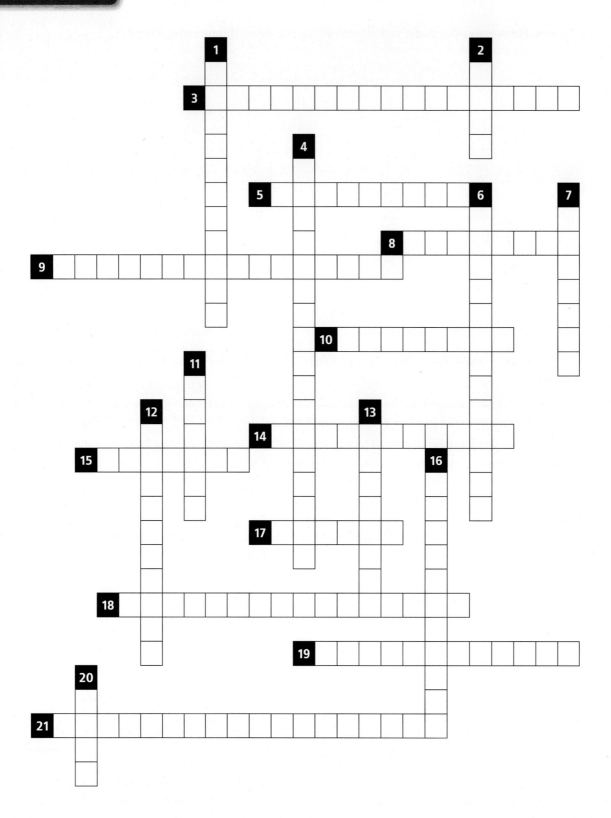

WIR ERFAHREN, WIE SICH DIE BILANZ VERÄNDERN KANN

4 Wir erfahren, wie sich die Bilanz verändern kann

HANDLUNGSSITUATION

Nina Kröger geht am 04.01.20.. zu den Banken der Spindler KG, um die Kontoauszüge für das Unternehmen zu holen. Dies sind zum einen der Auszug des laufenden Kontos der Sparkasse Hannover und zum anderen der Auszug des Darlehenskontos der Volksbank Hannover.

```
Konto-Nr. 88 230      BLZ 250 501 80                          Kontoauszug      1
Sparkasse Hannover    UST-ID DE 183 631 402                   Blatt            1
Datum      Erläuterungen                                                  Betrag

Kontostand in EUR am 02.01.20.., 17:30 Uhr                            62.000,00 +
                                                                   ---------------
02.01.     Erhöhung des Darlehens (Volksbank Hannover)                 5.000,00 +

02.01.     Kunde Rindelhardt, Rg.-Nr. 104                             12.000,00 +

03.01.     Lieferer Kühling GmbH, Rg.-Nr. 223                          4.500,00 -
                                                                   ---------------
Kontostand in EUR am 04.01.20.., 09:20 Uhr                            74.500,00 +


Spindler KG
Goseriede 41                                                              IBAN:
30159 Hannover                                            DE24 2505 0180 0000 0882 30
                                                                    BIC: SPKHDE2H
```

```
                                            Kontonummer   erstellt am   Auszug   Blatt
Hannoversche Volksbank eG                     12 345      04.01.20..      1      1/1

           BLZ 251 900 01                    Kontoauszug
Bu.-Tag  Wert   Vorgang                      alter Kontostand        220.000,00 +
02.01.   02.01. Erhöhung des Darlehens                                  5.000,00 -
                (Sparkasse Hannover)
03.01.   03.01. Lieferer Pautsch OHG,                                  20.000,00 -
                Rg.-Nr. 344


                         neuer Kontostand vom 04.01.20..              195.000,00 +



Spindler KG
Goseriede 41
30159 Hannover                                      USt-IdNr.: DE 183 631 402
                IBAN: DE73 2519 0001 0000 0123 45   BIC: VOHADE2H
```

Auf den beiden Kontoauszügen stehen mehrere Buchungspositionen. Frau Staudt fordert Nina auf, die jeweiligen Geschäftsfälle zu nennen, die sich hinter den verschiedenen Buchungspositionen verbergen. Anschließend soll Nina überlegen, wie sich die gerade erstellte Bilanz verändern würde.

Informationen zum Lösen der folgenden Handlungsaufgaben finden Sie in Ihrem Lehrbuch, z. B. dem Schulbuch „Groß im Handel, 1. Ausbildungsjahr".

LERNFELD 4

GESCHÄFTSPROZESSE ALS WERTESTRÖME ERFASSEN, DOKUMENTIEREN UND AUSWERTEN

HANDLUNGSAUFGABEN

1. Welche Probleme muss Nina klären?

2. Was wird unter einem Geschäftsfall verstanden?

3. Nina betrachtet zunächst den Kontoauszug der Spindler KG bei der Sparkasse.

a) **Formulieren Sie jeweils einen Geschäftsfall, der der entsprechenden Buchungsposition zugrunde liegt.**

b) Nun überlegt Nina, welche Bilanzpositionen bei diesen gerade formulierten Geschäftsfällen betroffen sein könnten. Dabei will sie wissen, ob die betroffene Position auf der Aktivseite oder der Passivseite in der Bilanz steht. Anschließend will sie erkennen, ob es einen Tausch auf der Aktiv- oder Passivseite gegeben hat (Aktivtausch, Passivtausch) oder ob in einem Geschäftsfall sowohl die Aktiv- als auch die Passivseite betroffen sind (Aktiv-Passiv-Mehrung, Aktiv-Passiv-Minderung). **Wie wirkt sich der einzelne Geschäftsfall auf die Bilanzsumme aus?**

Geschäftsfall	Betroffene Bilanzpositionen	Aktiv- oder Passivseite	Aktivtausch Passivtausch Aktiv-Passiv-Mehrung Aktiv-Passiv-Minderung	Auswirkung auf die Bilanzsumme
1				
2				
3				

WIR ERFAHREN, WIE SICH DIE BILANZ VERÄNDERN KANN

4. Als Nächstes betrachtet Nina den Kontoauszug des Darlehenskontos der Spindler KG bei der Volksbank.

a) **Formulieren Sie jeweils einen Geschäftsfall, der der entsprechenden Buchungsposition zugrunde liegt.**

b) Entsprechend der Aufgabe 3b) überlegt Nina auch hier, welche Auswirkungen die Geschäftsfälle auf die Bilanz haben.

Geschäftsfall	Betroffene Bilanzpositionen	Aktiv- oder Passivseite	Aktivtausch Passivtausch Aktiv-Passiv-Mehrung Aktiv-Passiv-Minderung	Auswirkung auf die Bilanzsumme
1				
2				

5. Erstellen Sie nun auf Basis der Bilanz aus Kapitel 4.3 eine neue Bilanz unter Berücksichtigung aller Geschäftsfälle.

Aktiva	(alte) Bilanz		Passiva
I. Anlagevermögen		I. Eigenkapital	685.000,00 €
Grundstücke	250.000,00 €	II. Fremdkapital	
Gebäude	460.000,00 €	Hypothekenschulden	390.000,00 €
BGA	62.000,00 €	Darlehensschulden	195.000,00 €
II. Umlaufvermögen		Verbindlichkeiten a. LL.	148.000,00 €
Waren	400.000,00 €		
Forderungen a. LL.	111.000,00 €		
Kassenbestand	8.000,00 €		
Kreditinstitute	127.000,00 €		
	1.418.000,00 €		1.418.000,00 €

Aktiva	(neue) Bilanz		Passiva
I. Anlagevermögen		I. Eigenkapital	
Grundstücke		II. Fremdkapital	
Gebäude		Hypothekenschulden	
BGA		Darlehensschulden	
II. Umlaufvermögen		Verbindlichkeiten a. LL.	
Waren			
Forderungen a. LL.			
Kassenbestand			
Kreditinstitute			

LERNFELD 4 — GESCHÄFTSPROZESSE ALS WERTESTRÖME ERFASSEN, DOKUMENTIEREN UND AUSWERTEN

VERTIEFUNGS- UND ANWENDUNGSAUFGABEN

1. Formulieren Sie weitere (entsprechend der Zahl der Spielgelstriche) Geschäftsfälle zum Aktivtausch, zum Passivtausch, zur Aktiv-Passiv-Mehrung sowie zur Aktiv-Passiv-Minderung

Aktivtausch

–

–

–

Passivtausch

–

Aktiv-Passiv-Mehrung

–

–

–

Aktiv-Passiv-Minderung

–

–

–

WIR LÖSEN DIE BILANZ IN AKTIVE UND PASSIVE BESTANDSKONTEN AUF

5 Wir lösen die Bilanz in aktive und passive Bestandskonten auf

HANDLUNGSSITUATION

Nina Kröger hat mit Frau Staudt, Mitarbeiterin der Abteilung Rechnungswesen, am ersten Tag des neuen Jahres aus den Geschäftsfällen eine neue Bilanz erstellt. Nina hat noch ein paar Fragen:

Nina Kröger: „Frau Staudt, ist es nicht ziemlich aufwendig, jeden Tag wieder eine neue Bilanz zu erstellen?"

Frau Staudt: „Ja, Nina, das ist in der Tat sehr aufwendig. Dies wird auch im Tagesgeschehen nicht so praktiziert. Hier sollte Ihnen nur das Grundprinzip klar werden, wie die einzelnen Geschäftsfälle auf die Bilanz am Ende wirken."

Nina Kröger: „Was wird denn stattdessen gemacht?"

Frau Staudt: „Jede Bilanzposition wird während eines Geschäftsjahres als einzelnes aktives oder passives Bestandskonto geführt. Hier werden dann die laufenden Geschäftsfälle eines Geschäftsjahres gebucht. Am Ende des Geschäftsjahres wird dann jedes einzelne Konto wieder abgeschlossen und eine Abschlussbilanz erstellt."

Nina Kröger: „Das verstehe ich nicht."

Frau Staudt: „Das macht nichts. Das werden wir gemeinsam mit den Daten des Kontoauszugs (vgl. Situation zu Kapitel 4) durchführen."

Informationen zum Lösen der folgenden Handlungsaufgaben finden Sie in Ihrem Lehrbuch, z. B. dem Schulbuch „Groß im Handel, 1. Ausbildungsjahr".

HANDLUNGSAUFGABEN

1. Welche Probleme muss Nina bei der Erstellung der Bestandskonten klären?

LERNFELD 4

GESCHÄFTSPROZESSE ALS WERTESTRÖME ERFASSEN, DOKUMENTIEREN UND AUSWERTEN

2. Frau Staudt legt Nina noch einmal die Eröffnungsbilanz der Spindler KG sowie die Geschäftsfälle des ersten Tages im neuen Jahr vor:

Aktiva		Eröffnungsbilanz		Passiva
I. Anlagevermögen			I. Eigenkapital	685.000,00 €
Grundstücke	250.000,00 €		II. Fremdkapital	
Gebäude	460.000,00 €		Hypothekenschulden..........	390.000,00 €
BGA	62.000,00 €		Darlehensschulden	195.000,00 €
II. Umlaufvermögen			Verbindlichkeiten a. LL.........	148.000,00 €
Waren	400.000,00 €			
Forderungen a. LL.	111.000,00 €			
Kassenbestand...............	8.000,00 €			
Kreditinstitute (Bank)..........	127.000,00 €			
	1.418.000,00 €			1.418.000,00 €

Geschäftsfälle:

1. Wir erhöhen unser Darlehen um 5.000,00 € bei der Volksbank. Das Geld wird unserem laufenden Konto bei der Sparkasse[1] Hannover gutgeschrieben.
2. Unser Kunde Rindelhardt überweist uns 12.000,00 € auf das Sparkassenkonto, um eine Rechnung zu begleichen.
3. Wir überweisen unserem Lieferer Kühling 4.500,00 € vom Bankkonto, um unsere Rechnung zu begleichen.
4. Wir begleichen eine Liefererrechnung durch Erhöhung unseres Darlehens um 20.000,00 €.

a) **Was sind aktive Bestandskonten? Nennen Sie die aktiven Bestandskonten der Eröffnungsbilanz.**

_____

_____

_____

b) **Was sind passive Bestandskonten? Nennen Sie die passiven Bestandskonten der Eröffnungsbilanz.**

_____

_____

3. Stellen Sie in dem unten stehenden Aktivkonto und dem Passivkonto dar, wo der Anfangsbestand, die Zugänge, die Abgänge und der Schlussbestand jeweils eingetragen werden.

S	Aktivkonto	H	S	Passivkonto	H

---

1 Das Konto „Sparkasse" wird hier vereinfachend „Bank" genannt.

WIR LÖSEN DIE BILANZ IN AKTIVE UND PASSIVE BESTANDSKONTEN AUF

4. Frau Staudt empfiehlt Nina, sich bei den Geschäftsfällen immer folgende in der Tabelle stehenden vier Fragen zu stellen. Helfen Sie Nina, indem Sie die nachfolgende Tabelle ausfüllen.

Geschäftsfall	Fragen	Welche Konten werden durch den Geschäftsfall berührt?	Sind es aktive oder passive Bestandskonten?	Liegt ein Zugang (+) oder ein Abgang (./.) auf dem Konto vor?	Auf welcher Kontenseite wird die Veränderung eingetragen?
Wir erhöhen unser Darlehen um 5.000,00 € bei der Volksbank. Das Geld wird unserem laufenden Konto bei der Sparkasse Hannover gutgeschrieben.	1. Konto				
	2. Konto				
Unser Kunde Rindelhardt überweist uns 12.000,00 € auf das Sparkassenkonto, um eine Rechnung zu begleichen.	1. Konto				
	2. Konto				
Wir überweisen unserem Lieferer Kühling 4.500,00 € vom Bankkonto, um unsere Rechnung zu begleichen.	1. Konto				
	2. Konto				
Wir begleichen eine Liefererrechnung durch Erhöhung unseres Darlehens um 20.000,00 €.	1. Konto				
	2. Konto				

5. a) **Eröffnen Sie alle aktiven und passiven Bestandskonten aus der Bilanz der Spindler KG.**

b) **Buchen Sie die Geschäftsfälle der beiden Kontoauszüge auf die entsprechenden Bestandskonten.**

c) **Schließen Sie die Bestandskonten ab.**

d) **Erstellen Sie eine Schlussbilanz.**

S	Grundstücke	H	S	Gebäude	H

S	BGA	H	S	Waren	H

S	Forderungen a. LL.	H	S	Kasse	H

LERNFELD 4

GESCHÄFTSPROZESSE ALS WERTESTRÖME ERFASSEN, DOKUMENTIEREN UND AUSWERTEN

| S | Bank | H | | S | EK | H |

| S | | | | S | Hypothek | H |

| S | Darlehen | H | | S | Verbindlichkeiten | H |

Aktiva	Schlussbilanz	Passiva

I. Anlagevermögen
  Grundstücke ....
  Gebäude ....
  BGA ....
II. Umlaufvermögen
  Waren ....
  Forderungen a. LL. ....
  Kassenbestand ....
  Kreditinstitute ....

I. Eigenkapital ....
II. Fremdkapital
  Hypothekenschulden ....
  Darlehensschulden ....
  Verbindlichkeiten a. LL. ......

6. Sammeln Sie mit Ihrem Banknachbarn grundsätzliche Bestimmungen/Erläuterungen zum Führen eines Bestandskontos.

	Aktives Bestandskonto	Passives Bestandskonto
AB		
Zugänge		
Abgänge		
SB		
Berechnung des SB		
Kontosumme		
Buchhalternase		

WIR LÖSEN DIE BILANZ IN AKTIVE UND PASSIVE BESTANDSKONTEN AUF

VERTIEFUNGS- UND ANWENDUNGSAUFGABEN

1. Bei der Spindler KG sind folgende 10 Geschäftsfälle an einem Tag des Jahres angefallen:

1. Bareinkauf eines neuen PC für 1.200,00 €.
2. Einkauf von Waren auf Ziel für 800,00 €.
3. Kauf eines neuen Lkw per Postbanküberweisung in Höhe von 14.500,00 €.
4. Barabhebung bei der Sparkasse, 4.000,00 €.
5. Kunde bezahlt Rechnung per Banküberweisung, 900,00 €.
6. Bezahlung einer Lieferrechnung in Höhe von 3.000,00 € durch Banküberweisung.
7. Ein bewilligtes Darlehen von 6.000,00 € wird dem Postbankkonto gutgeschrieben.
8. Kauf eines kleinen Grundstücks durch Banküberweisung, 15.000,00 €.
9. Verkauf von Waren gegen Barzahlung, 80,00 €.
10. Verkauf von Waren. Der Kunde zahlt 150,00 € mit der EC-Karte.

Beantworten Sie zu den 10 Geschäftsfällen die in der ersten Zeile stehenden Fragen.

Geschäftsfall	Welche Konten werden durch den Geschäftsfall berührt?	Sind die Bestandskonten aktiv oder passiv?	Liegt ein Zugang (+) oder ein Abgang (./.) auf dem Konto vor?	Auf welcher Kontenseite wird die Veränderung eingetragen?
1				
2				
3				
4				
5				
6				
7				
8				
9				
10				

LERNFELD 4

GESCHÄFTSPROZESSE ALS WERTESTRÖME ERFASSEN, DOKUMENTIEREN UND AUSWERTEN

6 Wir lernen den Buchungssatz kennen

HANDLUNGSSITUATION

In der Abteilung Rechnungswesen der Spindler KG ist heute viel los. Es sind mehrere Belege eingegangen, die alle noch gebucht werden müssen. Frau Staudt beauftragt die Auszubildende Nina Kröger damit, die gesamten Belege als einfache und zusammengesetzte Buchungssätze in das Grundbuch einzutragen, damit diese später ins Hauptbuch übertragen werden können.

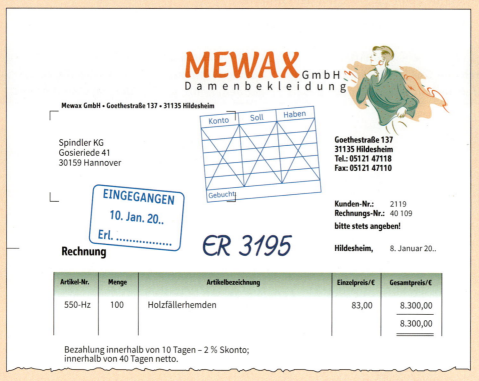

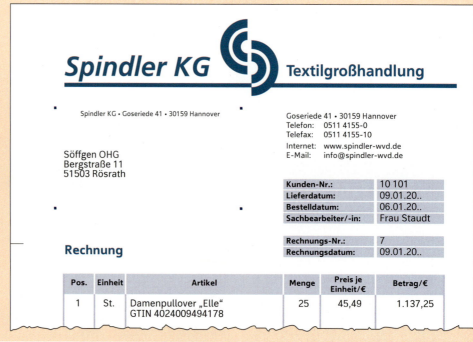

WIR LERNEN DEN BUCHUNGSSATZ KENNEN

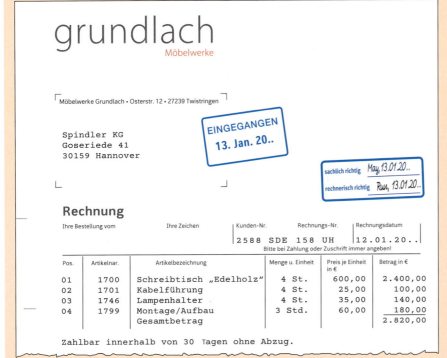

Informationen zum Lösen der folgenden Handlungsaufgaben finden Sie in Ihrem Lehrbuch, z. B. dem Schulbuch „Groß im Handel, 1. Ausbildungsjahr".

LERNFELD 4

GESCHÄFTSPROZESSE ALS WERTESTRÖME ERFASSEN, DOKUMENTIEREN UND AUSWERTEN

HANDLUNGSAUFGABEN

1. Was muss Nina bei der Erstellung der Buchungssätze beachten?

2. Frau Staudt beauftragt Nina Kröger zunächst damit, herauszufinden, was ein Buchungssatz überhaupt ist und wie er gebildet wird.

   a) **Definieren Sie den Begriff „Buchungssatz".**

   b) **Definieren Sie den Begriff „Grundbuch" (oder Journal).**

   c) **Definieren Sie den Begriff „Hauptbuch".**

3. Nina soll sich nun ganz konkret mit der Erstellung der Buchungssätze zu den sechs Belegen befassen. Dazu muss sie zunächst wesentliche Eigenschaften und Merkmale eines Buchungssatzes erkennen.

   a) **Nennen Sie fünf wesentliche Eigenschaften/Merkmale, die bei der Erstellung eines Buchungssatzes beachtet werden müssen.**

WIR LERNEN DEN BUCHUNGSSATZ KENNEN

b) **Formulieren Sie zu den sechs Belegen aus der Handlungssituation die Geschäftsfälle aus.**

1. _____
2. _____
3. _____
4. _____
5. _____
6. _____

c) Der einfache Buchungssatz besteht nur aus zwei Positionen, einer Sollbuchung und einer Habenbuchung. **Erstellen Sie für die ersten fünf Belege die entsprechenden einfachen Buchungssätze. Dabei sollten Sie sich die folgende Fragen stellen:**

1. Welche Konten werden durch den Geschäftsfall berührt?
2. Sind es aktive oder passive Bestandskonten?
3. Liegt ein Zugang (+) oder ein Abgang (./.) auf dem Konto vor?
4. Auf welcher Kontenseite wird die Veränderung eingetragen?

Tag	Beleg	Buchungssatz	Soll	Haben

d) Beim zusammengesetzten Buchungssatz werden mehr als zwei Konten benötigt. **Erstellen Sie unter Beachtung der Eigenschaften/Merkmale eines Buchungssatzes einen zusammengesetzten Buchungssatz zu Beleg 6 (Kontoauszug der Sparkasse).**

Tag	Beleg	Buchungssatz	Soll	Haben

LERNFELD 4

GESCHÄFTSPROZESSE ALS WERTESTRÖME ERFASSEN, DOKUMENTIEREN UND AUSWERTEN

4. Welche Gründe sprechen für die Erstellung eines Grundbuchs bzw. für die Erstellung von Buchungssätzen?

VERTIEFUNGS- UND ANWENDUNGSAUFGABEN

1. Bilden Sie zu den folgenden Geschäftsfällen der Spindler KG die Buchungssätze im Grundbuch.

1. Wir kaufen ein Grundstück zur Erweiterung der Verkaufsräume durch Aufnahme einer Hypothek bei der Bank, 80.000,00 €.
2. Wir zahlen Bargeld auf unser Postbankkonto, 1.200,00 €.
3. Wir wandeln eine Liefererschuld in eine Darlehensschuld um, 8.000,00 €.
4. Wir kaufen einen neuen PC im Wert von 900,00 € auf Ziel.
5. Wir verkaufen Waren bar, 150,00 €.
6. Wir kaufen einen gebrauchten Pkw, bar 1.500,00 €, durch Postbanküberweisung 4.000,00 € und durch Banküberweisung 3.500,00 €.
7. Wir erhalten folgende Zahlungseingänge bei der Bank: von Kunde Meyermann 2.500,00; Bareinzahlung 500,00 €.
8. Wir kaufen Waren; auf Ziel 1.800,00 €, gegen Bankscheck 3.200,00 €.

Beleg	Buchungssatz	Soll	Haben
1.			
2.			
3.			
4.			
5.			
6.			
7.			
8.			

WIR LERNEN DEN BUCHUNGSSATZ KENNEN

2. Nennen Sie die Geschäftsfälle, mit denen folgende Buchungssätze im Grundbuch gebucht wurden.

Beleg	Buchungssatz	Soll	Haben
1.	Postbank	3.000,00	
	an Kasse		3.000,00
2.	Forderungen	8.250,00	
	an Fuhrpark		8.250,00
3.	Darlehen	1.000,00	
	an Bank		1.000,00
4.	Verbindlichkeiten	11.900,00	
	an Bank		11.900,00
5.	Waren	2.800,00	
	an Verbindlichkeiten		2.800,00
6.	Forderungen	920,00	
	an Waren		920,00
7.	Kasse	550,00	
	an Waren		550,00
8.	BGA	1.200,00	
	an Kasse		1.200,00

Beleg	Geschäftsfall
1.	
2.	
3.	
4.	
5.	
6.	
7.	
8.	

LERNFELD 4
GESCHÄFTSPROZESSE ALS WERTESTRÖME ERFASSEN, DOKUMENTIEREN UND AUSWERTEN

7 Wir lernen das Eröffnungsbilanzkonto und das Schlussbilanzkonto kennen

HANDLUNGSSITUATION

Nina Kröger bekommt den Auftrag, für das Geschäftsjahr die nachfolgenden Geschäftsfälle zu buchen. Dazu muss sie zunächst ein Grundbuch erstellen und die Buchungssätze anschließend im Hauptbuch buchen.

Nachfolgend sind die Eröffnungsbilanz und die Geschäftsfälle dargestellt:

Aktiva		Eröffnungsbilanz		Passiva
I. Anlagevermögen			I. Eigenkapital	685.000,00 €
Grundstücke	250.000,00 €		II. Fremdkapital	
Gebäude	460.000,00 €		Hypothekenschulden	390.000,00 €
BGA	62.000,00 €		Darlehensschulden	220.000,00 €
II. Umlaufvermögen			Verbindlichkeiten a. LL	123.500,00 €
Waren	400.000,00 €			
Forderungen a. LL	99.000,00 €			
Kassenbestand	8.000,00 €			
Postbank	20.000,00 €			
Kreditinstitute	119.500,00 €			
	1.418.500,00 €			1.418.500,00 €

Geschäftsfälle:
1. Kauf eines Grundstücks zur Erweiterung der Verkaufsräume durch Aufnahme einer Hypothek bei der Bank; 80.000,00 €
2. Bareinzahlung auf das Postbankkonto, 1.200,00 €
3. Umwandlung einer Lieferschuld in eine Darlehensschuld, 8.000,00 €
4. Kauf eines PCs, 900,00 € auf Ziel.
5. Barverkauf von Waren, 150,00 €
6. Erweiterung der Verkaufsräume, ar 1.000,00 €, Postbanküberweisung 4.000,00 € und Banküberweisung 45.000,00 €
7. Zahlungseingang bei der Bank: von Kunde Meyermann 2.500,00; Bareinzahlung 500,00 €
8. Kauf von Waren; auf Ziel 1.800,00 €, gegen Bankscheck 3.200,00 €

Nina Kröger: „Frau Staudt, wie kann ich denn diese Fälle buchen und abschließen?"

Frau Staudt: „Sie müssen zunächst ein Eröffnungsbilanzkonto erstellen. Dann werden die Eröffnungsbestände gebucht, die Werte der Buchungssätze in die jeweiligen Bestandskonten übertragen und die Konten abgeschlossen."

Nina Kröger: „Und wie schließe ich ein Konto ab?"

Frau Staudt: „Sie müssen die Schlussbestände der jeweiligen Konten ermitteln und diese dann in das Schlussbilanzkonto übertragen. Dazu sind dann auch Abschlussbuchungen zu erstellen."

Nina Kröger: „Puuh, das sind ja viele neue Begriffe ..."

Frau Staudt: „Keine Angst, das werden wir jetzt gemeinsam bearbeiten ..."

Informationen zum Lösen der folgenden Handlungsaufgaben finden Sie in Ihrem Lehrbuch, z. B. dem Schulbuch „Groß im Handel, 1. Ausbildungsjahr".

WIR LERNEN DAS ERÖFFNUNGSBILANZKONTO UND DAS SCHLUSSBILANZKONTO KENNEN

HANDLUNGSAUFGABEN

1. Was muss Nina beim Buchen beachten?

2. Frau Staudt erklärt Nina, dass ein Eröffnungsbilanzkonto (EBK) ein Hilfskonto ist, das seitenverkehrt im Vergleich zur Eröffnungsbilanz aufgebaut ist. Da es sich hier um ein Konto handelt, werden die beiden Seiten in Soll und Haben eingeteilt. Auf die Begriffe Anlagevermögen, Umlaufvermögen und langfristige Verbindlichkeiten wird dabei aus Übersichtsgründen verzichtet. **Nina soll nun das EBK erstellen.**

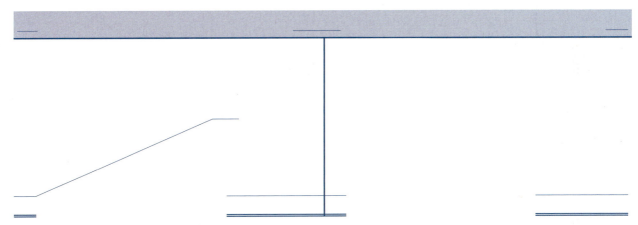

3. Frau Staudt erläutert Nina weiter, dass zu jeder Position eine Eröffnungsbuchung durchgeführt werden muss. Diese funktioniert nach folgendem Prinzip:
- aktive Bestandskonten an Eröffnungsbilanzkonto und
- Eröffnungsbilanzkonto an passive Bestandskonten.

Nina soll sich jeweils zwei aktive und passive Bestandskonten aussuchen, um hier die Eröffnungsbuchungen vorzunehmen.

Tag	Buchungssatz	Soll	Haben

LERNFELD 4

GESCHÄFTSPROZESSE ALS WERTESTRÖME ERFASSEN, DOKUMENTIEREN UND AUSWERTEN

4. Nun soll Nina ein Grundbuch erstellen und die acht zu Beginn dargestellten Geschäftsfälle ebenfalls als Buchungssätze formulieren.

Beleg	Buchungssatz	Soll	Haben
1.			
2.			
3.			
4.			
5.			
6.			
7.			
8.			

5. Nina muss nun die Daten aus dem Grundbuch (Eröffnungsbuchungen und Buchungssätze) in das Hauptbuch übertragen.

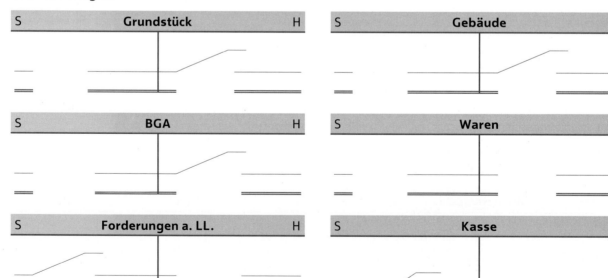

258

WIR LERNEN DAS ERÖFFNUNGSBILANZKONTO UND DAS SCHLUSSBILANZKONTO KENNEN

| S | EK | H | | S | Hypothek | H |

| S | Darlehen | H | | S | Verbindlichkeiten a. LL. | H |

6. Nachdem alle Buchungen im Hauptbuch vorgenommen worden sind, müssen die Konten abgeschlossen werden. Diese Buchungen funktionieren nach folgendem Prinzip:
- Schlussbilanzkonto (SBK)   an   aktive Bestandskonten   und
- passive Bestandskonten   an   Schlussbilanzkonto (SBK).

Nina soll sich jeweils dieselben zwei aktiven und passiven Bestandskonten aussuchen, um hier die Abschlussbuchungen vorzunehmen.

Tag	Buchungssatz	Soll	Haben

7. Nina soll nun auf Basis aller Schlussbestände (SB) das Schlussbilanzkonto (SBK) erstellen und daraus schließlich die Schlussbilanz ableiten.

Erstellung des Schlussbilanzkontos:

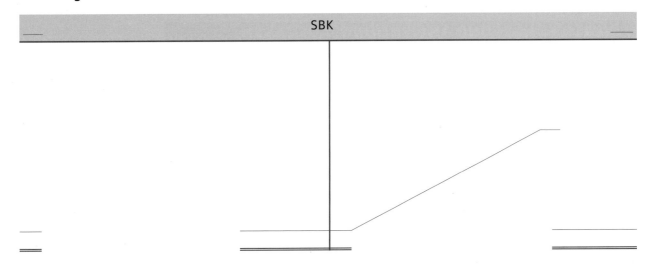

LERNFELD 4

GESCHÄFTSPROZESSE ALS WERTESTRÖME ERFASSEN, DOKUMENTIEREN UND AUSWERTEN

Erstellung der Schlussbilanz:

Aktiva	Schlussbilanz	Passiva

8. Nina soll nun die Eröffnungsbuchungen mit den Abschlussbuchungen vergleichen. Was fällt auf?

_____
_____
_____
_____
_____
_____
_____
_____

VERTIEFUNGS- UND ANWENDUNGSAUFGABEN

1. Frau Staudt aus der Buchhaltung der Spindler KG hat Urlaub, die Auszubildende Nina Kröger soll sie vertreten. Nina bekommt bei der Durchsicht der Unterlagen eine Aufstellung in die Hand, auf der u. a. die einzelnen Positionen des Anlage- und Umlaufvermögens der Spindler KG auf der Habenseite aufgeführt sind. **Um welche Aufstellung handelt es sich?**

	Abgrenzungstabelle zwischen Buchführung und Kostenrechnung
	Erfolgsrechnung
	Eröffnungsbilanzkonto
	Saldenbilanz II der Betriebsübersicht
	Liquiditätsrechnung

WIR BUCHEN AUFWENDUNGEN UND ERTRÄGE AUF ERFOLGSKONTEN

2. Nina Kröger will sich während des Urlaubs von Frau Staudt noch einmal die Reihenfolge der Buchführungsarbeiten vom Erstellen des Eröffnungsbilanzkontos bis zum Schlussbilanzkonto aufschreiben. **Helfen Sie ihr, indem Sie die Ziffern 1 bis 5 in die Kästchen neben den Arbeiten eintragen.**

	Buchen der laufenden Geschäftsfälle
	Abschluss der Bestandskonten aufs Schlussbilanzkonto
	Eröffnungsbuchungen
	Erstellen des Eröffnungsbilanzkontos
	Durchführen der vorbereitenden Abschlussbuchungen

8 Wir buchen Aufwendungen und Erträge auf Erfolgskonten

HANDLUNGSSITUATION

Nina Kröger ist aufgefallen, dass es bislang bei allen Buchungen zu keiner Veränderung des Eigenkapitals gekommen ist. Sie spricht Frau Staudt darauf an:

Nina Kröger: „Frau Staudt, warum gibt es denn keine Veränderungen des Eigenkapitals?"

Frau Staudt: „Das trifft sich gut. Gerade habe ich einen Kontoauszug erhalten, auf dem einige Buchungspositionen stehen, die sich auf das Eigenkapital auswirken."

Nina Kröger: „Und welche sind das?"

Frau Staudt: „Schauen Sie sich den Auszug einmal genau an. Versuchen Sie zunächst herauszufinden, welche Geschäftsfälle sich hinter den Buchungspositionen verbergen. Dann sollten Sie die Buchungssätze aufstellen, auf Konten buchen und diese Konten abschließen."

Nina Kröger: „Gut, dann werde ich damit beginnen ..."

```
Konto-Nr. 88 230      BLZ 250 501 80                    Kontoauszug  20
Sparkasse Hannover    UST-ID DE 183 631 402             Blatt         1
Datum      Erläuterungen                                          Betrag

Kontostand in EUR am 01.04.20.., 13:45 Uhr                     75.700,00 +
                                                       ------------------
02.04.     Miete für Lagerhalle Monat März                        500,00 -
02.04.     Zinsen                                                  25,98 -
02.04.     Provisionsgutschrift                                 1.500,00 +
03.04.     Zinsen auf Guthaben                                      5,75 +
03.04.     Rg.-Nr. 12345; Wittkop & Co. GmbH                    1.000,00 -
                                                       ------------------
Kontostand in EUR am 18.01.20.., 09:25 Uhr                     75.679,77 +


Spindler KG
Goseriede 41                                                         IBAN:
30159 Hannover                                    DE24 2505 0180 0000 0882 30
                                                              BIC: SPKHDE2H
```

Informationen zum Lösen der folgenden Handlungsaufgaben finden Sie in Ihrem Lehrbuch, z. B. dem Schulbuch „Groß im Handel, 1. Ausbildungsjahr".

LERNFELD 4

GESCHÄFTSPROZESSE ALS WERTESTRÖME ERFASSEN, DOKUMENTIEREN UND AUSWERTEN

HANDLUNGSAUFGABEN

1. Welche Probleme muss Nina beachten?

2. Nina soll sich zunächst überlegen, welche möglichen Geschäftsfälle sich direkt auf das Eigenkapital auswirken könnten.

a) **Nennen Sie fünf mögliche Geschäftsfälle, die zu einer Veränderung des Eigenkapitals der Spindler KG führen würden.**

b) Es wird zwischen Aufwendungen (= Werteverzehr an Gütern und Dienstleistungen) und Erträgen (= Wertzuflüsse innerhalb einer Abrechnungsperiode) unterschieden. **Ordnen Sie Ihre fünf gewählten Beispiele entsprechend zu.**

Aufwendungen	Erträge

c) **Nina soll nun die Geschäftsfälle zu den einzelnen Buchungspositionen des Kontoauszugs nennen.**

1.

2.

3.

4.

5.

WIR BUCHEN AUFWENDUNGEN UND ERTRÄGE AUF ERFOLGSKONTEN

d) Frau Staudt erklärt Nina, dass die Geschäftsfälle, die das Eigenkapital beeinflussen, nicht direkt auf dem passiven Bestandskonto „Eigenkapital" gebucht werden, sondern dass für verschiedene Geschäftsfälle eigene Unterkonten des Eigenkapitals gebildet werden.

Welche (Unter-)Konten würden Sie für die Geschäftsfälle 1 – 4 aus Aufgabe 2c) bilden?

1. _____   3. _____

2. _____   4. _____

3. Nina Kröger will nun die fünf Buchungssätze zum vorliegenden Kontoauszug bilden.

a) **Erstellen Sie die fünf Buchungssätze.**

Tag	Beleg	Buchungssatz	Soll	Haben
05.04.	1.			
05.04.	2.			
05.04.	3.			
05.04.	4.			
05.04.	5.			

b) **Welche Besonderheiten fallen Ihnen auf?**

_____

_____

_____

4. Frau Staudt zeigt Nina nun die aktuelle Bilanz: „Diese benötigen Sie, um gegebenenfalls die Anfangsbestände in das jeweilige Konto einzutragen."[1]

Aktiva	Eröffnungsbilanz		Passiva
I. Anlagevermögen		I. Eigenkapital	685.000,00 €
Grundstücke	330.000,00 €	II. Fremdkapital	
Gebäude	510.000,00 €	Hypothekenschulden..........	470.000,00 €
BGA	62.900,00 €	Darlehensschulden	228.000,00 €
II. Umlaufvermögen		Verbindlichkeiten a. LL	119.600,00 €
Waren	404.850,00 €		
Forderungen a. LL	96.500,00 €		
Kassenbestand...............	5.450,00 €		
Kreditinstitute...............	17.200,00 €		
Bank......................	75.700,00 €		
	1.502.600,00 €		1.502.600,00 €

1 Im weiteren Verlauf dieser Aktion wird auf die Erstellung des EBK und der gesamten Bestandskonten verzichtet.

a) Eröffnen Sie (nur) die sechs Konten zu den Buchungssätzen aus Aufgabe 3.

b) Übertragen Sie die Werte der Buchungssätze in die Konten.

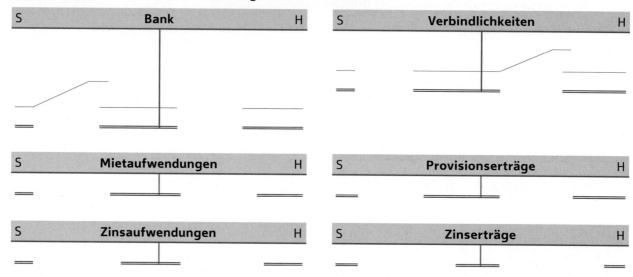

c) Was ist buchhalterisch der wesentliche Unterschied zwischen einem Bestandskonto und einem Erfolgskonto?

d) Vergleichen Sie die Werte des Bankkontos mit den Werten des Kontoauszugs zu Beginn. Erläutern Sie dabei den Unterschied zwischen dem Schlussbestand eines Kontos und dessen Kontosumme.

5. Nina ist nun sehr unsicher, wie sie die einzelnen Konten abschließen soll. Die Bestandskonten (Bank und Verbindlichkeiten) werden über das SBK abgeschlossen. Nina holt sich Rat bei Frau Staudt.

Frau Staudt: „Sie müssen die Erfolgskonten über das Gewinn- und Verlustkonto (GuV) abschließen. Das GuV wird dann wiederum über das Eigenkapitalkonto (EK) abgeschlossen, das EK dann über das SBK."

a) Schließen Sie die oben stehenden sechs Konten ab.

b) Übertragen Sie die entsprechenden Schlussbestände in die nachfolgenden Konten.

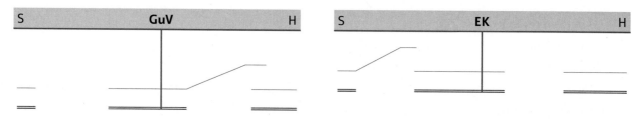

c) Wenn Sie den Saldo auf dem GuV gebildet haben, wie hoch ist dann der Gewinn oder Verlust?

d) Schließen Sie das GuV über das EK ab.

e) **Übertragen Sie die SB der Bestandskonten ins SBK.**

S	SBK		H
Grundstücke	330.000,00 €	EK	
Gebäude	510.000,00 €	Hypothekenschulden	470.000,00 €
BGA	62.900,00 €	Darlehensschulden	228.000,00 €
Waren	404.850,00 €	Verbindlichkeiten	
Forderungen	96.500,00 €		
Kasse	5.450,00 €		
Postbank	17.200,00 €		
Bank			

f) **Erstellen Sie die neue Schlussbilanz.**

Aktiva	Schlussbilanz		Passiva
I. Anlagevermögen		I. Eigenkapital	
Grundstücke	330.000,00 €	II. Fremdkapital	
Gebäude	510.000,00 €	Hypothekenschulden	470.000,00 €
BGA	62.900,00 €	Darlehensschulden	228.000,00 €
II. Umlaufvermögen		Verbindlichkeiten a. LL	
Waren	404.850,00 €		
Forderungen a. LL	96.500,00 €		
Kassenbestand	5.450,00 €		
Kreditinstitute	17.200,00 €		
Bank			

LERNFELD 4
GESCHÄFTSPROZESSE ALS WERTESTRÖME ERFASSEN, DOKUMENTIEREN UND AUSWERTEN

VERTIEFUNGS- UND ANWENDUNGSAUFGABEN

1. Bei der Spindler KG sind folgende 10 Geschäftsfälle angefallen:
   1. Wir verkaufen Waren für 8.200,00 €, bar.
   2. Wir kaufen Waren ein auf Ziel für 14.000,00 €.
   3. Banküberweisung der monatlichen Miete für eine Lagerhalle, 1.300,00 €
   4. Es geht eine Rechnung ein für Malerarbeiten für die Neugestaltung des Bürogebäudes, 9.200,00 €.
   5. Unserem Bankkonto werden Zinsen gutgeschrieben, 430,00 €.
   6. Wir kaufen Druckerpapier bar, 650,00 €.
   7. Die jährlichen Darlehenszinsen werden vom Bankkonto abgebucht, 2.800,00 €.
   8. Wir verkaufen Waren auf Ziel, Warenwert 2.300,00 €.
   9. Wir kaufen einen neuen Bürostuhl gegen Rechnung, 1.200,00 €.
   10. Die monatlichen Beiträge für eine Fachzeitschrift werden vom Bankkonto abgebucht, 100,00 €.

Verwenden Sie folgende Konten:

BGA, Waren, Forderungen a. LL., Vorsteuer, Bank, Kasse, Verbindl. a. LL., Waren, Zinserträge, Fremdinstandhaltung, Miete u. Pachten, Büromaterial, Zeitungen und Fachliteratur, Zinsaufwendungen.

a) **Stellen Sie zu den 10 Geschäftsfällen den entsprechenden Buchungssatz.**

Beleg	Buchungssatz	Soll	Haben

b) **Ermitteln Sie den Erfolg des Unternehmens, indem Sie (nur) alle Erfolgskonten führen, abschließen und mithilfe des GuV-Kontos den Gewinn oder Verlust darstellen.**

| S | Umsatzerl. f. Waren | H | | S | Zinserträge | H |

| S | Fremdinstandhaltung | H | | S | Miete u. Pachten | H |

| S | Büromaterial | H | | S | Zeitungen und Fachlit. | H |

| S | Zinsaufwendungen | H |

| S | 8020 GuV | H |

2. Erläutern Sie mit eigenen Worten, wie der Erfolg eines Unternehmens buchhalterisch ermittelt wird. Gehen Sie dabei auch darauf ein, wann es zu einem Gewinn oder einem Verlust kommt und auf welcher Seite dieser Gewinn oder Verlust auf dem GuV-Konto geschrieben wird.

LERNFELD 4 — GESCHÄFTSPROZESSE ALS WERTESTRÖME ERFASSEN, DOKUMENTIEREN UND AUSWERTEN

9 Wir informieren uns über die Warengeschäfte unseres Unternehmens

HANDLUNGSSITUATION

Frau Strobel, Geschäftsführerin der Spindler KG in Hannover, kommt in die Abteilung Rechnungswesen.

Frau Strobel: „Sie haben mir gerade die neusten Absatz- und Umsatzzahlen des letzten Monats gegeben. Mir ist dabei aufgefallen, dass wir in dem Monat Rückgänge, vor allem bei unseren ‚Rennern', dem Damenpullover ‚Elle' sowie dem Artikel ‚Boxershorts, Baumwolle' zu verzeichnen haben. Das hat sich auch auf unseren Rohgewinn ausgewirkt."

Frau Staudt: „Das ist natürlich bedauerlich. Was schlagen Sie vor?"

Frau Strobel: „Bereiten Sie mir bitte folgende Informationen vor, damit wir uns in der Geschäftsleitung eine Strategie überlegen können, wie wir solche Einbrüche in Zukunft vermeiden können: Sie sollten zunächst beide Artikel noch einmal kalkulieren und überprüfen, ob die vorgegebenen Daten auch realisiert worden sind."

Frau Staudt: „Okay, also eine Kalkulation und die Überprüfung der Daten."

Frau Strobel: „Jawohl. Außerdem möchte ich, dass Sie in dem Zusammenhang auch überprüfen, ob alle Warenein- und -verkäufe auch richtig gebucht wurden, und fassen Sie alle wichtigen Buchungen bei den Warenbewegungen zusammen."

Frau Staudt: „Gut, Frau Strobel. Das werden wir umgehend machen."

Frau Strobel: „Ich möchte, dass Sie mir Ihre Ergebnisse dann präsentieren." (Verlässt anschließend den Raum)

Frau Staudt: „Nina, Sie haben gehört, was Frau Strobel gesagt hat. Daher sollten wir sofort mit der Analyse der Daten starten."

Informationen zum Lösen der folgenden Handlungsaufgaben finden Sie in Ihrem Lehrbuch, z. B. dem Schulbuch „Groß im Handel, 1. Ausbildungsjahr".

HANDLUNGSAUFGABEN

1. Welche Probleme müssen Frau Staudt und Nina lösen?

WIR INFORMIEREN UNS ÜBER DIE WARENGESCHÄFTE UNSERES UNTERNEHMENS

2. Frau Strobel hat von Absatz und Umsatz gesprochen. **Nina soll die Unterschiede zwischen diesen beiden Begriffen herausstellen.**

3. Ein wichtiger Faktor ist für Frau Strobel der Rohgewinn.

    a) **Was verstehen Sie unter dem Rohgewinn?**

    b) **Warum ist Frau Strobel diese Kennzahl so wichtig?**

4. Nina hat nun von Frau Staudt die folgenden Daten bekommen:

	Boxershorts, Baumwolle	Damenpullover „Elle"
Listeneinkaufspreis	12,40 €	23,00 €
Liefererrabatt	10 %	10 %
Liefererskonto	2 %	2 %
Bezugskosten	frei Haus	frei Haus
Handlungskosten	50 %	50 %
Gewinn	10 %	10 %
Kundenskonto	2 %	2 %
Kundenrabatt (Mittelwert)	33,57 %	33,57 %

LERNFELD 4 GESCHÄFTSPROZESSE ALS WERTESTRÖME ERFASSEN, DOKUMENTIEREN UND AUSWERTEN

Kalkulieren Sie diese zwei Artikel vom Listeneinkaufspreis bis zum Listenverkaufspreis.

	Boxershorts, Baumwolle		Damenpullover „Elle"	
	Bedingungen	Wert	Bedingungen	Wert

5. Im letzten Monat sind bei der Spindler KG in Hannover folgende Daten ermittelt worden:

	Boxershorts, Baumwolle	Damenpullover „Elle"
Absatzmenge	1 340 Stück	945 Stück
Umsatz (auf Basis des Barverkaufspreises)	24.187,00 €	29.342,25 €
Wareneinkäufe zu Einkaufspreisen	14.659,60 €	19.174,05 €
Waren- bzw. Rohgewinn	9.527,40 €	10.168,20 €

a) **Vergleichen Sie die Zahlen für die Boxershorts, Baumwolle und die Damenpullover „Elle" mit den vorher kalkulierten Preisen (Einstandspreis und Barverkaufspreis). Halten Sie Ihre Ergebnisse fest.**

b) **Welche Auswirkungen haben die Differenzen auf die Kalkulation bzw. den Gewinnaufschlag?**

WIR INFORMIEREN UNS ÜBER DIE WARENGESCHÄFTE UNSERES UNTERNEHMENS

6. Wie groß sind die Anfangsbestände und die Schlussbestände des letzten Monats für die Boxershorts und die Damenpullover auf Basis der kalkulierten Einstandspreise aus Aufgabe 4 in Euro? Bestimmen Sie auch die Bestandsminderung oder die Bestandsmehrung in Euro.

Boxershorts, Baumwolle	Damenpullover „Elle"
Rechnung:	Rechnung:

7. Frau Staudt erklärt Nina, dass die Wareneinkäufe als Aufwand auf ein Extrakonto gebucht werden, das Konto „Wareneingang". Außerdem erklärt sie Nina, dass die Bestandsveränderungen im laufenden Monat berücksichtigt werden müssen. Bestandsminderungen wirken hierbei wie ein Aufwand, werden zu den Einkäufen also hinzugezählt, und Bestandsmehrungen wirken hier wie ein Ertrag, werden vom Einkauf also abgezogen. Nachdem Frau Staudt und Nina die wichtigen Daten aus den Informationen zusammengetragen und berechnet haben, sollen die Geschäftsvorgänge nun gebucht werden.

a) **Buchen Sie die Angaben aus den Aufgaben 5 und 6 auf die unten stehenden Konten.**[1]

Boxershorts, Baumwolle	Damenpullover „Elle"
Rechnung:	Rechnung:
S Warenbestand H	S Wareneingang H
S Wareneingang H	S Wareneingang H
S Warenverkauf H	S Warenverkauf H
S GuV H	S GuV H

---

[1] In der Realität würden die Werte aller Artikel am Ende zu einem Warenkonto zusammengefasst werden. Darauf wird hier verzichtet, um Veränderungen der Warenbestände gegenüberzustellen und zu verdeutlichen.

LERNFELD 4 GESCHÄFTSPROZESSE ALS WERTESTRÖME ERFASSEN, DOKUMENTIEREN UND AUSWERTEN

b) Am 30. April werden die Konten abgeschlossen. Damit verbunden sind mehrere Abschlussbuchungen. **Erstellen Sie zu den folgenden Fragen die Abschlussbuchung/den Buchungssatz.**

Boxershorts, Baumwolle			Damenpullover „Elle"		
Buchungssatz	Soll	Haben	Buchungssatz	Soll	Haben
1. Wie lautet die Abschlussbuchung für den Warenbestand?					
2. Liegt eine Bestandsminderung oder eine Bestandsmehrung vor und wie lautet der Buchungssatz zur Umbuchung der Bestandsminderung/Bestandsmehrung?					
3. Wie lautet die Abschlussbuchung für das Konto „Wareneingang"?					
4. Wie lautet die Abschlussbuchung für das Konto „Warenverkauf"?					

c) **Wenn Sie sich Ihre Buchungssätze zu b) ansehen: Welche Gemeinsamkeiten und welche Unterschiede können Sie bei einer Bestandsminderung und einer Bestandsmehrung des Warenbestands feststellen? Erläutern Sie die Unterschiede.**

8. Frau Staudt und Nina Kröger wollen sich auf die Präsentation der Ergebnisse mit Frau Strobel vorbereiten. **Fassen Sie zusammen mit Ihrem Banknachbarn die wesentlichen Ergebnisse/Erkenntnisse zusammen.**

VERTIEFUNGS- UND ANWENDUNGSAUFGABEN

1. Definieren Sie den Begriff „Wareneinsatz".

2. Wie wirken sich Bestandsmehrungen und wie wirken sich Bestandsminderungen auf den Unternehmenserfolg aus?

3. a) Erstellen Sie die Eröffnungsbilanz.
   b) Richten Sie die Bestands- und Erfolgskonten ein.
   c) Buchen Sie die Geschäftsfälle und übertragen Sie die Buchungssätze auf die Bestands- und Erfolgskonten (Hauptbuch).
   d) Schließen Sie die Erfolgskonten über das GuV-Konto ab und übertragen Sie den Gewinn oder Verlust auf das Eigenkapitalkonto.
   e) Schließen Sie die Bestandskonten über das SBK ab.

LERNFELD 4

GESCHÄFTSPROZESSE ALS WERTESTRÖME ERFASSEN, DOKUMENTIEREN UND AUSWERTEN

Anfangsbestände € €
BGA 195.000,00 Bank 21.000,00
Waren 79.500,00 Eigenkapital ?
Forderungen a. LL. 15.000,00 Verbindlichkeiten a. LL. 15.000,00
Kasse 9.000,00

Erfolgskonten/GuV: Wareneingang, Löhne, Fremdinstandhaltung, Büromaterial, Warenverkauf, Provisionserträge, GuV-Konto

Abschlusskonten: Gewinn- und Verlustkonto, Schlussbilanzkonto

Geschäftsfälle:
1. Zieleinkauf von Waren lt. ER 13.500,00 €
2. Zahlung der Löhne durch Banküberweisung 6.200,00 €
3. Warenverkauf   bar 5.800,00 €
            gegen EC-Karte 6.600,00 €
4. Reparatur des Laufbandes gegen Rechnung 450,00 €
5. Barkauf von Büromaterial 150,00 €
6. Kauf von Waren bar 1.400,00 €
7. Kunde zahlt Rechnung durch Banküberweisung 8.500,00 €
8. Verkauf von Waren auf Ziel 25.900,00 €
9. Wir erhalten Provision für ein vermitteltes Geschäft. 3.800,00 €

Abschlussangaben
1. Warenschlussbestand lt. Inventur 71.400,00 €
2. Die Schlussbestände der übrigen Bestandskonten stimmen mit den Werten der Inventur überein.

Beleg	Buchungssatz	Soll	Haben
1.			
2.			
3.			
4.			
5.			
6.			
7.			
8.			
9.			

WIR INFORMIEREN UNS ÜBER DIE WARENGESCHÄFTE UNSERES UNTERNEHMENS

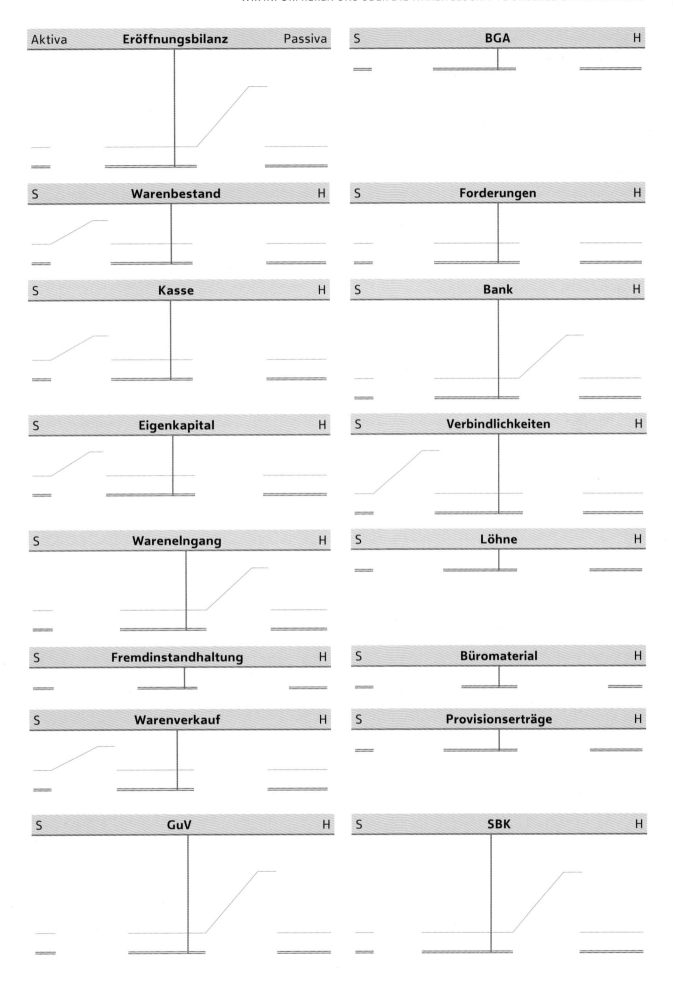

LERNFELD 4

GESCHÄFTSPROZESSE ALS WERTESTRÖME ERFASSEN, DOKUMENTIEREN UND AUSWERTEN

10 Wir ermitteln die Umsatzsteuerschuld unseres Unternehmens

HANDLUNGSSITUATION

Frau Strobel ist mit den Umsatzstatistiken und Analysen zu den „Rennern", dem Damenpullover „Elle" sowie den Boxershorts, Baumwolle, sehr zufrieden.

Frau Strobel ist aber aufgefallen, dass die Umsatzsteuer bei den bisherigen Analysen noch nicht berücksichtigt wurde.

Sie möchte gern wissen, wie hoch die Zahllast für die Spindler KG im Monat Mai bezogen auf diese beiden Artikel ist.

Daher sollen Frau Staudt und Nina Kröger diese Werte aus den vorliegenden Informationen aufstellen:

Boxershorts, Baumwolle

1. Rechnung der Firma Müller

Damenpullover „Elle"

2. Rechnung der Firma Alber & Bayer

3. Rechnungsverkäufe Monat Mai Boxershorts, Baumwolle: 458 Stück

   Stückpreis brutto (inkl. 19 % Umsatzsteuer): 33,00 €

   Hinweis: Das sind alle Ein- und Verkäufe im Monat Mai.

4. Rechnungsverkäufe Monat Mai Damenpullover „Elle": 340 Stück

   Stückpreis brutto (inkl. 19 % Umsatzsteuer): 66,18 €

Nina fragt sich, warum die Spindler KG überhaupt Umsatzsteuer einnimmt bzw. bezahlen muss und was die Zahllast zu bedeuten hat, die Frau Strobel genannt hat.

Informationen zum Lösen der folgenden Handlungsaufgaben finden Sie in Ihrem Lehrbuch, z. B. dem Schulbuch „Groß im Handel, 1. Ausbildungsjahr".

HANDLUNGSAUFGABEN

1. Welche Fragen muss Nina klären?

2. Frau Staudt erklärt Nina, dass es nach dem Umsatzsteuergesetz steuerbare Umsätze gibt, die wiederum in steuerpflichtige und steuerfreie Umsätze unterteilt sind.

a) **Nennen Sie drei mögliche Umsatzarten, die steuerpflichtig sind (nach § 1 UStG).**

b) **Nennen Sie drei mögliche Umsatzarten, die steuerfrei sind (nach § 4 UStG).**

LERNFELD 4

GESCHÄFTSPROZESSE ALS WERTESTRÖME ERFASSEN, DOKUMENTIEREN UND AUSWERTEN

c) **Es gibt einen Umsatzsteuersatz von 7 % und einen von 19 %. Nennen Sie zu jedem Umsatzsteuersatz drei Beispiele.**

d) **Warum ist die Spindler KG umsatzsteuerpflichtig?**

3. Frau Staudt erklärt Nina, dass der Umsatzsteuersatz auf den Warenwert, d. h. den Nettowarenwert bzw. den Nettoverkaufspreis, aufgeschlagen wird. So ist auf der Eingangsrechnung des Lieferers Müller der Warenwert (Gesamtbetrag) von 5.580,00 € aufgeführt, die Umsatzsteuer von 19 % mit einem Betrag von 1.060,20 € und der Bruttobetrag (= Rechnungsbetrag) von 6.640,20 €.

Bestimmen Sie für alle Verkäufe im Monat Mai den Warenwert, den Umsatzsteuerbetrag und den Bruttobetrag für die beiden Artikel.

	Boxershorts, Baumwolle	Damenpullover „Elle"
Bruttobetrag		
Warenwert		
Umsatzsteuer 19 %		

4. Bei der Buchung der Umsatzsteuer muss Nina zwischen den Konten „Vorsteuer" und „Umsatzsteuer" unterscheiden.

a) **Wann wird das Konto Vorsteuer und wann wird das Konto Umsatzsteuer verwendet?**

b) **Formulieren Sie zu den Belegen und Informationen der Spindler KG aus der Ausgangssituation die entsprechenden Geschäftsfälle und stellen Sie den entsprechenden Buchungssatz auf.**

	Soll	Haben
1. Rechnung der Firma Müller Text:		

WIR ERMITTELN DIE UMSATZSTEUERSCHULD UNSERES UNTERNEHMENS

	Soll	Haben
2. Rechnung der Firma Alber & Bayer GmbH & Co. KG Text:		
3. Verkaufte Boxershorts gegen Rechnung: 458 Stück Text:		
4. Verkaufte Damenpullover „Elle" gegen Rechnung: 340 Stück Text:		

5. Frau Staudt beauftragt Nina nun mit dem Buchen der aufgestellten Buchungssätze auf die unten stehenden Konten.[1]

a) **Tragen Sie die Buchungen in die Konten ein.**

b) **Schließen Sie die Konten ab und ermitteln Sie die Zahllast aus diesen Daten.**

c) Die Zahllast wird am 10. August an das Finanzamt vom Bankkonto der Spindler KG überwiesen. **Stellen Sie zu diesem Geschäftsfall den Buchungssatz auf und übertragen Sie die Daten entsprechend auf das Konto.**

S	Vorsteuer	H	S	Umsatzsteuer	H

Buchungssatz zu c)	Soll	Haben

d) Frau Staudt fragt Nina nun, was sie unter der Zahllast versteht.

Erläutern Sie, was Sie unter der Zahllast verstehen.

---

[1] Es sollen hier nur die Konten „Vorsteuer" und „Umsatzsteuer" betrachtet werden. Alle anderen Konteneinträge werden hier nicht berücksichtigt.

LERNFELD 4
GESCHÄFTSPROZESSE ALS WERTESTRÖME ERFASSEN, DOKUMENTIEREN UND AUSWERTEN

e) Nina fragt Frau Staudt, wie sich die Zahllast auf den Unternehmenserfolg der Spindler KG auswirkt.

Helfen Sie Frau Staudt bei der Antwort und begründen Sie diese.

___

VERTIEFUNGS- UND ANWENDUNGSAUFGABEN

1. a) **Schließen Sie die beiden Konten ab.**

S	Vorsteuerkonto		H
1 Bank	1.100,00 €		
2 Verbindl.	5.500,00 €		
3 Kasse	2.200,00 €		
4 Verbindl.	550,00 €		
5 Bank	4.400,00 €		
6 Verbindl.	22.200,00 €		

S	Umsatzsteuerkonto		H
		1 Ford.	4.400,00 €
		2 Bank	2.200,00 €
		3 Ford.	11.000,00 €
		4 Kasse	16.500,00 €
		5 Ford.	550,00 €
		6 Ford.	5.500,00 €
		7 Bank	1.650,00 €

b) **Nennen Sie die Buchungssätze zum Abschluss der Konten sowie zum Zahlungsausgang bei Banküberweisung der Zahllast.**

Nr.	Buchungssatz	Soll	Haben
1.			
2.			

c) **Wie groß ist also die Zahllast?**

Zahllast =

2. Die Gartenabteilung des Baumarktes „Schlau und Bau" hat sich vom Großhandel, der Firma Gardenia KG, eine edle Holzbank zum Nettopreis von 300,00 € gegen Rechnung gekauft. Der Endverbraucher Herr Pautsch kauft diese Holzbank bar von dem Baumarkt zum Ladenpreis (brutto) von 535,50 €.

a) **Wie lauten die beiden Buchungssätze aus Sicht des Baumarktes „Schlau und Bau"?**

Nr.	Buchungssatz	Soll	Haben
1.			
2.			

b) **Wie hoch wäre die Zahllast des Baumarktes, wenn dies die einzigen Aktivitäten im Geschäftsjahr wären?**

c) Die Gardenia KG wiederum kauft die Holzbank bei der Holzverarbeitung H & U GmbH zum Nettopreis von 220,00 €. Der Holzverarbeitungsbetrieb hat das Holz vor der Verarbeitung zur Holzbank bei einem Forstbetrieb zum Nettopreis von 50,00 € eingekauft.

Tragen Sie die Angaben in die unten stehende Liste ein und berechnen Sie die fehlenden Werte. Berechnen Sie auch die Werte und Summen für die Umsatzsteuer, Vorsteuer und die Zahllast in der jeweiligen Umsatzstufe.

Umsatzstufen	Ausgangsrechnung	Umsatzsteuer	Vorsteuer	Zahllast
Forstbetrieb	Nettopreis .... + 19 % USt .... Bruttopreis			
Holzverarbeitung H & U GmbH	Nettopreis .... + 19 % USt .... Bruttopreis			
Gardenia KG (Großhandel)	Nettopreis .... + 19 % USt .... Bruttopreis			
Einzelhandel	Nettopreis .... + 19 % USt .... Bruttopreis			
Summe				

d) **Welchen Umsatzsteueranteil hat der Endverbraucher Herr Pautsch für die Holzbank zu zahlen?**

e) Die Umsatzsteuerlast trägt der Endverbraucher, während die Umsatzsteuer für die Unternehmen ein „durchlaufender Posten" ist. **Erläutern Sie diesen Begriff unter Berücksichtigung der Tabelle.**

LERNFELD 4
GESCHÄFTSPROZESSE ALS WERTESTRÖME ERFASSEN, DOKUMENTIEREN UND AUSWERTEN

11 Wir weisen die Zahllast oder den Vorsteuerüberhang in der Bilanz aus

HANDLUNGSSITUATION

Im Dezember, dem letzten Monat des Abrechnungszeitraums der Spindler KG, sollen die noch ausstehenden Geschäftsfälle in den Abteilungen Herrenwäsche und Damenoberbekleidung gebucht werden.

Frau Staudt und Nina haben die Belege zu folgenden Geschäftsfällen vor sich liegen:

Geschäftsfälle Abteilung Herrenwäsche	€
1. Die Barverkäufe für den Monat Dezember betragen insgesamt	8.330,00
2. Kauf von Herrenslips bei Firma Schiesser AG auf Ziel (Nettopreis)	5.200,00
3. Kunden kaufen im Monat Dezember Herrenwäsche auf Ziel für insgesamt	11.305,00
4. Zieleinkauf von Unterhemden bei der Firma Dettmann KG für eine geplante Aktion im Frühjahr (Bruttopreis)	17.850,00

Geschäftsfälle Abteilung Damenoberbekleidung	€
1. Die Barverkäufe für den Monat Dezember betragen insgesamt	99.960,00
2. Kauf von Damenoberbekleidung bei Firma Emut GmbH auf Ziel (Nettopreis)	101.150,00
3. Kunden kaufen im Monat Dezember Damenoberbekleidung auf Ziel für insgesamt	124.950,00
4. Reparatur einer Ladentür (Bruttopreis)	4.998,00

Frau Staudt beauftragt Nina damit, diese letzten Buchungen für die Abteilung auszuführen und die Passivierung der Zahllast bzw. die Aktivierung des Vorsteuerüberhangs vorzunehmen. Nina soll abschließend einen Bericht verfassen, in dem die wesentlichen Arbeitsschritte und Besonderheiten dieser Aufgabe festgehalten sind.

Informationen zum Lösen der folgenden Handlungsaufgaben finden Sie in Ihrem Lehrbuch, z. B. dem Schulbuch „Groß im Handel, 1. Ausbildungsjahr".

HANDLUNGSAUFGABEN

1. Welche Fragen muss Nina klären?

WIR WEISEN DIE ZAHLLAST ODER DEN VORSTEUERÜBERHANG IN DER BILANZ AUS

2. Bevor Nina mit den Buchungen der Geschäftsfälle beginnt, bekommt sie von Frau Staudt den Auftrag, einige Begriffe zu definieren bzw. zu erläutern.

a) **Worin liegt der Unterschied zwischen der Zahllast und dem Vorsteuerüberhang?**

b) **Erläutern Sie kurz, wie es bei der Spindler KG aus Buchhaltungssicht zu einer Zahllast und wie es zu einem Vorsteuerüberhang kommen kann.**

Zahllast:

Vorsteuerüberhang:

3. Frau Staudt hat bereits die meisten Daten für die Schlussbilanzen bzw. die jeweiligen SBK der beiden Abteilungen der Spindler KG gesammelt. Die letzten Aufgaben, um das SBK abzuschließen, soll nun Nina erledigen.

a) **Wie lauten die Buchungssätze zu den in der Ausgangssituation dargestellten Geschäftsfällen für die Abteilungen Herrenwäsche und Damenoberbekleidung, die Nina aufstellen muss?**

	Buchungssätze Abteilung Herrenwäsche	Soll	Haben
1.			
2.			
3.			
4.			

LERNFELD 4

GESCHÄFTSPROZESSE ALS WERTESTRÖME ERFASSEN, DOKUMENTIEREN UND AUSWERTEN

	Buchungssätze Abteilung Damenoberbekleidung	Soll	Haben
1.			
2.			
3.			
4.			

b) **Nina soll nun die Zahllast oder den Vorsteuerüberhang ermitteln, indem sie die Daten aus den Buchungssätzen in die entsprechenden unten stehenden Konten überträgt[1].**

I. Vor- und Umsatzsteuerkonto der Abteilung Herrenwäsche

S	Vorsteuer	H	S	Umsatzsteuer	H

II. Vor- und Umsatzsteuerkonto der Abteilung Damenoberbekleidung

S	Vorsteuer	H	S	Umsatzsteuer	H

c) Die Zahllast muss passiviert oder der Vorsteuerüberhang muss aktiviert werden am Ende eines Geschäftsjahres. Schließen Sie die oben stehenden Konten der Spindler KG ab. **Stellen Sie den jeweiligen Buchungssatz auf.**

	Abschlussbuchungen der Abteilung Herrenwäsche	Soll	Haben
1.			
2.			

	Abschlussbuchungen der Abteilung Damenoberbekleidung	Soll	Haben
1.			
2.			

---

1 Es sollen hier nur die Konten „Vorsteuer" und „Umsatzsteuer" betrachtet werden. Alle anderen Konteneinträge werden hier nicht berücksichtigt.

WIR WEISEN DIE ZAHLLAST ODER DEN VORSTEUERÜBERHANG IN DER BILANZ AUS

d) Frau Staudt gibt Nina nun die beiden SBK der Abteilung Herrenwäsche und der Abteilung Damenoberbekleidung. **Nina soll die fehlenden Werte zur Passivierung der Zahllast bzw. zur Aktivierung des Vorsteuerüberhangs im SBK ergänzen.** (Bitte die nicht relevante Position „Vorsteuer" oder „Umsatzsteuer" entsprechend streichen.)

S	SBK (Herrenwäsche)		H
Gebäude	320.000,00 €	EK	
BGA	86.000,00 €	Darlehen	150.000,00 €
Waren	72.000,00 €	Verbindlichkeiten	122.000,00 €
Forderungen	33.000,00 €	Umsatzsteuer	
Vorsteuer			
Bank	21.543,00 €		
Kasse	8.412,00 €		
	541.658,00 €		541.658,00 €

S	SBK (Damenoberbekleidung)		H
Gebäude	240.000,00 €	EK	
BGA	69.000,00 €	Darlehen	184.000,00 €
Waren	145.000,00 €	Verbindlichkeiten	156.435,00 €
Forderungen	23.000,00 €	Umsatzsteuer	
Vorsteuer			
Bank	12.453,00 €		
Kasse	16.534,00 €		
	505.987,00 €		505.987,00 €

4. Nina will nun über die wesentlichen Punkte zur Passivierung der Zahllast und der Aktivierung des Vorsteuerüberhangs einen kleinen Bericht verfassen.

   Ergänzen Sie folgende Begriffe im nachfolgenden Lückentext.

   3.838,00 – 3.135,00 – 703,00 – 18.962,00 – Schulden – aktiviert – Kontenseiten – niedrigeren – passiviert – Schlussbilanzkonto – Soll – Finanzamt – Aktivierung – Umsatzsteuerkonto – Haben – höheren – Umsatzsteuer – Einkäufen – Vorsteuer – Passivierung – Verkäufen – Haben-Seite – Vorsteuerüberhang – eingenommen – Vorsteuerkonto – Buchungen – ausgegeben – Zahllast

Sehr geehrte Frau Staudt,

nachfolgend werde ich Ihnen darstellen, was bei der _____ der Zahllast und der _____ des Vorsteuerüberhangs zu beachten ist.

I. Das Buchen von Umsatzsteuer und Vorsteuer

   Bei der Aufstellung von Buchungssätzen ist Folgendes zu beachten: Die Steuer, die bei _____ und sonstigen Käufen (z. B. eine Handwerkerrechnung) zu zahlen ist, wird auf dem _____ gebucht. Bei _____ und sonstigen Verkäufen wird ebenfalls eine Steuer berücksichtigt, die auf dem _____ eingetragen wird.

   Man kann sich Folgendes merken:
   – Vorsteuer immer im _____ und
   – Umsatzsteuer immer im _____
   (Ausnahme sind Stornobuchungen oder Retourbuchungen).

285

LERNFELD 4
GESCHÄFTSPROZESSE ALS WERTESTRÖME ERFASSEN, DOKUMENTIEREN UND AUSWERTEN

II. Ermittlung der Zahllast/des Vorsteuerüberhangs

Wenn alle _____ eines Monats getätigt wurden, werden das Vorsteuerkonto und das Umsatzsteuerkonto abgeschlossen. Es werden erst einmal die _____ beider Konten addiert. Das Konto mit dem _____ Gesamtwert wird über das Konto mit dem _____ Gesamtwert abgeschlossen. Beispielsweise beträgt in der Abteilung Gartenmöbel der Gesamtwert des Kontos „Vorsteuer" _____ € und der Gesamtwert des Kontos „Umsatzsteuer" _____ €. Daher wird das _____-Konto über das _____-Konto abgeschlossen. Die Differenz auf der _____ des Vorsteuerkontos beträgt _____ €. Dies ist der _____ des Monats Dezember für die Abteilung Gartenmöbel. Umgekehrt sieht es in der Abteilung Elektronik aus. Da mehr Umsatzsteuer _____ als _____ wurde, liegt eine _____ in Höhe von _____ € vor. Die Zahllast sind _____ gegenüber dem Finanzamt.

III. Passivierung der Zahllast/Aktivierung des Vorsteuerüberhangs

Wenn die Zahllast oder der Vorsteuerüberhang festgestellt wurde, muss diese(r) am Jahresende _____ oder _____ werden. Das bedeutet, dass die entsprechenden Werte auf dem _____ _____ ausgewiesen werden müssen. Die Zahlung ans oder vom _____ erfolgt hier in der Regel erst im nächsten Monat, d. h. im nächsten Geschäftsjahr. Die Abteilung Gartenmöbel muss einen Vorsteuerüberhang ausweisen und die Abteilung Elektronik eine Zahllast.

Mit freundlichen Grüßen

Nina Kröger

VERTIEFUNGS- UND ANWENDUNGSAUFGABEN

1. **Entscheiden Sie, ob die folgenden Aussagen richtig oder falsch sind.**

Aussagen	richtig	falsch
Das Vorsteuerkonto ist ein aktives Bestandskonto.		
Bei jedem Einkauf von Gütern und Dienstleistungen fällt Umsatzsteuer an.		
Die Bemessungsgrundlage für die Umsatzsteuer ist der Warenwert.		
Der Verkauf von Grundstücken ist umsatzsteuerfrei.		
Beim Kauf von Kinokarten wird der ermäßigte Umsatzsteuersatz berechnet.		
Das Umsatzsteuerkonto ist ein Erfolgskonto.		
Das Umsatzsteuerkonto ist ein aktives Bestandskonto.		
Die gebuchte Vorsteuer stellt eine Schuld gegenüber dem Finanzamt dar.		
Jedes Unternehmen einer Produktions- und Handelsstufe trägt die Umsatzsteuer.		
Einen Vorsteuerüberhang muss ein Unternehmen am 10. des Folgemonats an das Finanzamt überweisen.		

2. Zum 31. Dezember 20.. weisen die Konten „Vorsteuer" und „Umsatzsteuer" der Spindler KG folgende Beträge aus.

a) **Schließen Sie die Konten ab.**

S	Vorsteuer	H		S	Umsatzsteuer	H
...	...				...	...
...	...				...	...
	20.000,00					60.000,00

b) **Nennen Sie die Buchungssätze.**

Nr.	Buchungssatz	Soll	Haben
1.			
2.			

c) **Was passiert mit der Zahllast/dem Vorsteuerüberhang?**

---

3. Zum 31. Dezember des Folgejahres weisen die Konten „Vorsteuer" und „Umsatzsteuer" der Spindler KG folgende Beträge aus.

a) **Schließen Sie die Konten ab.**

S	Vorsteuer	H		S	Umsatzsteuer	H
...	...				...	...
...	...				...	...
	45.000,00					20.000,00

b) **Nennen Sie die Buchungssätze.**

Nr.	Buchungssatz	Soll	Haben
1.			
2.			

c) **Was passiert mit der Zahllast/dem Vorsteuerüberhang?**

LERNFELD 4

GESCHÄFTSPROZESSE ALS WERTESTRÖME ERFASSEN, DOKUMENTIEREN UND AUSWERTEN

4. Entscheiden Sie, ob die folgenden Aussagen richtig oder falsch sind.

Aussagen	richtig	falsch
Eine Bestandsmehrung liegt vor, wenn der Schlussbestand kleiner ist als der Anfangsbestand.		
Das Konto *Aufwendungen für Waren* wird über das Schlussbilanzkonto abgeschlossen.		
Das Konto *Waren* wird mit dem Inventurbestand über das Schlussbilanzkonto abgeschlossen.		
Der Wareneinsatz sind die verkauften Waren bewertet zum Bezugspreis (Einstandspreis).		
Die Umsatzsteuer ist kein durchlaufender Posten.		
Die Zahllast ist die Umsatzsteuerschuld an das Finanzamt.		
Auf das Konto *Aufwendungen für Waren* wird der Bruttowert der Ware gebucht.		
Passivierung der Zahllast bedeutet die Buchung der Zahllast am Bilanzstichtag auf der Haben-Seite des Schlussbilanzkontos.		
Natürliche Belege müssen eigens für die Buchführung angefertigt werden.		
Jeder Geschäftsfall muss nachgewiesen werden, entweder mündlich oder schriftlich.		
Einzelbelege erfassen einen Geschäftsfall.		
Keine Buchung ohne Beleg.		

12 Wir buchen die Privateinlagen und Privatentnahmen des Unternehmers

HANDLUNGSSITUATION

Die beiden Gesellschafter der Spindler KG, Herr Gerd Spindler und Frau Susanne Strobel, haben im Laufe des Jahres mehrfach privat Bargeldbeträge, Waren und andere Leistungen aus dem Unternehmen entnommen und auch eingezahlt. Diese Privathandlungen sind nachfolgend in der Tabelle aufgeführt. Nina Kröger soll diese privaten Vorgänge buchen.

Herr Spindler		Frau Strobel	
Datum	Beschreibung	Datum	Beschreibung
10.01.	Er überweist 20.000,00 € vom Bankkonto des Unternehmens auf sein Privatkonto, um einen Anbau an seinem Wohnhaus zu finanzieren. Die Summe zahlt er in den letzten 4 Monaten zum Ersten des Monats in 4 gleichbleibenden Raten zurück.	20.02.	Sie entnimmt für ihren Ehemann einen Anzug im Wert von 400,00 € netto.
		28.04	Bareinzahlung einer privaten Steuerrückerstattung in Höhe von 1.200,00 €.
		18.08.	Spontane Entnahme von 100,00 € aus der Kasse, um privat in der Stadt einkaufen zu gehen.
26.05.	Reparatur des Pkw des Sohnes in der betriebseigenen Werkstatt. Kosten: 800,00 € netto.	29.12.	Die Putzfrau von Frau Strobel wird im Dezember als Aushilfe für die Büroräume eingesetzt, die Kosten von 600,00 € zahlt sie privat.
17.11.	Der Pkw des Sohnes wird für eine Geschäftsreise eines Mitarbeiters genutzt. Kosten: 250,000 €.		

Informationen zum Lösen der folgenden Handlungsaufgaben finden Sie in Ihrem Lehrbuch, z. B. dem Schulbuch „Groß im Handel, 1. Ausbildungsjahr".

WIR BUCHEN DIE PRIVATEINLAGEN UND PRIVATENTNAHMEN DES UNTERNEHMERS

HANDLUNGSAUFGABEN

1. **Welche Fragen muss Nina klären?**

2. Bevor Nina mit dem Buchen der privaten Vorgänge von Herrn Spindler und Frau Strobel beginnt, will sie zunächst ein paar grundsätzliche Regelungen dazu klären.

   a) **Warum dürfen Herr Spindler und Frau Strobel Privateinlagen und Privatentnahmen tätigen?**

   b) **Was wird nach § 4 Abs. 1 EStG als Privatentnahmen bezeichnet?**

   c) **Was wird nach § 4 Abs. 1 EStG als Privateinlagen bezeichnet?**

   d) **Welche Besonderheit ist beim Führen von Privatkonten bei Personengesellschaften zu beachten?**

   e) **Welche Konten für die privaten Vorgänge muss Nina nun zum Buchen führen?**

3. Nina will nun die Geschäftsfälle als Buchungssätze ins Grundbuch eintragen. Dazu wird sie dem Datum nach fortlaufend die Buchungssätze eintragen und mit einer fortlaufenden Nummer versehen. Die Privatvorgänge von Herrn Spindler werden dabei mit A gekennzeichnet und die Privatvorgänge von Frau Strobel mit B.

LERNFELD 4
GESCHÄFTSPROZESSE ALS WERTESTRÖME ERFASSEN, DOKUMENTIEREN UND AUSWERTEN

Nr.	Datum	Buchungssätze	Soll	Haben
1.				
2.				
3.				
4.				
5.				
6.				
7.				
8.				
9.				
10.				
11.				

4. Nachdem Nina die Buchungssätze ins Grundbuch eingetragen hat, will sie nun die entsprechenden Privatvorgänge auf die vier unten stehenden Konten übertragen und diese Konten dann über das Eigenkapitalkonto abschließen. Der Anfangsbestand des Eigenkapitals der Spindler KG betrug zu Beginn des Jahres 525.000,00 €, aus der GuV ist ein Gewinn von 42.500,00 € ermittelt worden.

Schließen Sie die fünf unten stehenden Konten entsprechend den Angaben aus Aufgabe 3 ab.

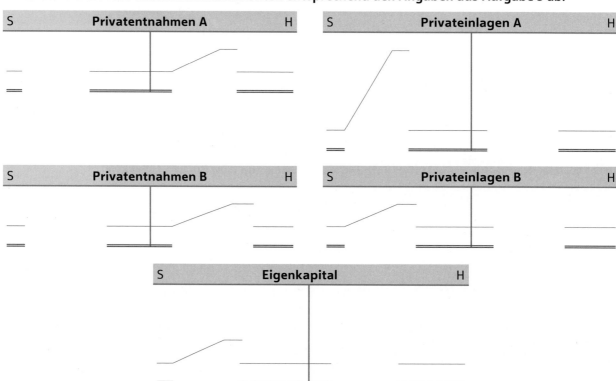

VERTIEFUNGS- UND ANWENDUNGSAUFGABEN

1. Nina Kröger, Auszubildende bei der Spindler KG, will das Konto Privateinlagen abschließen. **Wie lautet der entsprechende Buchungssatz?**

	Privateinlagen an Schlussbilanzkonto
	Privateinlagen an GuV-Konto
	Privateinlagen an Eigenkapital
	Schlussbilanzkonto an Privateinlagen
	GuV-Konto an Privateinlagen
	Eigenkapital an Privateinlagen

2. **Bei welchem Geschäftsfall muss Nina Kröger für die Spindler KG die Umsatzsteuer buchen?**

	Die Spindler KG verkauft ein Grundstück.
	Ein Kunde der Spindler KG aus den USA bezahlt seine Rechnung durch Banküberweisung.
	Das Konto der Spindler KG wird mit Kontoführungsgebühren belastet.
	Herr Spindler entnimmt Waren für private Zwecke.
	Die Spindler KG belastet einen Kunden mit Verzugszinsen.

3. Nina Kröger ist gerade mit den Abschlussarbeiten zum Jahresende für die Spindler KG beschäftigt. **Welches Konto ist ein Unterkonto von Eigenkapital?**

	aktive und passive Rechnungsabgrenzungsposten
	Vorsteuer
	Umsatzsteuer
	Bezugskosten von Waren
	Privatentnahmen
	Rückstellungen

4. Nina Kröger erhält den nachfolgenden Beleg. **Wie lautet der dazugehörige Buchungssatz?**

Quittung Nr. 25

Netto € 800,00
+ % USt € 0,00
Gesamt € 800,00

Gesamtbetrag € in Worten: Achthundert

(Im Gesamtbetrag sind ___ % Umsatzsteuer enthalten)

von: Barentnahmen aus der Kasse

für: Taschengeld für meine Tochter

Ort: Hannover Datum: 14.01.20..

Stempel/Unterschrift des Empfängers: Susanne Strobel

Buchungssatz	Soll	Haben

5. Nina Kröger, Auszubildende bei der Spindler KG, will das Konto Privatentnahmen abschließen. **Wie lautet der entsprechende Buchungssatz?**

	Privatentnahmen an Schlussbilanzkonto
	Privatentnahmen an GuV-Konto
	Privatentnahmen an Eigenkapital
	Schlussbilanzkonto an Privatentnahmen
	GuV-Konto an Privatentnahmen
	Eigenkapital an Privatentnahmen

6. Susanne Strobel, Komplementärin der Spindler KG, überträgt ihren privaten Pkw im Wert von 7.300,00 € ihrem Unternehmen. **Wie lautet der entsprechende Buchungssatz?**

Buchungssatz	Soll	Haben

13 Wir benutzen den Kontenrahmen und den Kontenplan zur einheitlichen und eindeutigen Kontenführung und verwenden verschiedene Bücher in der Buchführung

HANDLUNGSSITUATION

Frau Staudt bringt zehn Belege mit, die in der letzten Abrechnungsperiode angefallen sind. Darauf sind folgende Geschäftsfälle abgebildet:

1. Kauf von Waren bei Fa. Hansen GmbH auf Ziel, netto — 5.000,00 €
2. Bargeldentnahme für Privatzwecke — 150,00 €
3. Verkauf von Waren an Fa. Ernst GmbH auf Ziel, netto — 45.000,00 €
4. Eingangsrechnung für die Reparatur mehrerer Fenster, netto — 2.800,00 €
5. Umwandlung einer Liefererschuld (Vödisch AG) in eine Darlehensschuld — 8.000,00 €
6. Zahlung von Löhnen durch Banküberweisung — 6.000,00 €
7. Zahlung der Zahllast durch Banküberweisung — 11.200,00 €
8. Zahlung der Miete für eine Lagerhalle durch Banküberweisung — 3.800,00 €
9. Provisionszahlung bar — 2.500,00 €
10. Banküberweisung   für Darlehenstilgung — 5.000,00 €
    für Darlehenszinsen — 1.200,00 €

WIR VERWENDEN DEN KONTOPLAN UND DEN KONTENRAHMEN ZUR EINHEITLICHEN UND EINDEUTIGEN KONTENFÜHRUNG

Des Weiteren hat Frau Staudt eine Übersicht über die Anfangsbestände der Sachkonten (in €) mitgebracht:

0210 Grundstücke	330.000	1310 Bank	92.900
0230 Bauten auf eig. Grundstücken	510.000	1510 Kasse	5.450
0330 Betriebs- und Geschäftsausstattung	62.900	1710 Verbindlichkeiten a. LL.	119.600
0610 Eigenkapital	?	1810 Umsatzsteuer	11.200
0820 Verbindl. gegenüber Kreditinstituten	698.000	3900 Warenbestände	404.850
1010 Forderungen	96.500		

Weitere Konten: 1410, 1610, 1810, 2120, 3010, 3900, 4010, 4110, 4500, 4710, 8010, 9100, 9300, 9400
Abschlussangaben:
Warenschlussbestand lt. Inventur: 385.000,00 €

Die Auszubildende Nina Kröger bekommt von Frau Staudt den Auftrag, die Geschäftsfälle als Buchungssätze im Grundbuch aufzustellen. Neben der „normalen" Aufstellung der Buchungssätze soll Nina dieses Mal parallel eine Aufstellung nur mit den jeweiligen Kontonummern des Großhandelskontenrahmens vornehmen.

Außerdem soll Nina das Hauptbuch führen, um die Geschäftsfälle dieser Abrechnungsperiode ordnungsgemäß abzuschließen.

Die Abteilungen Einkauf und Verkauf möchten jeweils eine aktuelle detaillierte Offene-Posten-Liste über die Kunden bzw. Lieferer haben.

Informationen zum Lösen der folgenden Handlungsaufgaben finden Sie in Ihrem Lehrbuch, z. B. dem Schulbuch „Groß im Handel, 1. Ausbildungsjahr".

HANDLUNGSAUFGABEN

1. Welche Fragen muss Nina klären?

2. Nina soll die zehn Geschäftsfälle im Grundbuch sowohl ohne als auch mit Kontonummern parallel aufstellen. Dazu ist es notwendig, dass sie sich den Kontenplan für den Groß- und Außenhandel ansieht.

a) **Wie wird das Grundbuch noch genannt? Was beinhaltet ein Grundbuch?**

LERNFELD 4

GESCHÄFTSPROZESSE ALS WERTESTRÖME ERFASSEN, DOKUMENTIEREN UND AUSWERTEN

b) **Stellen Sie die Buchungssätze einmal ohne Kontonummern in Textform auf und parallel daneben nur mit der entsprechenden Kontonummer.**

Nr.	Buchungssätze (ohne Nummern)	Buchungssätze (nur die Nummern)	Soll	Haben
1.				
2.				
3.				
4.				
5.				
6.				
7.				
8.				
9.				
10.				

3. Die Daten des Grundbuches sollen nun ins Hauptbuch übertragen werden.

a) **Was beinhaltet das Hauptbuch?**

b) **Führen Sie die Konten des Hauptbuches. Übertragen Sie die Daten des Grundbuches ins Hauptbuch und schließen Sie die Konten ab.**

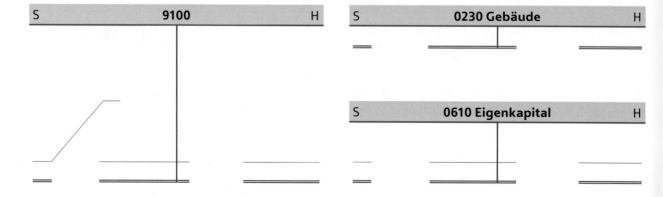

WIR VERWENDEN DEN KONTOPLAN UND DEN KONTENRAHMEN ZUR EINHEITLICHEN UND EINDEUTIGEN KONTENFÜHRUNG

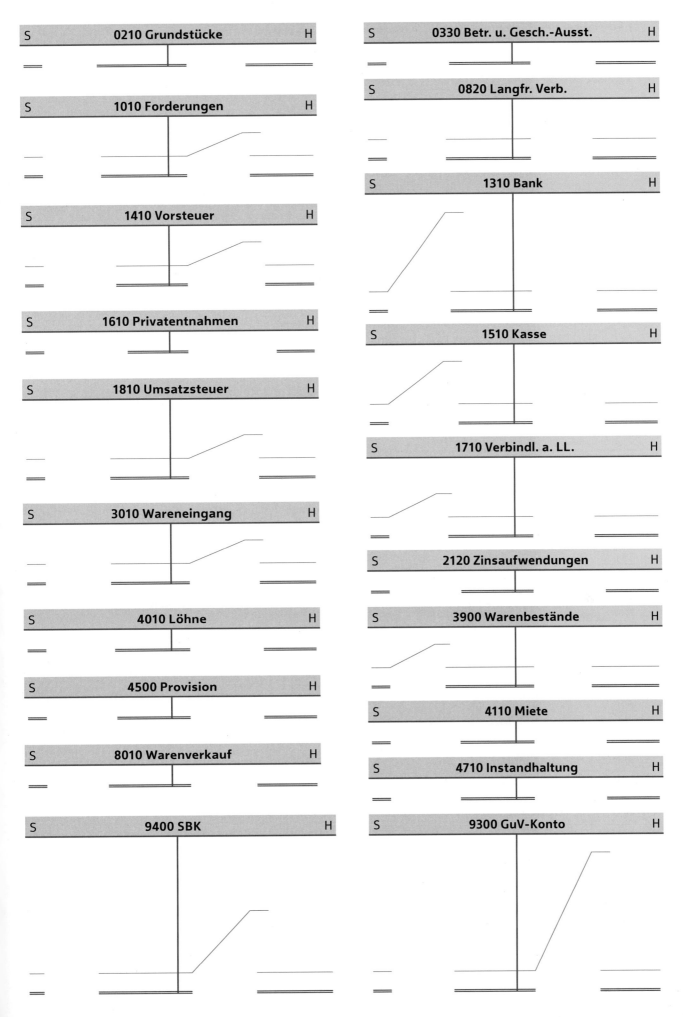

LERNFELD 4
GESCHÄFTSPROZESSE ALS WERTESTRÖME ERFASSEN, DOKUMENTIEREN UND AUSWERTEN

c) **Wie lautet der Buchungssatz zur Passivierung der Zahllast?**

Buchungssatz	Soll	Haben

d) **Erläutern Sie, warum auch das dritte Systembuch, das Inventar- und Bilanzbuch, geführt werden muss, damit für die Spindler KG die Abrechnungsperiode komplett abgeschlossen ist.**

4. Durch die Neuaufnahme einer Produktkategorie erhielt die Spindler KG in den letzten Monaten nicht nur viele neue Lieferanten, sondern auch neue Kunden. Nina bekommt von Frau Staudt den Auftrag, das Kontokorrentbuch auf Basis der Daten der Ausgangssituation zu aktualisieren.

a) **Erstellen Sie das neue Kontokorrentbuch zum Ende der Abrechnungsperiode.**

Nebenbuch: Kontokorrentbuch – Liefererbuch und Kundenbuch **zu Beginn** der Abrechnungsperiode

Bestände der Lieferer (O-P-Liste der Kreditoren)				Bestände der Kunden (O-P-Liste der Debitoren)			
L.-Nr.	Kreditoren	Beleg-Nr.	Betrag	Kd.-Nr.	Debitoren	Beleg-Nr.	Betrag
17101	Bernhard Müller OHG	1	18.400	10101	Söffgen OHG	6	12.300
17102	Hansen GmbH	2	26.300	10102	Gertrud Schön e. Kfr.	7	24.800
17103	Vödisch AG	3	46.900	10103	Tina Hempe e. Kfr.	8	3.400
17104	Winkler KG	4	9.800	10104	Ernst GmbH	9	28.400
17105	Alber & Bayer GmbH & Co. KG	5	18.200	10105	Ambiente Warenhaus AG	10	27.600
	Gesamtbetrag:		119.600		Gesamtbetrag:		96.500

Nebenbuch: Kontokorrentbuch – Liefererbuch und Kundenbuch **zum Ende** der Abrechnungsperiode

Bestände der Lieferer (O-P-Liste der Kreditoren)				Bestände der Kunden (O-P-Liste der Debitoren)			
L.-Nr.	Kreditoren	Beleg-Nr.	Betrag	Kd.-Nr.	Debitoren	Beleg-Nr.	Betrag
17101	Bernhard Müller OHG	1		10101	Söffgen OHG	6	
17102	Hansen GmbH	2		10102	Gertrud Schön e. Kfr.	7	
17103	Vödisch AG	3		10103	Tina Hempe e. Kfr.	8	
17104	Winkler KG	4		10104	Ernst GmbH	9	
17105	Alber & Bayer GmbH & Co. KG	5		10105	Ambiente Warenhaus AG	10	
	Gesamtbetrag:				Gesamtbetrag:		

b) **Warum ist der Gesamtbetrag der Kreditorenliste nicht identisch mit dem Schlussbestand der Verbindlichkeiten? Wie kommt die Differenz zustande?**

c) **Warum werden Debitoren- und Kreditorenlisten geführt?**

d) **Was bedeutet der Begriff „Offene Posten"?**

e) **Nennen Sie drei weitere Nebenbücher, die die Spindler KG führen kann, und begründen Sie kurz, warum die Spindler KG diese führen sollte.**

Nebenbuch	Begründung

VERTIEFUNGS- UND ANWENDUNGSAUFGABEN

1. Nina Kröger bekommt von Frau Staudt den Auftrag, den Aufbau des Kontenrahmens für den Groß- und Außenhandel zu ergründen.

   a) **Beschreiben Sie die einzelnen Kontoklassen kurz und nennen Sie wesentliche Konten.**

Kontoklasse	Beschreibung/Beispiel
Kontoklasse 0	
Kontoklasse 1	
Kontoklasse 2	
Kontoklasse 3	
Kontoklasse 4	
Kontoklasse 5	
Kontoklasse 6	
Kontoklasse 7	
Kontoklasse 8	
Kontoklasse 9	

LERNFELD 4 — GESCHÄFTSPROZESSE ALS WERTESTRÖME ERFASSEN, DOKUMENTIEREN UND AUSWERTEN

b) Frau Staudt erklärt Nina, dass die Kontonummern immer vierstellig sind.
   Erklären Sie mit eigenen Worten, welche Informationen in diesen vier Ziffern stecken.

c) Frau Staudt sagt, dass die Spindler KG zukünftig nur noch nach dem Kontenrahmen des Groß- und Außenhandels buchen wird. **Welche Vorteile bringt das mit sich?**

2. Nina Kröger will einige Konten den Kontenklassen des Großhandelskontenrahmens zuordnen. **Helfen Sie ihr dabei, indem Sie die Ziffer je eines der Konten der unten stehenden Kontenklasse zuordnen,**

Kontenbezeichnungen

1 Privatentnahmen
2 Zinsen und ähnliche Aufw.
3 Rückstellungen
4 sonstige Verbindlichkeiten
5 Warenbezugskosten
6 Rücksendungen von Kunden
7 Umsatzsteuer
8 Eröffnungsbilanzkonto
9 Sonstige Forderungen

	Kontenklasse 0
	Kontenklasse 2
	Kontenklasse 9

3. **Welche Aussage über Kontenrahmen und Kontenplan ist richtig?**

	Kontenpläne werden von Wirtschaftsverbänden und Kontenrahmen von Landesregierungen herausgegeben.
	Kontenrahmen werden von Wirtschaftsverbänden und Kontenpläne von Landesregierungen herausgegeben.
	Kontenrahmen sind lediglich Empfehlungen an die Unternehmen, Kontenpläne sind dagegen gesetzliche Rahmenvereinbarungen.
	Kontenrahmen und Kontenplan sind immer identisch und gesetzlich von der Bundesregierung vorgeschrieben.
	Kontenrahmen werden von Wirtschaftsverbänden herausgegeben und Kontenpläne von den einzelnen Unternehmen erstellt.

14 Wir buchen Besonderheiten beim Ein- und Verkauf von Waren

HANDLUNGSSITUATION

Frau Staudt und Nina Kröger aus der Abteilung Rechnungswesen der Spindler KG bekommen zwei Belege auf ihren Schreibtisch. Der erste Beleg zeigt eine Rechnung vom Lieferer Alber & Bayer GmbH & Co. KG und der andere eine Rechnung, die die Spindler KG dem Kunden Adam GmbH ausgestellt hat. Zu beiden Belegen sind noch weitere Angaben vorhanden.

Einkauf

Verkauf

Weitere Angaben

Die Versandkartons werden vom Lieferer bei Rückgabe komplett erstattet.

Weitere Angaben

Der Kunde bekommt bei Rückgabe der Versandkartons die Verpackungskosten erstattet.

Frau Staudt erklärt Nina, dass beim Buchen dieser Belege die Bezugs- und Vertriebskosten, Rabatte, Rücksendungen und Preisnachlässe sowie Zahlungen unter Abzug von Skonto berücksichtigt werden müssen. Nina bekommt den Auftrag, diese beiden Belege zu buchen.

Informationen zum Lösen der folgenden Handlungsaufgaben finden Sie in Ihrem Lehrbuch, z. B. dem Schulbuch „Groß im Handel, 1. Ausbildungsjahr".

LERNFELD 4

GESCHÄFTSPROZESSE ALS WERTESTRÖME ERFASSEN, DOKUMENTIEREN UND AUSWERTEN

HANDLUNGSAUFGABEN

1. Welche Fragen muss Nina klären?

_____

_____

_____

_____

2. Nina und Frau Staudt betrachten zunächst die Eingangsrechnung der Firma Alber & Bayer GmbH & Co. KG. Frau Staudt nennt dabei die Begriffe „Anschaffungskosten" und „Anschaffungsnebenkosten". **Erläutern Sie diese beiden Begriffe kurz.**

Begriff	Erläuterung
Anschaffungskosten	
Anschaffungsnebenkosten	

3. Nina soll nun den Buchungssatz für die Eingangsrechnung der Firma Alber & Bayer GmbH & Co. KG aufstellen.

a) **Wie lautet der Buchungssatz bei Rechnungseingang am 12.06.?**

Buchungssatz	Soll	Haben

b) **Wie berücksichtigen Sie den Mengenrabatt auf der Eingangsrechnung buchhalterisch?**

_____

_____

c) Leider hat sich herausgestellt, dass 40 Multifunktionsjacken beschädigt sind. Drei Tage später, am 15.06., holt der Lieferer Alber & Bayer GmbH & Co. KG daher die beschädigten Jacken und 18 gelieferte Versandkartons ab. Die Spindler KG bekommt diese entsprechend erstattet. **Wie lautet der Buchungssatz für diesen Vorgang?**

Buchungssatz	Soll	Haben

d) Am 25.06. soll Nina den Restbetrag an den Lieferer Alber & Bayer GmbH & Co. KG durch Banküberweisung begleichen. Hierbei soll sie Skontoabzug berücksichtigen. **Wie lautet der Buchungssatz?**

Buchungssatz	Soll	Haben

4. Als Nächstes muss die Ausgangsrechnung vom 17.06. an die Adam GmbH buchhalterisch erfasst werden. Frau Staudt erklärt Nina, dass die Vertriebskosten manchmal auf Aufwandskonten gebucht werden und manchmal auf dem Warenverkaufskonto. **Erläutern Sie, wann wie zu verfahren ist.**

_____

_____

_____

_____

5. Die Fracht zum Kunden wurde von der Spedition Schnell & Gut KG übernommen. Die Spedition sendet eine Rechnung über den Nettobetrag von 130,00 €.

a) **Wie lautet der Buchungssatz?**

Buchungssatz	Soll	Haben

b) **Wie lautet der Buchungssatz für die Buchung der Ausgangsrechnung?**

Buchungssatz	Soll	Haben

c) Die Adam GmbH gibt bei Anlieferung die drei Versandkartons zurück. Hier erhält der Kunde eine entsprechende Gutschrift. **Buchen Sie diese Gutschrift über einen Stückwert von 15,00 € (netto).**

Buchungssatz	Soll	Haben

LERNFELD 4
GESCHÄFTSPROZESSE ALS WERTESTRÖME ERFASSEN, DOKUMENTIEREN UND AUSWERTEN

d) Am 27.06. überweist die Adam GmbH die Rechnung vom 17.06. auf das Bankkonto der Spindler KG unter Berücksichtigung der Gutschrift und eines Abzugs von 2 % Skonto. **Wie lautet der Buchungssatz?**

Buchungssatz	Soll	Haben

6. Frau Staudt hat bereits die Konten vorbereitet, auf denen die in Aufgabe 3 und 5 erstellten Buchungssätze übertragen werden müssen. Nina Kröger soll die Konten entsprechend abschließen.
   a) **Schließen Sie die unten stehenden Konten unter Berücksichtigung der angegebenen Anfangsbestände ab. Berücksichtigen Sie dabei folgende Angaben:**
      - Das Geschäftsjahr endet am 30.06. Daher muss ein SBK erstellt werden.
      - Die Zahllast oder der Vorsteuerüberhang wird am 30.06 passiviert bzw. aktiviert.
      - Die Warenbestandsmehrungen im Abrechnungszeitraum betragen 36.750,00 €.
      - Alle nicht aufgeführten Bestands- und Erfolgskonten wurden bereits von Frau Staudt abgeschlossen und in die GuV bzw. das SBK übertragen.

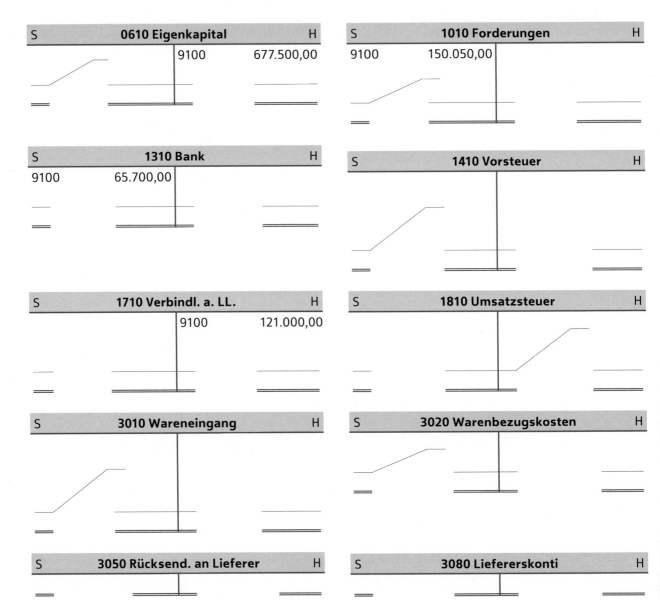

WIR BUCHEN BESONDERHEITEN BEIM EIN- UND VERKAUF VON WAREN

S	4620 Ausgangsfrachten	H

S	8010 Warenverkauf	H

S	8080 Kundenskonti	H

S	9300 GuV	H
2120	4.200,00	8010
3010		
4010	6.556,74	
4620		
0610		

S	9400 SBK	H
0210	330.000,00	0610
0230	510.000,00	0820	701.000,00
0330	62.900,00	1710
3900	405.117,71	
1010		
1310		
1410		
1510	1.725,55	

b) **Wie lauten die Abschlussbuchungen für folgende Konten:**
- 3020 Warenbezugskosten, 3050 Rücksendungen an Lieferer, 3080 Liefererskonti
- 8080 Kundenskonti

Buchungssatz	Soll	Haben